Ana Sesma Nuez

Yoga-Nidra

Una guía para
la rejalación profunda

Con la colaboración de Jordi Isern Salvat

Prólogo de Vicente Merlo

editorial Kairós

Fotocomposición: Grafime. 08014 Barcelona
Diseño cubierta: Editorial Kairós
Impresión y encuadernación: Índice. 08040 Barcelona

Primera edición: Octubre 2021
ISBN: 978-84-9988-910-8
Depósito legal: B 13.121-2021

A todos los maestros

Hay un centro en nosotros que nos da esta unidad que
llamamos consciencia y que puede ser uno con el Uno,
el anillo invisible que da la unidad a nuestras pequeñas vidas y
que es la unicidad de este vasto universo.
Esta es la gran aventura y el gran descubrimiento.
Nadie puede hacerlo por nosotros.
Hasta que no hemos llegado a la cima de la montaña,
no podemos ver con completa gloria la vista que hay desde allí;
pero algunos resplandores iluminan
nuestro camino hacia la montaña.
Estos destellos nos dan fe, porque entonces conocemos,
no con el conocimiento externo que da el leer libros,
sino con esa certeza de la fe que proviene
de momentos de vida interior.

JOAN MASCARÓ

Sumario

Prólogo

El libro que tienes en tus manos, lector, es un libro sobre uno de los tipos de yoga que el gran público desconoce. Generalmente, la primera imagen que viene a la mente al pensar en el yoga es el *hatha-yoga,* incluso sin conocer este término; es decir, se identifica el yoga con una serie de posturas físicas que se toman como un ejercicio físico entre otros. Pero es mucho más que eso. Quienes se han familiarizado algo más con el mundo del yoga, saben que hay otros tipos y que ya desde la *Bhagavad Gita*, esa joya de la tradición hindú –y hoy ya de toda la humanidad– se habla del *karma-yoga*, el *bhakti-yoga* y el *jñana-yoga*, esto es: el yoga de la acción, el yoga de la devoción y el yoga del conocimiento supremo. También suena a muchos oídos la noción del *tantra-yoga*, asociado generalmente con una concepción de la «sexualidad sagrada», que ha confluido con la preocupación por la sexualidad a partir de los enfoques postfreudianos de esta.

En realidad, las denominaciones de prácticas relacionadas con el yoga han ido creciendo en los últimos tiempos, cuando la mundialización en curso ha producido una interfecundación cultural que ha aproximado Oriente a Occidente, y viceversa.

Pero no es cuestión de entrar aquí en todo el abanico de yogas existentes. En esta ocasión se trata del Nidra-Yoga o, si se prefiere, el Yoga-Nidra, que de manera tan excelente presenta en este libro Ana Sesma Nuez, con la colaboración de Jordi Isern Salvat.

Cuando el lector recorra sus páginas se dará cuenta de que este libro es mucho más que un libro de introducción a este tipo de yoga. Y comprenderá que constituye, realmente, un viaje a la profundidad del ser. Es una guía extraordinaria para el acercamiento a esta práctica, con todo lujo de detalles, un manual muy útil tanto para el principiante como para el facilitador, pero también un horizonte abierto en el que distintos aspectos del yoga van encontrando su lugar justo y proporcionando una determinada visión del ser humano y de la realidad.

Como bien se explica en esta obra, su origen, en la India, se relaciona con la tradición tántrica, pero fue Swami Satyananda (fallecido hace apenas diez años) quien lo sistematizó y popularizó en Occidente durante las últimas décadas del siglo XX y la primera del siglo XXI.

Esta es una obra escrita durante un buen número de años y rezuma el amor puesto por la autora tanto en dicha práctica como en el libro que, fruto de ello, ve ahora la luz. El tiempo dedicado a esta investigación y la curiosidad intelectual de Ana Sesma han posibilitado el destacable enriquecimiento del libro. Sus múltiples lecturas nos permiten ahora disfrutar de multitud de oportunas citas, no solo de conocedores del Yoga-Nidra, sino de psicólogos y científicos que de algún modo convergen con esta práctica y esta concepción.

Bastaría el que quizás constituye el capítulo central, el corazón del libro, aquel que describe en detalle las distintas fases y los distintos elementos del Yoga-Nidra, para justificar la obra. Pero tampoco el resto de los capítulos tiene desperdicio: ni las páginas más introductorias, que ponen de manifiesto ya hasta qué punto este yoga puede ser una entrada regia al descubrimiento de uno mismo; ni las consideraciones biológicas que permiten entender los múltiples beneficios de esta práctica a la luz de las neurociencias actuales; ni los consejos que cuidadosamente se ofrecen al posible facilitador a la hora de dirigir una práctica de Yoga-Nidra. Por otra parte, nada menos que ocho anexos permiten profundizar, aunque la mayoría de ellos sean breves, en algunos puntos más técnicos, pero igualmente importantes, como son los *mantras*, los *cakras*, las *koshas*, etcétera.

No es cuestión en el prólogo de explicar en qué consiste el Yoga-Nidra, pues para eso está todo el libro, pero sí que me gustaría resaltar el oportuno tratamiento que reciben cuestiones tan centrales como el *sankalpa*, el espacio mental o la visualización. Si el Yoga-Nidra es una especie de relajación profunda consciente, mediante la cual se bordea el reino del sueño, tratando, no obstante, de no caer en él, en todo caso en una especie de «sueño lúcido», la flecha lanzada hacia la diana de la autotransformación sería justamente el *sankalpa*, esa afirmación positiva que une la intención profunda y la emoción elevada para introducir en las profundidades de nuestra mente inconsciente una verdad profunda que queremos cultivar, realizar y expresar. Está tan bien expresado y desde tantas perspectivas, con un coro armónico de voces autorizadas, que no es necesario decir aquí nada más.

Un segundo concepto que destacamos es el de *cidakasha*. En la tradición hindú, la noción de *akasha* posee gran importancia, tanto en un sentido macrocósmico (pues *akasha* hace referencia al Espacio primordial, la Sustancia primigenia, asociada a la vibración y el sonido, de donde surgen todas las formas, densas o sutiles) como en un sentido microcósmico, humano, donde se distingue entre *hrdaya-akasha* (el espacio del corazón, donde mora nuestro ser más profundo), *citta-akasha* (el espacio de la mente, la sustancia mental con la que van cobrando forma nuestros pensamientos) y *cid-akasha* (el espacio de la conciencia, más amplia que la mente, un espacio no limitado por los pensamientos). Pues bien, en ese viaje al interior de nosotros mismos que es el Yoga-Nidra aprendemos a remodelar nuestra mente, nuestras creencias profundas acerca de nosotros mismos, poniendo nuestra intención, nuestra voluntad más sutil y nuestra emoción más elevada al servicio del autoconocimiento y la autotransformación. Contemplamos nuestra «pantalla mental», como la autora bien dice, al mismo tiempo que logramos cierta distancia respecto de ella, sintiéndonos más «el que ve», el observador, el testigo, que «lo visto», los pensamientos que laten en nuestra mente, haciéndonos conscientes, al mismo tiempo, del poder que estos tienen sobre nosotros y de sus efectos sobre nuestra vida.

Y, en tercer y último lugar, en estrecha relación con lo anterior, destacamos la importancia de la visualización y el tratamiento que aquí recibe. También el poder de la imaginación, de la imagen, ya en su funcionamiento automático, inconsciente, pero de modo especial en la visualización creadora, en la imagen dirigida e intencionalmente cultivada. Todo ello, y la función que desempeña en el Yoga-Nidra, quedan meridianamente claros en esta hermosa obra a través de la cual la autora (los autores) nos invita(n) a bucear en las profundidades de nuestra conciencia.

Bienvenido sea este libro que a tantas personas puede ayudar, con una práctica que no exige ni grandes conocimientos ni esfuerzos mentales importantes, aunque sí cierta constancia y cierta voluntad de descubrir el fondo de nuestro ser y de dirigir, en cierta medida, sus movimientos.

VICENTE MERLO,
noviembre 2020

Agradecimientos

A todos los maestros que han recogido, explorado, autoexperimentado y transmitido estas técnicas ancestrales, de maestro a discípulo, de maestro a discípulo... haciéndolas llegar hasta nuestros días.

A mi querida Noemí Colomer, allá donde esté, que me vinculó a esta preciosa ciencia de la armonía que es el Yoga.

A Ramón Ribó, que me dio el impulso para seguir profundizando en ella.

A Inés, mi hija y maestra, que no me dejó replanteármelo y, sin saberlo, me empujó para continuar.

A mis padres, y a todos aquellos que los precedieron, por esta profunda, bellísima, a veces dura y única experiencia que es la vida.

Un agradecimiento especial a Jordi Isern Salvat, tándem de Yoga-Nidra durante algunos años, sin él probablemente el valioso recorrido con esta técnica no hubiese tenido lugar.

A Miriam Raventós Barangé, quien amablemente ha revisado este libro con mirada crítica y muy generosa; gracias por cada una de las comas, las reflexiones, las preguntas y sugerencias. Gracias por todas las enseñanzas recibidas.

A Angelika Walek, que me descubrió no solo la belleza y el poder de los *mantra*, sino mi propia voz.

A Daphne Gelabert, que me ha permitido ahondar en la profundidad de la meditación colaborando con ella en la formación de profesores de la IYTA (International Yoga Teacher's Association).

A Paquita Bermejo, que me enriqueció con tantas técnicas de relajación.

A todos los profesores y profesoras que tanto me han aportado; en especial a todos los que, durante 40 años, dedicaron esfuerzo, tiempo y cariño a la IYTA, y, en concreto, a quienes constituyeron el comité pedagógico durante mi formación como profesora de yoga.

A Vicente Merlo que, con inmediatez inusitada, ha leído estas páginas y me ha encaminado con generosos consejos hacia su publicación.

A Ana y Agustín Pániker, que han confiado en este trabajo para darlo a luz.

A cada uno de los alumnos y participantes de sesiones, talleres y clases con quienes he compartido, aprendido, avanzado, disfrutado y experimentado durante estos años.

A quienes han divulgado sus experiencias sobre esta práctica, sus efectos, beneficios, etcétera.

A quienes se atreven a innovar en sus campos respectivos apreciando los efectos de esta técnica utilizándola en pacientes, alumnos, niños, ancianos, consigo mismos...

A todos los investigadores científicos que osan caminar fuera de lo dogmático y adentrarse en el Ser.

A ti, que lees estas páginas con curiosidad.

A todos los viajeros y exploradores del alma.

Nota

En este libro, cuya gestación ha llevado aproximadamente seis años, se ha recogido toda la información a la que hemos tenido acceso a través del tiempo y de numerosas búsquedas. Se trata de información de diferentes maestros de Yoga, así como de algunos científicos, médicos, psicólogos e investigadores, que hemos considerado de gran interés para la mejor comprensión de los elementos que componen el Yoga-Nidra y sus efectos sobre el organismo y las diferentes envolturas de la psique, lo que nos permitirá guiar y practicar esta técnica de un modo efectivo y seguro.

Desde el mismo inicio, hemos procurado seguir, de la forma más fiel posible, el método de Swami Satyananda reflejado en sus libros: *Yoga-Nidra* y *Yoga y Kriya*, aunque hemos profundizado con otros maestros, como Swami Rama de los Himalaya o Dr. Nrusingh Charan Panda, e integrado otras opciones del *Nyasa*.

En cada capítulo, incorporamos tanto las enseñanzas de maestros que han contribuido con su sabiduría al desarrollo de esta técnica, como conceptos de los campos de la medicina y la psicología que nos ayudan a entender y valorar sus beneficiosos efectos.

Nuestra modesta aportación se refleja a lo largo del manual en sugerencias y recomendaciones derivadas de conocimientos adquiridos en la formación como profesores de yoga, en cursos y seminarios, y de nuestra propia experiencia en el guiado de sesiones con alumnos de ámbitos diversos matizada por la vivencia personal de esta técnica.

Queremos aclarar que, en el uso de palabras sánscritas, hemos evitado la utilización de signos diacríticos para no complicar el texto, a excepción de en la transcripción de los mantras propios del *Nyasa* que es donde la correcta pronunciación reviste especial importancia.

Al respecto de los términos «conciencia»/«consciencia», queremos precisar que optamos por utilizar el primero cuando hacemos referencia al aspecto interno relacionado con la moral que discierne entre «el bien y el mal» –aunque mantenemos su uso en citas literales de otros autores– y, a diferencia de otros autores, preferimos el uso del segundo, «consciencia», para lo relativo al hecho de «darse cuenta», o a lo que describe Marc-Alain Descamps[21] como *la luz natural del espíritu o el conocimiento que el espíritu tiene de sí mismo y de su funcionamiento*.

También puntualizamos respecto a la palabra «subconsciente» que, con el fin de no generar confusión entre la terminología y visión de la psicología Vedanta y de la freudiana, salvo que indiquemos lo contrario, la utilizaremos para referirnos a los estratos de la mente *por debajo de lo consciente*, por debajo de aquello de lo que «nos damos cuenta con cierta inmediatez»: lo no-consciente.

A lo largo de todo el libro, se encontrarán tanto referencias bibliográficas como notas a pie de página. Las segundas contienen algunas aclaraciones que hemos considerado necesarias y, mayoritariamente, una breve presentación de las personas a las que hemos ido dando voz para ponerlas en su contexto.

No dejó de sorprendernos gratamente el encontrar, ya avanzado nuestro manual, el libro publicado por Neelam Olalla. *Yoga-Nidra. Efectos en el cerebro y el sistema nervioso,* por la coincidencia en algunos planteamientos. Lo incorporamos en nuestra bibliografía en señal de reconocimiento.

En el capítulo 6 se recogen consideraciones biológicas, psicológicas, curiosidades que, aunque no son estrictamente imprescindibles *a priori* para comprender la técnica, las consideramos a todas luces muy interesantes para vislumbrar la profundidad de este trabajo en las diferentes dimensiones de la persona.

Y, como refieren los maestros cuando afirman que un gramo de práctica vale más que cien toneladas de teoría, este manual, para quien quiera alcanzar cierta maestría en el guiado de esta técnica, se debería completar con una serie de prácticas presenciales en las que los participantes aprendan a utilizar los recursos que se pondrán a su alcance para facilitar de forma amable y segura las sesiones de Yoga-Nidra. Toda la valiosa información aquí recogida puede ser empleada una y otra vez como material de consulta.

Os damos la bienvenida a compartir por un instante con nosotros esta danza de la vida; la danza de lo que surge y vuelve a fundirse, que pasa de un opuesto a su contrario complementándose, expresándose en Uno.

Bienvenidos a este espacio en el que buscaremos encontrarnos dentro de nuestro siempre silencioso, calmado y atento centro.

Bienvenidos a indagar con nosotros.

Ana Sesma Nuez
y Jordi Isern Salvat

YOGA-NIDRA

1. Yoga-Nidra, puerta de entrada al descubrimiento de sí mismo

Yoga-Nidra va mucho más allá de ser una técnica de relajación profunda. Utilizando una expresión de Antonio Blay,* *abre la puerta de entrada al descubrimiento de sí mismo*.[6]

Como Blay muy sabiamente escribió:

> «Solamente la práctica de unas cuantas semanas de relajación profunda es suficiente para que la persona presienta en su interior un eco y una resonancia que tienen una potencia, una grandeza, una realidad y un verismo mucho más fuerte y auténtico que el mundo exterior y todos los valores que la persona pone en este mundo exterior. Cuando la persona empieza a intuir que

* Antonio Blay Fontcuberta. Fue intendente mercantil por la Escuela de Altos Estudios Mercantiles de Barcelona, diplomado en Psicología y Psicotecnia por la Universidad de Madrid y miembro de la Sociedad Española de Psicología. Precursor de la Psicología Transpersonal en España. «Su obra abarca desde los aspectos académicos de la psicología moderna, incluyendo los aspectos humanísticos, hasta la experiencia trascendente de los místicos occidentales y orientales» (Definición de la Gran Enciclopedia Catalana, Barcelona, Edicions 62).

dentro de sí misma hay algo que merece ser descubierto, cuando intuye que en el fondo toda su vida no es nada más que un despliegue de unas cualidades centrales, cuando descubre que todo cuanto puede llegar a vivir de positivo brota y surge de este núcleo central, entonces empieza a poseer el secreto de la verdadera estabilidad, de la verdadera autenticidad».[6]

Yoga-Nidra, como práctica de relajación profunda/meditación, propicia algunas condiciones imprescindibles para bucear en las aguas abisales del ser: el silencio, la calma interna, el equilibrio, el soltar todo por unos instantes para centrarse en sentir y respirar, para sentirse vivir sin juzgar, etiquetar, analizar... Permite escuchar la voz interior que surge del centro mismo del ser, ajena a los valores externos superficiales, anclada a lo auténticamente valioso: la esencia.

En ocasiones, puede no ser fácil aventurarse a bucear por los espacios oscuros de uno mismo, por las grutas que el ego ha excavado en su afán por autoprotegerse. Esta espeleología íntima puede generar temor, inquietud, respeto, negación. Puede ponernos cara a cara con nuestras propias resistencias; lo hará, tenlo por cierto. Sin embargo, empecinarse en mantener un quiste infectado sin abordarlo por miedo al dolor inicial puede condicionar nuestra vida hasta el punto de no vivirla.

Tener el valor de afrontar con disponibilidad este reto permite alumbrar con la luz de nuestra consciencia las sombras que nos asustaban y dejar que se difuminen. Entregarse con confianza a ver, purificar y sanar viejas heridas abre la puerta de lo nuevo, lo intrépido y profundo, y nos pone en contacto con la enorme fuerza creativa interior. ¿Hay algún beneficio mayor que encontrar esta puerta y traspasarla?

Yoga-Nidra, en un viaje sorprendente, nos lleva a descubrir y trascender las montañas y valles del cuerpo físico; a respirar con placer la brisa de nuestro propio aliento de vida, del aliento de la Vida; nos lleva a visitar los paisajes de nuestros procesos mentales; a vadear las corrientes de emociones que parecían insalvables; a olvidarnos de los parajes conocidos sumiéndonos en lo desconocido, y, finalmente, si nos lo permitimos, si los transitamos y trascendemos, nos instala en esa cueva en suave penumbra, cálida y segura, siempre silenciosa de nuestro centro, del centro de Todo. De ella, regresamos más estables y, a la vez, ligeros, independientes y libres, habiendo intuido su esencia, nuestra esencia.

Yoga-Nidra nos abre un camino que requiere valor para mirarse, para bucearse, para deshacerse de los antiguos ropajes, de los viejos patrones automatizados, de hábitos mentales y emocionales; enfrentarse a los temores, al temor a verse y al temor a morir; porque en este proceso debemos morir a lo que creemos que somos para volver transfigurados. Requiere también paciencia, persistencia, curiosidad amable, deseo de silencio, de calma y de ese vacío central que nos pone en contacto con Todo. *¿Quién soy yo? ¿Qué soy yo?*

Creo, firmemente, que el cambio colectivo que, a todas luces, necesitamos en una sociedad enferma de estrés y sufrimiento, de falta de valores, de ignorancia metafísica profunda, no puede producirse y afianzarse si no se genera primero una gran transformación a nivel individual que armonice a la persona en su integridad.

Todo está en contacto con todo; todo es Todo. Es cada una del total de las células lo que forma un cuerpo completo: en armonía y feliz, o enfermo y desgraciado. Que sea de un modo o de otro, es responsabilidad de cada una de ellas.

Yoga-Nidra induce, en quien lo practica con regularidad, la escucha silenciosa, el estado adecuado, el autoconocimiento y el descubrimiento del espacio más íntimo desde el que uno puede contribuir a potenciar las condiciones favorables para ese gran cambio social.

¿Te atreves a intentarlo?

Tenía que desapegarse e ir más allá de su cuerpo para cambiar el cuerpo, ir más allá del ego para cambiar el ego, ir más allá del programa para cambiar el programa, y trascender la mente consciente para cambiar el subconsciente. Debía convertirse en lo desconocido para crear lo desconocido. Convertirse en un pensamiento nuevo e inmaterial, en sin materia, para crear una nueva experiencia material. Ir más allá del tiempo y el espacio para cambiar el tiempo y el espacio.

JOE DISPENZA[24]

2. Introducción al Yoga-Nidra

Cuando los cinco sentidos y la mente están tranquilos, y la misma razón descansa en silencio, entonces comienza el camino Supremo.
Esta serena estabilidad de los sentidos se llama Yoga.
Uno debería de estar vigilante, porque el Yoga viene y se va.

KATHA UPANISAD

El término Yoga-Nidra o Nidra-Yoga podría definirse como «dormir yóguico», «sueño del yogui», «sueño lúcido» o «dormir consciente».

El significado de *Nidra* es un tanto ambiguo. Significa «brotar», la capacidad de hacer emerger nuestras riquezas potenciales ocultas; significa «despertar», y también significa «dormir»: en la tradición vishnuita, *Nidra* es el sueño de Dios.[66]

¿Qué es Yoga-Nidra?

Yoga-Nidra es tanto el nombre de una técnica concreta como el de un estado de consciencia.

Originalmente, es una técnica de meditación capaz de hacernos viajar a través de distintos niveles hasta un estado de profunda quietud. En meditación, uno permanece en el estado de vigilia, enfoca la mente suavemente y permite que los pensamientos, emociones, sensaciones e imágenes aparezcan y se disuelvan. A diferencia de otras técnicas de meditación, en Yoga-Nidra se abandona el estado de vigilia, se pasa a través del estado de soñar y se va al estado de dormir donde se continúa, sin embargo, totalmente consciente sin la distracción de imágenes, palabras o pensamientos. Como afirma Swami Jñaneshvara Bharati, todo esto está en su forma latente o sin forma.[76]

Yoga-Nidra puede describirse también como una técnica psico-somática, un método de relajación física y psíquica profunda, consciente y deliberada para inducir tranquilidad a nivel físico y nervioso, librar a la mente de tensión e inducir autoconocimiento y estados elevados de consciencia.

> «Yoga-Nidra es una forma de entrenamiento de la atención plena en la que la mente recupera su habilidad de estar concentrada y no distraída».
>
> RICHARD MILLER*

* Richard C. Miller es psicólogo clínico, investigador y profesor de yoga. Trabajó en el Walter Reed Army Medical Center y el Departamento de Defensa de los Estados Unidos estudiando la eficacia de lo que llamó *iRest Yoga Nidra*.

Y más allá del desarrollo de la plena atención, se trata de un proceso de deconstrucción de las múltiples identificaciones que, según la opinión de André Riehl,* no son únicamente personales, sino también de los antiguos condicionamientos inscritos en el psiquismo humano como especie.[66]

Como estado de la consciencia, Yoga-Nidra es el «sueño sin sueño», dormir en estado de consciencia interior. Dormir profundo pero, paradójicamente, totalmente consciente. Dentro de la vía del budismo tibetano, se denomina «estado de luz natural».[52]

Si exploramos en la tradición yóguica, en las *Upanisad* se encuentra ya la concepción de un cuarto estado de consciencia por encima de la vigilia, el sueño [dormir]** y el sueño [dormir] profundo. Este estado es al que llamamos Yoga-Nidra. En él, la mente, en especial el subconsciente, es excepcionalmente receptiva.

> «Durante Yoga-Nidra, intencionalmente entramos en un estado que se aproxima al dormir, en el cual aparecen movimientos de tipo onírico. Sin embargo, a diferencia del dormir, durante el Yoga-Nidra somos testigos de esos fragmentos tipo onírico».
>
> RICHARD MILLER[49]

* André Riehl comenzó la práctica del yoga sobre los 11 años, lo estudia desde 1972. Empezó en un monasterio de los Himalaya antes de recorrer la India y encontrarse con diferentes maestros: Kashmiri Babu, J. Krishnamurt, Sri Ananda Mayee Ma, Candra Swami. Profundiza en la visión del yoga de diferentes maestros antes de convertirse él mismo en profesor. Deseoso de participar en la transmisión de la tradición ancestral yóguica, enseña prácticas en las que el conocimiento clásico antiguo se encuentra con descubrimientos contemporáneos.

** Cuidado con el uso en castellano de la palabra «sueño» como sinónimo de «dormir», puede dar lugar a malas interpretaciones en relación con el proceso fisiológico o el onírico. No ocurre lo mismo en inglés, por ejemplo, con las palabras *sleep* y *dream*.

> «Yoga-Nidra aporta, además de la relajación médica clásica, un método para obtener una consciencia expandida que llamamos ENOC (estado no ordinario de consciencia) previa al despertar; un estado original de consciencia expandida o supraconsciente: el estado crepuscular (*samadhi* o *twilight-state*)».
>
> MARC-ALAIN DESCAMPS[21]

> «Es un estado entre dormir y *samadhi*».*
>
> SWAMI RAMA DE LOS HIMALAYA[75]

El «sueño consciente» lleva de manera efectiva la atención a través de los múltiples niveles del proceso mental hacia un estado de enorme quietud. Es el camino que lleva al nivel causal de realidad, del cual surge el plano sutil, psíquico o astral (Véanse anexos 5 y 6)

Esta bellísima imagen de Elizabeth Werlen[87] que transcribimos a continuación lo describe a la perfección:

> «Durante una sesión sabiamente guiada, igual que un delfín unas veces brincando por encima de la superficie del océano, otras sumergiéndose en el agua profunda, uno se mantiene a flote sobre la línea de flotación, traspasando imperceptiblemente, de etapa en etapa, las fronteras del consciente y del subconsciente, trayendo, a veces, los tesoros escondidos de recuerdos olvidados o de enigmáticas imágenes».

* *Samadhi,* en sánscrito, hace referencia a los estados de supraconsciencia. (Véase anexo 6)

La voz de los maestros

En este manual, daremos con frecuencia espacio a la entrada de la voz de los maestros para que, de la forma más directa posible, ilustren con sus propias palabras los conceptos que estamos desarrollando y nos iluminen con su conocimiento. Consideramos que, precisamente, parte de la sabiduría que encierra esta técnica se debe al esfuerzo y dedicación de estas sucesiones de maestros y discípulos, estudiosos, investigadores y practicantes, con quienes nos sentimos en deuda y profundo agradecimiento.

> «Empiezas por el cuerpo, por darte cuenta de qué es el cuerpo físico; luego descubres el cuerpo energético; luego el cuerpo mental: todo el equipaje de ideas, conceptos, memorias que tenemos del pasado; de ahí pasas al cuerpo psíquico, el cuerpo de la conciencia y de la intuición, hasta llegar al núcleo de tu esencia».
>
> DANILO HERNÁNDEZ[36]

> «Yoga-Nidra es un estado de dormir consciente en el que se puede grabar todo lo que va sucediendo. Es uno de los mejores y más bonitos ejercicios; te ayudará a resolver problemas y te dará soluciones a preguntas cuyas respuestas son conscientemente desconocidas para ti. La técnica es importante; pero, además de comprender la técnica, es necesario tener una fuerte determinación y deseo».
>
> SWAMI RAMA[42]

> «Yoga-Nidra es una práctica que te revela y enseña cómo vivir en el ahora de forma que puedas acceder a tu inteligencia

esencial y a tu habilidad innata para responder apropiadamente en cada situación. Yoga-Nidra es un proceso reeducacional. [...] Yoga-Nidra no es hipnosis, sino el más profundo pero natural estado de meditación. [...] No requiere que cambies nada. Solo requiere que observes tu tendencia habitual de querer cambiar las cosas a algo que no son. Con Yoga-Nidra aprendemos a recibir y dar la bienvenida, más que a resistirnos. Entonces, el dejar ir sucede naturalmente. [...] Escuchar y dar la bienvenida son las herramientas y Yoga-Nidra el proceso para aprender cómo escuchar y dar la bienvenida a todo lo que eres y a todo lo que la vida es, sin intención de que nada sea más que esto.

»Cuando las sensaciones nacen sin resistencia, flotan y se disuelven en la consciencia, igual que las burbujas que alcanzan la superficie de un lago. Lo importante es que ni nos involucramos ni reprimimos la experiencia. El rechazo genera conflicto. Lo que uno rechaza queda reprimido en el inconsciente, y cualquier cosa que vive en el inconsciente se proyecta en el mundo».

RICHARD MILLER[49]

«Yoga-Nidra es limpiar la mente de condicionamientos eliminando progresivamente sentimientos negativos».

CARLOS FIEL[27]

«Debería de practicarse con el propósito de utilizarlo para el crecimiento y la evolución personal y espiritual. La búsqueda de armonía y plenitud. El viaje al lugar, en nuestro interior, que siempre está en calma y armonía. El verdadero objetivo de Yoga-

Nidra es hacer un viaje a través de todos los planos del ser humano hasta llegar al punto donde reside el Ser».

CARMEN RODRÍGUEZ HOCHSTRASSER[67]

Un viaje que comienza en la piel y se dirige al alma, como todo el Yoga; un viaje al lugar de nuestro interior que siempre está en silencio y paz.

Usted conoce, ¿no es cierto?, esa bella embriaguez del alma.
Uno no piensa, ni tampoco sueña.
Todo el ser se nos escapa, se desvanece, se derrama.

ALPHONSE DAUDET, «*Cartas desde mi molino*»

Introducción histórica

Yoga-Nidra nació en la India y proviene de la antigua técnica *Nyasa* de la vía del *Tantra**. El tantrismo es un movimiento que se pierde en la noche de los tiempos; muchos de sus elementos son de origen preario, si bien no aparece como cuerpo de doctrina coherente hasta el siglo IV.[9] La tradición oral parece haber precedido miles de años a la cultura escrita, así que es aventurado tratar de fecharlo.[65] Esta práctica ancestral proviene de hombres y mujeres que vivían en el bosque de manera contemplativa en relación muy íntima con la naturaleza[66], ha sido utilizada por los yoguis durante siglos y todavía hoy se practica.

* *Tantra: «tat»*: eso que no se puede definir; «*tra*»: preservar, proteger. «Preservar lo que no se puede definir».[66]

Nyasa, en sánscrito, significa «colocar». Se refiere a un componente del ritual tántrico en el que el practicante toca diferentes partes del cuerpo a la vez que pronuncia un mantra y visualiza una deidad o un *bija-mantra*. *Nyasa* es el modo de consagración del cuerpo. Se trata de despertar la consciencia de cada parte del cuerpo «colocando» en cada miembro y órgano al dios que lo gobierna con el mantra que lo evoca. Es de este modo, «colocando el dios en cada miembro u órgano», como sacraliza el cuerpo físico.[21] (Véase anexo 1)

Al «colocar» y sentir mantras específicos en diferentes lugares de la anatomía, se hace vibrar, por resonancia a través de la voz, estas áreas; el mismo principio que el uso de ultrasonidos en la medicina moderna.

> «El sonido en sí mismo no existe. Lo que existe es la vibración. El sonido solo tiene lugar al golpear las vibraciones el tímpano y ser conducidas al cerebro. Unas vibraciones determinadas pueden estimular en gran manera las glándulas endocrinas, especialmente las situadas en la cabeza y el cuello. Esto incluye la pituitaria, la glándula principal del sistema, así como el hipotálamo. Mantras distintos tienen efectos distintos en función del sistema endocrino».
>
> DHARMA SINGH[11]

Mantra es una herramienta protectora (*tra*) de la mente (*man* / *manas*) y un objeto de meditación. Los mantras transmiten vibraciones que armonizan el ambiente, «despiertan las fuerzas latentes del espíritu humano y las concentran».[21]

Los mantras cantados con la rotación de consciencia por el

cuerpo –elemento que explicaremos más adelante– armonizan el sistema nervioso, equilibran los flujos *pránicos* o energéticos y mantienen la mente concentrada. De esta forma, cada parte del cuerpo se carga sistemáticamente de su «energía vibratoria». Tanto cuerpo como mente se purifican y preparan para la meditación.

> «El universo es vibración, unidades atómicas en continuo movimiento. El sonido se hace medio de concentración y, más aún, conjuro, fórmula mágica».
>
> NEELAM OLALLA[55]

La vibración que produce el sonido en el paladar superior, que forma el techo de la boca y separa la cavidad bucal de la cavidad nasal, es la clave. Este paladar se compone de dos partes: el paladar duro y el blando. Según la medicina china, hay 84 meridianos o canales energéticos que pasan por el paladar superior. Toda la lengua, y no solo la punta, estimula los puntos meridianos de la cavidad bucal. Dichos puntos están conectados con el hipotálamo y con ambos hemisferios cerebrales. La fricción de la lengua sobre los puntos estimula ciertas zonas del hipotálamo, y este a su vez estimula las glándulas pituitaria y pineal.

> «Se ha demostrado que cantar ciertos mantras de Yoga estimula el nervio vago, el nervio simple más importante del cuerpo. El nervio vago corre a través del cuello cerca de la mandíbula, afecta al corazón, los pulmones, la zona intestinal y los músculos de la espalda. Las corrientes del sonido influyen sobremanera en los

> *nadi** y los *cakra*** al hacer vibrar el paladar, que tiene ochenta y cuatro puntos conectados con el sistema de energía etéreo del cuerpo. Algunos de estos puntos llevan la energía directamente hacia el hipotálamo y la pituitaria».
>
> DR. DHARMA SINGH[11]

Los sonidos nasales, por ejemplo, estimulan especialmente la glándula pituitaria, ya que vibran justo donde se unen el tabique nasal y el punto del entrecejo. Al cantar el mantra «Om», por ejemplo, se activan secreciones de la pituitaria, y esta a su vez estimula el resto del sistema glandular.

En la actualidad, el Yoga-Nidra más practicado en Occidente es una adaptación de las prácticas tradicionales del *Nyasa*, en este caso, estructurada por el maestro Swami Satyananda para satisfacer las necesidades actuales, obviando el canto o recitación de complejos mantras.

Swami Satyananda (1923-2009) es uno de los máximos exponentes del yoga moderno, reconocido internacionalmente por sus investigaciones científicas sobre el yoga y la salud, el yoga y la educación, etcétera. Nacido el 26 de julio de 1923 en Almora era hijo de un oficial de policía, y su esposa, originaria del Tíbet, miembro de Aryah Samadj y militante por la independencia de la India. A los 7 años, tuvo una experiencia extracorpórea (*out of body experience*). Posteriormente, su familia lo ingresó en una escuela británica. Obtuvo tres diplomaturas universitarias: neurofisiología, veterinaria y filosofía.

* *Nadi*, en sánscrito, canales energéticos
** *Cakra*, en sánscrito, significa rueda. Vórtices de energía.

Iniciado por un *baïravi* tántrico, Sukhman Giri, mantuvo también encuentros con Ma Ananda Mayi y Gandhi. Encontró a su maestro, Swami Sivananda, médico, a la edad de 18 años, y colaboró en su *ashram* durante 12 años.[21] Fue autor de numerosos libros especializados, fundador de la *International Yoga Fellowship* (1959), *Bihar School of Yoga* (1963) y otras instituciones, así como inspirador de la primera universidad de yoga en el mundo, la *Bihar Yoga Bharati* de Munger (India).

Él mismo narró que fue precisamente velando el sueño de los niños que vivían en el *ashram* cuando descubrió el gran poder que tenía este estado de consciencia que sucede en *Y*oga-Nidra. Cuando los niños despertaban al amanecer para cantar sus mantra, era el momento en que él, después de mantenerse vigilante la noche entera, comenzaba a caer en el estado que sucede entre la vigilia y el sueño. Y esto fue sucediendo, día a día, durante un tiempo. De suerte que, al celebrarse un festival en el *ashram* en el que los niños cantaban un mantra para el público, Swami Satyananda se asombró al observar que sabía el mantra que él nunca antes había aprendido o, al menos, no conscientemente.

El Yoga-Nidra, practicado por la mayor parte de los renunciantes, nunca había sido sistematizado, cosa que hizo Swami Satyananda. En su estructura, los mantras se omiten para que pueda ser practicado por cualquier persona, independientemente de su religión, idioma y tradición. El énfasis se ha transferido del canto de los mantras del *Nyasa* a la rotación de consciencia del Yoga-Nidra que explicaremos más adelante.

Yoga-Nidra ha sido cuidadosamente diseñado para mantener su poder de transformar la personalidad y la receptividad del practicante.

Esta técnica, procedente del Tantra, dentro de la vía del Yoga está relacionada con el *raja yoga*, el «Yoga Real» o de la mente; desde el siglo XIX identificado con el Yoga clásico, *astanga yoga*, descrito por Patañjali en los *Yoga-sutra*.[68]

Mitología

Visnu, Narayana[56]

En cuanto a la relación de esta práctica con la exuberante mitología india, Yoga-Nidra se representa como Visnu durmiente, el dios conservador de la Trimurti: Brahma-creador, Visnu-conservador, Siva-transformador. Visnu durmiente al comienzo de una nueva era que, en este aspecto, recibe el nombre de Narayana.

> «Al final de cada era del mundo, el Universo se disuelve en su materia original. No existe ninguna vida, nada tiene forma. Antes de que empiece una nueva época, todo descansa. Solo Visnu sue-

> ña y planea la nueva vida, el nuevo orden. Yace en un sueño contemplativo (Yoga-Nidra) sobre la serpiente de los mundos, Sesa, también conocida como Ananta, el Infinito, con sus inacabables sinuosidades. La serpiente, por otro lado, será concebida como flotando sobre el océano cósmico, carente de orillas. Agua, serpiente y Visnu como Narayana simbolizan la única sustancia cósmica o energía mediante la cual la vida puede tomar nuevas formas. Todo lo que había existido una vez se unifica en Visnu en este estado de calma y espera para manifestarse. Entonces, en primer lugar, del ombligo de Narayana surgirá un loto que crecerá y generará al dios creador Brahma. Entonces, Laksmi, la esposa de Visnu, despertará al dios y, con ello, dará comienzo una nueva era. Pero Visnu volverá a su forma de Narayana tan pronto como el mundo que se ha creado de nuevo se vuelva a destruir. [...] Nidra, la diosa como personificación del sueño, entra en el cuerpo de Visnu cuando este se entrega al descanso sobre la serpiente del mundo entre dos edades. Al final del sueño contemplativo, Nidra abandonará de nuevo el cuerpo del dios, de forma que pueda surgir un mundo nuevo».
>
> ECKARD SCHLEBERGER[69]

La práctica de Yoga-Nidra evoca este suceso cósmico de la creación del Universo. A través de la mitología, se representa también el renacer del practicante, su transformación: la nueva vida que surgirá de su no-consciente al germinar las semillas del poder de su intención. La persona cocreadora del cosmos interno y externo.

Objetivos de Yoga-Nidra

Originalmente, *Nyasa* se concebía como un medio para alcanzar la iluminación. El núcleo principal de Yoga-Nidra es la transformación, el cambio de actitudes, la implantación de cualidades.[55] Dentro del sistema tántrico, la práctica específica del yoga del sueño está destinada a preparar al practicante para el bardo que sigue al momento de la muerte.[52]

Los yoguis usan el estado de Yoga-Nidra para acceder a un estado de dormir profundo voluntario a fin de darse cuenta, simultáneamente, de los tres estados manifiestos de consciencia: la vigilia, el soñar y el dormir. En este estado, la claridad de la mente es más profunda que en el estado de vigilia, y puede ser utilizado para purificar los *samskara*, las impresiones profundas que son la fuerza impulsora que hay detrás del karma.[75] Veremos más adelante qué son los *samskara*.

Yoga-Nidra es una técnica muy eficaz para conseguir un cambio en positivo de nuestra personalidad. Es un cambio gradual que necesita constancia en la práctica, aunque intuiremos sus efectos desde la primera sesión. A través de la práctica de Yoga-Nidra conseguiremos:

- Relajar y trascender el cuerpo físico.
- Gobernar y dirigir las fluctuaciones mentales (*citta vritti*).
- Aprender a mantenernos imperturbables, ecuánimes, serenos y centrados.
- Despertar nuestro potencial activando la intuición, la sabiduría y la percepción.

- Trascender los cuerpos físico y sutil, llegando a la dimensión trascendental o *Atman*.*

«La práctica de Yoga-Nidra es una invitación a recorrer, explorar, descubrir y experimentar las diferentes capas o envolturas de nuestro ser, cuya naturaleza es multidimensional. A lo largo de la sesión, gracias a su estructura, vamos atravesando las diferentes capas o envolturas con la intención de llegar a nuestro ser esencial.

»Según la tradición del Vedanta y del Yoga, el ser humano está constituido por tres cuerpos interrelacionados y a su vez diferenciados, que se subdividen, a su vez, en cinco envolturas llamadas *kosa*. Los tres cuerpos a los que hacemos alusión son el cuerpo físico, aquello que podemos palpar, hecho de materia; el cuerpo sutil, no visible a simple vista, aunque sí plausible de ser percibido por sus diferentes manifestaciones y que en el ser humano abarca los aspectos energético, emocional y mental. El tercer cuerpo es el cuerpo causal, origen y esencia de los dos anteriores. Es el cuerpo esencial del ser humano, a partir del cual se manifiestan los otros dos; es la morada del Ser o *Atman*».

GABRIELA ANGUEIRA[2]

* Sobre los *kosa*, véanse los anexos 4 y 5.

Campos de aplicación de Yoga-Nidra

Yoga-Nidra es una técnica sencilla, aunque profunda, y tiene un vasto número de aplicaciones diversas, tanto en el ámbito del yoga como en otros campos. Algunas áreas en que se utiliza son:

- Relajación, tanto física como mental y emocional.
- Meditación: es una técnica meditativa muy eficaz.
- Ayuda en el tratamiento de problemas psicológicos, erradicando complejos, neurosis, inhibiciones... profundamente arraigados.
- Tratamiento de dolencias psicosomáticas, ya que equilibra eficazmente el funcionamiento del sistema nervioso autónomo.
- Sueño: combate el insomnio.
- Rejuvenecimiento físico y psicológico.
- Investigación mental y de la consciencia para avanzar en el crecimiento personal.
- Aprendizaje, educación, inteligencia: es una profunda herramienta educacional.[79]

Más adelante hablaremos detalladamente de sus múltiples beneficios.

Estructura de la práctica del Yoga-Nidra

En este manual hemos conservado este esquema de Swami Satyananda que estructura los elementos que se utilizan en la técnica del Yoga-Nidra del siguiente modo:

- Ajuste preliminar del cuerpo.
- Relajación física preliminar.
- *Sankalpa* (resolución).
- Rotación de la consciencia por diferentes partes del cuerpo.
- Consciencia de la respiración y conteo.
- Sensaciones y emociones opuestas.
- Observación de la pantalla mental (*cidakasa*).
- Visualización.
- Observación de la pantalla mental.
- *Sankalpa*.
- Regreso a la consciencia externa.

Estos pasos son secuenciales y sistemáticos, han sido estudiados y probados con el fin de que el practicante transite por la técnica de una forma progresiva y fluida para alcanzar los resultados deseados; por ello, deben practicarse uno tras otro en el orden establecido. Pueden adoptarse variaciones, siempre dentro de la estructura básica.

Además, cada uno de estos elementos es una técnica en sí mismo y podrá ser utilizado como tal fuera de una sesión de Yoga-Nidra de modo independiente.

Profundizaremos en cada uno de ellos más adelante.

3. Relajación

El problema internacional hoy en día no es el hambre, la pobreza, las drogas o el miedo a la guerra. Es la tensión, hipertensión, tensión total. Si uno sabe cómo liberarse de la tensión, sabe cómo resolver sus problemas en la vida. Si uno es capaz de equilibrar sus tensiones, puede controlar sus emociones, enfados y pasiones, de esta forma también puede controlar las enfermedades con componentes psicosomáticos como las de corazón, hipertensión arterial, leucemia y angina de pecho.

SWAMI SATYANANDA SARASWATI[79]

La relajación regular es una gran urgencia vital.

MARC-ALAIN DESCAMPS[21]

Para comprender qué es relajación, veamos antes qué es tensión y cuál es la diferencia entre tensión y estrés; a primera vista pueden parecer sinónimos, pero no lo son en absoluto.

Tensión versus estrés

La vida es movimiento. Es actividad expresada en forma rítmica, oscilante, en ciclos, olas: actividad-descanso, tensión-relax, músculo agonista-antagonista, *sthira-sukha,** *rajas-tamas,*** Sol-Luna, día-noche...

Durante el ciclo de actividad, hay unos mecanismos en marcha (sistema nervioso simpático) que nos preparan para la acción. Durante el ciclo de reposo, se activan otros mecanismos (sistema nervioso parasimpático) que nos devuelven a nuestro estado natural relajado. Es necesario un equilibrio entre los periodos de actividad y los de descanso, conseguir una alternancia saludable entre acción-reposo, tensión-relajación.

La tensión es un requisito necesario para la vida (por ejemplo, a nivel muscular: contracción); sin embargo, deja de ser positiva si no se disuelve y se vuelve al nivel de reposo una vez finalizada su misión. A esto lo llamaremos estrés o tensión negativa. La tensión positiva es puntual y efectiva, una respuesta de nuestro cuerpo ante una situación adversa o amenazadora; es un mecanismo de defensa. Sin embargo, el estrés negativo es sostenido y no efectivo; supone una sobreexcitación del sistema nervioso simpático e inhibición del parasimpático, con los riesgos para la salud que ello comporta.

Muchas veces suponemos que el estrés depende únicamente de situaciones externas y, sin embargo, es nuestro modo parti-

* *Sthira*: contracción, esfuerzo, energía muscular. *Sukha*: comodidad, expansión, energía orgánica.

** *Rajas*: dinamismo, energía. *Tamas*: inercia, materia.

cular de interactuar con los factores externos el que lo provoca. Así, por ejemplo, hay personas que ante un examen o una entrevista de trabajo sienten síntomas propios del estrés y otras a las que no les afecta en absoluto. Un factor generador de este estrés puede ser un simple pensamiento. Los pensamientos generan diferentes tipos de emociones; cada emoción supone una química determinada como veremos más detalladamente en el capítulo 6.

> «Lo que nos ocurre a los humanos es que podemos experimentar emociones muy fuertes relacionadas simplemente con nuestros pensamientos. Y podemos activar la respuesta al estrés con nuestros pensamientos con tanta precisión que podemos generar en el cuerpo el mismo cambio químico que habría tenido lugar si el acontecimiento hubiese ocurrido de verdad. Así, los humanos generamos cambios en la fisiología corporal solo por nuestros pensamientos. Alteramos nuestra homeostasis o, lo que es lo mismo, perdemos nuestro equilibrio interno con solo nuestros pensamientos. Lo desequilibramos a favor del estrés. Es así como nuestros pensamientos nos enferman».
>
> JOE DISPENZA[23]

Existen numerosas situaciones que pueden generar estrés: causas físicas o fisiológicas (relacionadas con afecciones corporales), psicológicas, emotividad, fobias, factores medioambientales...

En 1956, el doctor Hans Selye,* sometiendo a animales a

* Doctor Hans Selye, fisiólogo y médico austrohúngaro, luego nacionalizado canadiense, fue director del Instituto de Medicina y Cirugía Experimental de la Universidad de Montreal.

diversas situaciones física y mentalmente estresantes, descubrió que, bajo esas circunstancias, su cuerpo se adaptaba para responder y recuperarse frente a la amenaza percibida. Definió el *síndrome general de adaptación* como el conjunto de cambios psicofisiológicos que tienen lugar en el organismo como respuesta a todo un abanico de estímulos nocivos. A nivel físico se caracteriza por un agrandamiento de las glándulas adrenales, atrofia del timo, bazo y otras glándulas linfáticas y ulceraciones gástricas. El síndrome general de adaptación constituye una herramienta adaptativa, ya que posibilita que se movilice energía para responder óptimamente a una situación; sin embargo, hay un lado negativo, porque puede generar graves problemas de salud al organismo si se mantiene en el tiempo.

Selye popularizó el término «estrés» y lo definió en un sentido amplio como «la tasa de desgaste natural causado por la vida».

En su estudio, concluyó que la respuesta al estrés implica la activación principalmente del eje hipotálamo-hipófisis-suprarrenal y el sistema nervioso autónomo, inervándose preferentemente el sistema nervioso autónomo simpático.

Esta respuesta se expresa en tres fases:

1) Fase de alarma.
2) Fase de resistencia o adaptación.
3) Fase de agotamiento.

Fase de alarma

La primera fase definida por Selye, de alarma, coincide con lo que Walter Bradford Cannon,* en 1928, describió como *reacción de lucha o huida*: respuesta fisiológica ante la percepción de daño, ataque o amenaza a la supervivencia.

Se caracteriza por:

- Aumento de la frecuencia cardiaca y la presión arterial.
- Se contrae el bazo, liberándose gran cantidad de glóbulos rojos.
- Se produce una redistribución de la sangre, que abandona los puntos menos importantes, como es la piel (aparición de palidez) y las vísceras intestinales, para acudir a músculos, cerebro y corazón, que son las zonas de acción.
- Aumenta la capacidad respiratoria (broncodilatación).
- Dilatación de las pupilas.
- Aumenta la coagulación de la sangre.
- Hiperglucemia (aumento de la glucosa en sangre).
- Lipólisis (se quema grasa).
- Movilización de las defensas del organismo.
- Inhibición de digestión y apetito sexual.

Si la fuente de estrés continúa activa, se pasa a la fase siguiente.

* Walter Bradford Cannon, fisiólogo, profesor en la Universidad de Harvard. Investigador de la aplicación de los rayos X.

Fase de resistencia

Supone la fase de adaptación a la situación estresante. En ella, se desarrollan un conjunto de procesos fisiológicos, cognitivos, emocionales y comportamentales destinados a «adaptarse» a la situación de estrés de la manera menos lesiva para el individuo. El organismo hace lo posible por reducir o adaptarse a las consecuencias negativas de la presencia del estresor. Por ello, redistribuye los recursos energéticos evitando actividades no relacionadas con la supervivencia del sujeto. Se produce la inhibición de los «proyectos a largo plazo», como el crecimiento y la reproducción.

Fase de agotamiento

Ocurre cuando la agresión se repite con frecuencia, es de considerable magnitud o es de larga duración, y los recursos de la persona para conseguir la adaptación no son suficientes, agota su capacidad de resistencia y entra en la fase de agotamiento. Se produce una alteración tisular. Aparecen las patologías que Selye denominó «enfermedades de adaptación»: cardiovasculares, hipertensión, úlcera péptica, dolores musculares, asma, jaquecas, pérdida de la calidad de vida, depresión y otros problemas de salud; pero también en otras, como el cáncer, podrían tener un papel relevante.

Se ha determinado, por ejemplo, que las personas que refieren estrés grave y frecuente tienen más probabilidades que los que no han sufrido estrés de padecer enfermedades cardiacas; que el estrés afecta al estómago, porque va acompañado de cambios en la secreción de enzimas digestivas, ralentización de la movilidad del tracto intestinal y reducción del flujo sanguíneo al estómago. También se ha demostrado que las emociones y el estrés influyen en el sistema inmunológico, que disminuye su actividad en personas afligidas por sucesos negativos. De hecho, la inmunodepresión es un mecanismo de defensa mediante el cual el organismo, ante una repentina situación de emergencia (estrés), exige una inmediata movilización de energía a costa de otros sistemas, como puede ser el sistema inmunológico. Por si acaso un depredador ataca a la presa, el organismo de esta última pone en marcha su sistema inmunitario para atender, inmediatamente, a hipotéticas heridas. Sin embargo, si se llega a esta fase, el requerimiento continuado acaba por dejarlo exhausto, por un lado; y, por otro, el organismo necesita energía extra que obtiene de la inhibición de funciones fisiológicas, como es el caso.

El estrés a largo plazo se asocia con la ansiedad, la depresión, los problemas digestivos, la pérdida de memoria, el insomnio, la hipertensión, las cardiopatías, las embolias, el cáncer, las úlceras, la artritis reumatoide, los resfriados, la gripe, el envejecimiento prematuro, las alergias, el dolor físico, la fatiga crónica, la infertilidad, la impotencia, el asma, los problemas hormonales, las erupciones, la pérdida de cabello, los espasmos musculares, la diabetes..., por citar algunos. Además, a medida que liberamos hormonas relacionadas con el estrés, creamos emociones negativas altamente adictivas.[24] Esto supone entrar en un círculo vicioso tremendamente perjudicial que no permite que el cuerpo recupere la homeostasis; incluso parece ser una de las principales causas de cambios epigenéticos.

En conclusión:[33] la tensión es necesaria para la vida. Aparece debido al intento del organismo de restablecer el equilibrio homeostático y de adaptarse a situaciones desequilibrantes de cualquier índole. Esta respuesta consiste en un conjunto de cambios en el ámbito fisiológico –alteraciones de diferentes sistemas del organismo– y psicológico –alteraciones en las percepciones y cogniciones– donde interactúan los sistemas nervioso, endocrino e inmunitario.

El estrés puede ponerse en marcha no solo ante una cuestión física. La respuesta de estrés puede modularse por todo un conjunto de variables cognitivas y personales del sujeto, así como por una serie de factores de ámbito social.

Desde el punto de vista de la supervivencia, el estrés permite la movilización inmediata de las reservas energéticas del organismo; asimismo, a más largo plazo, posibilita un ahorro de energía, inhibiendo los sistemas fisiológicos que no poseen la finalidad inmediata de la supervivencia del sujeto.

La respuesta de estrés posee un alto valor adaptativo, puesto que genera cambios en el organismo con el propósito de facilitar el enfrentamiento de una situación de amenaza; pero también puede tener consecuencias negativas en casi todos los sistemas fisiológicos, sobre todo si se prolonga en el tiempo.

¿En qué niveles del ser se acumula tensión?

- A nivel físico, en el sistema muscular, sistema nervioso, sistema endocrino.
- A nivel emocional, si no somos capaces de expresar nuestras emociones libre, abierta y saludablemente, y quedamos presos de ellas.

- A nivel mental, como resultado de una actividad psíquica excesiva.

«En los seres humanos, cualquier tipo de estrés acaba siendo estrés emocional y psicológico: las lesiones, las enfermedades o las adicciones, cualquier cosa que perturbe el normal funcionamiento del cuerpo y del cerebro es percibida como un problema y así alimenta este tipo de estrés. [...] La mente intenta predecir una situación futura basándose en recuerdos del pasado. Cuando no podemos predecir un resultado conocido, o bien cuando prevemos que este resultado nos conllevará dolor, nos encontramos en el estado de supervivencia llamado estrés. El estrés psicológico constante es una invención reciente que puede enfermarnos y que, de hecho, nos enferma, porque el cuerpo nunca encuentra su equilibrio homeostático. Al no encontrarlo, memoriza como estado de ser un nuevo "equilibrio", el estrés, y esto hace más difícil todavía desprenderse de él».

JOE DISPENZA[23]

- Y, a nivel espiritual, si somos rigurosos, no podemos decir que se produzca tensión, sería un contrasentido; sin embargo, utilizamos esta expresión para indicar que las tensiones en otros niveles no permiten encontrar el sentido profundo a la vida.

> *No pueden conseguirse estados superiores de consciencia si no es en estado de relajación profunda.*
>
> MARC-ALAIN DESCAMPS[21]

¿Qué es relajación?

> *La mente es, en verdad, inquieta, Arjuna: realmente difícil de dominar. Pero con una práctica constante y siendo libre de las pasiones, la mente en verdad puede ser dominada.*
>
> BHAGAVAD-GITA, 6.35

El verbo relajar proviene del latín *relaxare* que significa «aflojar». Relajación es lo contrario a la acción. Toda acción es una descarga de energía. La relajación es la «recarga» de esta.

También se define relajación como un estado de comodidad física y psicológica obtenido mediante determinadas técnicas, en el que el gasto energético y metabólico se reduce durante un tiempo a niveles mínimos produciéndose bienestar general gracias a la estimulación del sistema nervioso parasimpático.

Relajarse es algo más que reclinarse y cerrar los ojos. A no ser que uno se libere de las tensiones musculares, emocionales y mentales, nunca estará relajado. Para relajarnos deliberadamente, necesitamos primero hacer consciente la tensión y permitir que se afloje. Este movimiento conlleva, en lo más profundo de su esencia, dos fases: tomo consciencia del gesto tenso –físico, mental o emocional–, pero sin añadir lucha a la lucha; es decir, observo la tensión y la acepto, la acojo, porque si la rechazo, sumo resistencia a la ya existente. Y, en la segunda fase, permito que se suelte, que se libere; dejo de «aferrarme» –con mis músculos, mi mente o mi emoción.

La relajación puede producirse y provocarse en cualquiera de los niveles en los que hemos visto que se acumula tensión: fisiológico, conductual y subjetivo, y que resumimos en el siguiente esquema. La reacción de relajación es más lenta que la de estrés; por eso es necesaria la práctica continuada.

	ESTRÉS	RELAJACIÓN
MUSCULAR	Contracción	Distensión
SISTEMA NERVIOSO	Sistema nervioso autónomo: Simpático: activación excesiva Simpaticotonía Parasimpático: inhibición excesiva	Sistema nervioso autónomo: Simpático: inhibición Parasimpático: activación Vagotonía Equilibrio
SISTEMA ENDOCRINO	Desequilibrio hormonal, alteración	Funcionamiento equilibrado. Homeostasis
MENTAL	Dispersión Agotamiento	Concentración Eficiencia, lucidez
EMOCIONAL	Ofuscación, pensamientos negativos	Ecuanimidad, pensamiento positivo. Serenidad
«ESPIRITUAL»	Alienación. Falta de sentido vital	Autoconocimiento. Descubrimiento del propósito vital. Fortaleza. Entrega

Insistimos en que, al referirnos a tensión y relajación espiritual, utilizamos estas expresiones para señalar cualquier tensión que se produce en otros niveles y nos aleja de la posibilidad de sintonizar con nuestro aspecto espiritual; somos conscientes de que es una «textura» que no admite ni tensión ni relajación porque trasciende a ambas, pero optamos por denominar «relajación espiritual» al proceso de liberación de esas interferencias.

La relajación es la antesala de la meditación.

Nuestro organismo, si se lo permitimos, tiene la capacidad de autorregularse. Necesitamos, en pro de nuestra salud, recuperar esta capacidad. Yoga-Nidra es un método científico para eliminar esas tensiones. Solo una hora de esta práctica genera un descanso equiparable a cuatro horas de sueño convencional.

El estado de Yoga-Nidra se refleja en una respuesta en el hipotálamo que tiene como resultado un decrecimiento de la actividad nerviosa simpática (excitatoria) y un aumento de la función parasimpática (relajatoria). Esta «respuesta de relajación» puede ser vista como la inversa a la llamada «respuesta de lucha o huida». Las condiciones de elevado estrés de la vida moderna urbana provocan que este último mecanismo, definido en 1928 por el fisiólogo estadounidense Walter Cannon, como ya hemos mencionado, permanezca constantemente activado.

El cardiólogo Harvard H. Benson (1975) descubrió que cuando las personas cambian sus hábitos mentales, pueden desactivar la respuesta de estrés: baja la tensión arterial, se normaliza el ritmo cardiaco y se entra en un profundo estado de relajación. Lo que piensas es lo que experimentas. Tenemos de 60.000 a 70.000 pensamientos diarios, y ¡el 90 por ciento de ellos es exactamente igual a los del día anterior![24] De ahí la importancia de tomar consciencia y desaprender patrones mentales repetitivos que pudieran ser lesivos. Uno no puede esperar que su vida cambie ¡si no está dispuesto a permitir, admitir, facilitar y provocar cambios! Sin embargo, al abrirnos a otras posibilidades podemos generar transformación a niveles orgánicos profundos. Según los resultados de dos experimentos realizados por investigadores del Instituto Benson-Henry de Medicina Mente-Cuerpo del Hospital General de Massachusetts en Boston (2008 y 2013), se constató que la meditación y la activación de la respuesta de relajación generan cambios en la expresión genética.[24]

¡Nuestra actitud, nuestra predisposición, nuestra intención pueden llevarnos a modificar incluso nuestra expresión genética! ¿No merecerá la pena hacer el esfuerzo para que sea en positivo?

Respecto a la influencia de Yoga-Nidra en el organismo a nivel físico, mental, neuronal, la Association RASA, en Francia, investiga sus efectos con un equipo interdisciplinar de nacionalidad diversa, formado por profesores de yoga, médicos, bioquímicos, biólogos… en colaboración con el Instituto de Neurociencia de la Universidad de Pisa y la Fundación de Investigación SVYASA (Swami Vivekananda Yoga Anusandhana Samsthana).[65]

4. Fases de Yoga-Nidra

La estructura de una sesión de Yoga-Nidra se compone de varias técnicas, elementos o fases que se encadenan una tras otra. Cada fase de Yoga-Nidra se dirige a una envoltura concreta del ser (véanse los anexos 4 y 5) y, por sí misma, es también una práctica completa que puede realizarse aisladamente fuera de una sesión.

Según la antropovisión india, el ser humano dispone de tres cuerpos (*sarira*) que, a su vez, se componen de varias envolturas (*kosa*). Todas ellas conforman los tres cuerpos del ser: el cuerpo denso, el cuerpo astral o sutil y el cuerpo causal o espiritual; aunque funcionan como un todo indivisible e interactúan entre ellas constantemente.

Dichas envolturas, de la más densa a la más sutil, son:

- *Annamaya-kosa*: la envoltura material, «de alimento».
- *Pranamaya-kosa*: envoltura de *prana*, energía vital.
- *Manomaya-kosa*: envoltura mental inferior, formada por *manas* (mente activa) y *citta* (subconsciente, almacén de *samskara*).*

* *Samskara*: mejorar, refinar, perfeccionar, impresionar. Recuerdos, memorias; estado latente.

- *Vijñanamaya-kosa*: envoltura mental superior, formada por *buddhi* (intelecto), que desarrolla el discernimiento, y *ahamkara* (ego).
- *Anandamaya-kosa*: envoltura de gozo, dicha; más allá de la alegría como emoción. *Ananda* es un estado.
- *Citmaya-kosa*: envoltura de la Consciencia.
- *Satmaya-kosa*: envoltura del Ser.

Las dos últimas envolturas trascienden lo individual.

La relación entre estas envolturas y la técnica, explica Richard Miller, sería:[49]

Fase 1: A través de la rotación de consciencia llegamos a la envoltura física (*annamaya-kosa*).

Fase 2: A través de la consciencia de la respiración y la energía, a la envoltura energética (*pranamaya-kosa*).

Fase 3: A través de los pares opuestos, a la envoltura emocional (*manomaya-kosa*).

Fase 4: A través de la consciencia de los pensamientos, creencias e imágenes (observación de *cidakasa* y visualización) llegamos a la envoltura del intelecto (*vijñanamaya-kosa*).

Fase 5: A través de la consciencia del placer y júbilo podemos llegar a descubrir la envoltura de júbilo, gozo, felicidad. (*anandamaya-kosa*).

Fase 6: A través de la consciencia del testigo o yo-ego, tal vez se nos presente la envoltura del yo-ego (*citmaya-kosa*, *asmitamaya-kosa*).

Fase 7: Y, trascendiendo todas las envolturas anteriores, a través

> de la consciencia del ser inalterable, llegaríamos a conectar con el estado natural del Ser (*satmaya-kosa, sahaj*).*

Por eso, parafraseando a B.K.S. Iyengar, consideramos que lo más acertado para definir el proceso de Yoga-Nidra es vislumbrarlo como un viaje de la piel al alma. Un viaje con múltiples estaciones y paradas en las que vamos recorriendo los parajes de cada una de estas envolturas, familiarizándonos con sus diferentes ambientes y paisajes, desapegándonos de ellos, fueran como fuesen, y trascendiéndolos, uno a uno, para dejarnos llevar hasta la siguiente estación.

Un proceso que va mucho más allá de una simple relajación, que nos abre la puerta al autoconocimiento, a la trascendencia, al Ser.

Las siguientes fases de autodescubrimiento que describe Antonio Blay[7] acerca de la práctica yóguica llamada *savasana,* son perfectamente aplicables a Yoga-Nidra, en general:

- Consciencia física periférica: relajación y sensación que se percibe al descansar conscientemente.
- Consciencia pránica o de hormigueo.
- Consciencia de placidez o sensitivo-emotiva, en la que se experimenta una sensación cada vez más profunda de bienestar.
- Autoconsciencia mental, en la que se logra el cese de los pensamientos.

* *Sahaj*: *saha* = junto; *ja* = nacer, innato.

- Consciencia de oscuridad y vacío.
- Consciencia de luminosidad y plenitud, fase cumbre que consiste en el encuentro profundo consigo mismo.

Desde un punto de vista práctico, la técnica desarrollada por Swami Satyananda utiliza los siguientes elementos diferentes, estructurados tal como hemos nombrado al comienzo de este manual:

- Relajación física inicial (*shithilikarana*).
- *Sankalpa*.
- Rotación de la consciencia (*cetana-sañkarana*).
- Conteo de la respiración.
- Sensaciones opuestas.
- Observación de la pantalla mental.
- Visualizaciones.
- Salida del Yoga-Nidra (*samapti*).

Veremos estos elementos con detalle, uno a uno, a continuación.

Queremos advertir que, antes de empezar una sesión práctica, propiamente dicha, recomendamos hacer algún trabajo físico para movilizar la energía. Una preparación física, *prastuti*, que mueva aspectos físicos y energéticos despertando no solo sensaciones, sino también consciencia de ellas para comenzar el viaje hacia lo interno y sutil.

Relajación física inicial

> *Tanto para ir como para volver del estado de relajación profunda, es indispensable usar en todo momento el máximo discernimiento y suavidad, evitando completamente todo esfuerzo y violencia.*
>
> A. Blay[6]

Lo que buscamos en esta fase es ir retirando progresivamente la consciencia de los sentidos que nos conectan con lo externo y poner plena atención en lo interno: *pratyahara*.

El objetivo es inducir un primer estado de relajación física y soltar las tensiones más superficiales, recogiendo los sentidos hacia el interior y desconectándonos de lo externo de modo que aumente la receptividad de otros niveles más sutiles.

> *Cuando se está en completa relajación, la receptividad es mayor. Cuando la consciencia está conectada a los sentidos, la receptividad es menor.*
>
> Swami Satyananda[78]

En esta fase puede ser utilizada cualquier técnica de relajación física. Por experiencia propia, recomendamos estas técnicas occidentales: la relajación muscular progresiva del doctor Jackobson, la relajación pasiva de Schwartz y Haynes, y la primera fase del entrenamiento autógeno del doctor Schultz, que explicaremos a continuación. Aunque cualquier otra puede ser adecuada y útil.

Usaremos una u otra dependiendo del momento, del tiempo

disponible y de las características y el nivel de experiencia de los participantes de la sesión. Al ser relajaciones puramente físicas, ninguna de ellas tiene contraindicaciones.

Relajación del doctor E. Jackobson o relajación muscular progresiva - 1938 (técnica de relajación activa)

Es la más general y fácil, recomendada para personas o grupos que no tienen costumbre de practicar relajación. También para personas muy mentales a las que les cueste concentrarse.

Es un método esencialmente físico, basado en el trabajo deliberado de los estados de tensión-relajación de grupos musculares concretos; de tal forma que el practicante aprende a discriminar entre ambos estados y le es más fácil percibir las tensiones y relajarlas.

La técnica consiste en inspirar al tiempo que se tensa la zona del cuerpo que se va a trabajar, mantener con los pulmones llenos la tensión en esa zona durante unos 5-6 segundos y relajar completamente al tiempo que espiramos.

Las áreas que se van a trabajar, según Jackobson, son por este orden:

- Brazo derecho, primero. Mejor con el puño cerrado.
- Brazo izquierdo. Mejor con el puño cerrado.
- Pierna derecha.
- Pierna izquierda.
- Suelo pélvico.

- Abdomen.
- Tórax.
- Cara, frente y ojos.
- Todo el cuerpo a la vez.

Aunque nosotros hemos adaptado el orden como especificamos a continuación, con muy buen resultado:

- Pierna derecha.
- Pierna izquierda.
- Suelo pélvico.
- Vientre.
- Abdomen.
- Tórax.
- Brazo y mano derechos.
- Brazo y pie izquierdos.
- Cara, incluida la mandíbula.
- Cuero cabelludo.
- Todo el cuerpo a la vez.

El movimiento de tensión-distensión voluntarias dan al practicante referencia de sus niveles habituales de tensión o relajación de las diferentes cadenas musculares, lo cual será de ayuda, además, en lo cotidiano para tener consciencia de ambos estados y evitar estresar innecesariamente algunos miembros susceptibles de contracturas. Resulta también interesante para aumentar la consciencia corporal de zonas menos presentes.

Relajación de Mark S. Schwartz y Stephen N. Haynes o relajación pasiva - 1974

Da énfasis a la relajación muscular pasiva, sin recurrir previamente a la tensión física deliberada.

Se va guiando al participante para que lleve la atención a diferentes zonas del cuerpo y las relaje suave y gradualmente a través de la intención.

Los grupos musculares implicados son: brazos, cabeza y cuello, tronco y piernas.

La pauta es: «Toma consciencia de... (zona corporal) y, al espirar, suelta, afloja, relaja».

Relajación del doctor J.H. Schultz o entrenamiento autógeno 1ª parte - 1932 (técnica de relajación pasiva)

Como elemento que vamos a utilizar al comienzo de una sesión de Yoga-Nidra, tomamos en cuenta exclusivamente la primera parte de la técnica propuesta por el doctor Schultz, debido a que la segunda fase consiste en una visualización, herramienta que se emplea en Yoga-Nidra como fase final.

Esta relajación es un método basado en la autosugestión. Se trata de obtener una relajación física, mediante la concentración en varias zonas del cuerpo, y reproducir en ellas a voluntad sensaciones propias de estados de relajación. Si el estado de relajación se caracteriza por sensación de pesadez, calidez, respiración calmada, ritmo cardiaco tranquilo y sereno, evocando estas sensaciones se llega a un estado de relajación.

Consiste en guiar a los practicantes para que evoquen y observen las siguientes sensaciones en el orden que se indica:

1) Sensación de pesadez en las piernas.
2) Sensación de pesadez en los brazos.
3) Sensación de calor en los vasos sanguíneos de las piernas.
4) Sensación de calor en los vasos sanguíneos de los brazos.
5) Sensación de corazón sereno.
6) Sensación de respiración regular, tranquila y sutil.
7) Sensación de calor en los órganos abdominales. Plexo solar caliente.
8) Sensación de frescor en la frente.

Además de estas tres técnicas occidentales que acabamos de proponer, hemos comprobado que el sonido, tanto de la voz como de los cuencos, es una herramienta altamente efectiva y muy apreciada por los practicantes para iniciar una sesión.

Relajación inicial por medio del sonido (técnica de relajación pasiva)

Sabemos que el agua es un gran conductor del sonido, podemos experimentarlo al bucear. Nuestro cuerpo es, en un 65 %-75 %, líquido. La vibración de la voz o los cuencos se transmite a través de la sangre, la linfa, el líquido cefalorraquídeo, el líquido intersticial, intracelular, etcétera. Esto quiere decir que se produce una vibración resonante en toda nuestra dimensión física; incluso a nivel celular. La vibración de la voz o de los cuencos hace vibrar por resonancia los órganos y fluidos corporales.

Los sonidos armónicos permiten que nos reconectemos de manera amorosa con nosotros mismos. Por eso, además de usarse como relajación inicial previa, se pueden usar también en otros momentos de la sesión de Yoga-Nidra para marcar los cambios entre las distintas fases, o para provocar o recuperar la atención de los participantes y evitar que caigan en el sueño.

Los sonidos se pueden conseguir con diversos instrumentos; por su eficacia, destacamos el uso de los cuencos tibetanos de siete metales y los cuencos de cuarzo. Se puede combinar la percusión directa con la fricción para conseguir la vibración y el sonido adecuados que actúan como fuente de energía para todo el cuerpo. Afloja y libera tensiones musculares. Expande e intensifica el cuerpo energético. Brinda paz interior. Ayuda a equilibrar el funcionamiento de ambos hemisferios cerebrales y resulta ideal para personas muy racionales o que padecen estrés mental. Promueve la reafirmación personal y favorece la relación armoniosa con el entorno. Los sonidos que nacen de estos maravillosos instrumentos son un gran apoyo para la meditación, ya que estimulan, por resonancia, la actividad cerebral en ondas alpha y theta.

Como hemos dicho previamente, Yoga-Nidra proviene de una antigua técnica del Tantra llamada *nyasa* que significa «colocar»; lo que hace referencia a cómo «se colocan» y se sienten mantras específicos en diferentes lugares del cuerpo. (Véase anexo 1)

Dado el extraordinario poder de los mantras, se pueden usar como técnica de relajación inicial en Yoga-Nidra, tanto cantados por el facilitador como por el grupo completo antes de instalarse en la postura sobre el suelo.

Los mantras cantados y la rotación de consciencia armonizan el sistema nervioso, equilibran los flujos pránicos y mantienen la mente concentrada. Cada parte del cuerpo se carga sistemáticamente de energía vibratoria de los *mantra*. Todo el cuerpo y la mente se purifican y preparan para la meditación.

SANKALPA

Tus pensamientos son poderosísimos. Elígelos con sabiduría.

PROVERBIO

La base de la realidad no es la materia, es la conciencia.

ERWIN SCHRÖDINGER[63]

Eres cocreador de realidad, participas del universo, tu conciencia crea.

JORDI PIGEM[63]

Vivirá lo que piense. Allá donde vaya, encontrará sus propios pensamientos.

ERHARD F. FREITAG[28]

Cuando asumimos que algo es de cierto modo, eso hace diferente nuestra experiencia y cambia el desarrollo de los acontecimientos.

CLAUDIO NARANJO[50]

La palabra sánscrita *sankalpa,* etimológicamente significa «palabra de verdad»,[55] también quiere decir «con imagen».[21] Puede traducirse como «resolver» o «resolución» y su significado general sería: intención, propósito o voluntad.

El *sankalpa* es un elemento importante dentro del Yoga-Nidra y un método poderoso para transformar la propia personalidad. Es la mejor demostración del poder del pensamiento positivo.

> «Donde ponemos la atención, es en lo que nos convertimos desde el punto de vista neurológico; es decir, las neurociencias afirman que podemos moldear, dar forma, al marco neurológico por medio de la atención repetida que le dedicamos a algo».
>
> DOCTORA CANDACE PERT* [62]

Sankalpa es el poder de la intención aplicado consciente y deliberadamente, e imprimido en el momento justo, en un determinado estado de consciencia, para potenciar su efecto. A través de este elemento, combinamos una intención clara con una emoción elevada y le añadimos la consciencia de las sensaciones que produce. Haciendo esto, condicionamos al subconsciente a creer en esa posibilidad que escogemos para el futuro, que ya es presente. Para ello es indispensable acompañar el pensamien-

* Candace Pert. Neurocientífica y doctora en Farmacología. Descubridora del receptor opiáceo en 1973, que fue punto de partida de los hallazgos de otros receptores y neurotransmisores. Catedrática de investigación en el Departamento de Fisiología y Biofísica en la Escuela de Medicina de la Universidad de Georgetown. Trabajó en el National Institute of Mental Health durante doce años; dirigió la Sección de Bioquímica Cerebral de la Clínica de Neurociencia Branch. En 2008, recibió el premio en Medicina Holística de la Fundación Teofrasto Paracelso (St Gallen, Suiza).

to focalizado, es decir, la intención, con una emoción elevada (alegría, gratitud, plenitud...): pasar la resolución como fórmula mental por el cuerpo y el corazón donde adquiere otro cariz y otra fuerza. Las emociones elevadas parecen tener sede en el corazón; al aplicar una emoción de este tipo –como explicaremos en el capítulo 6 al hablar del «cerebro del corazón»–, estamos «pasando por el corazón» nuestra intención.

Albert Einstein decía que la pregunta más importante que un ser humano podía hacerse en la vida era: ¿vivo en un universo hostil o amigable? De la respuesta que demos a esta pregunta, dependerá la forma en que se va a desplegar nuestra vida.

Si crees que vives en un universo hostil, vas a vivir con miedo, todo el día alerta. Verás amenazas incluso donde no las hay. Mirarás al otro como a un oponente y el otro lo va a notar y reaccionar ante ti con esa misma hostilidad que tú le muestras, aunque sea de una forma sutil, no consciente...

Si crees que vives en un universo amigable, que la vida te está tendiendo la mano, deseosa de que tú se la estreches, vas a vivir más tranquilo... Puedes ver oportunidades donde antes no las veías. Puedes mirar al otro como un ser humano que, como tú, está haciendo su camino. Alguien que te puede aportar y a quien tu puedes aportar. Alguien con quien puedes cooperar.

DR. MARIO ALONSO PUIG[34]

El componente emocional es esencial, ya que la sugestionabilidad no es un simple proceso intelectual. Es más, cuanto mayor es el pensamiento analítico, menor es la sugestionabilidad.[24] De ahí que el *sankalpa* sea más efectivo en un estado de consciencia relajada, por debajo del funcionamiento cerebral en ondas beta (pensamiento lógico-analítico).

Intención + emoción

«Hay dos factores que deben trabajar unidos: la intención y la emoción. La intención es el campo eléctrico. La emoción es el campo magnético. Si van a la par, generamos un potente campo electromagnético que nos permite cambiar o sanar. Vale la pena que nos preguntemos cuál es el campo electromagnético que estamos generando cada día: ¿es armónico, constructivo, motivador, coherente? [...]

»Cuando rezamos [igual que cuando evocamos nuestro *sankalpa*] debemos sentir cómo nuestra demanda es realizada en aquel mismo momento. Así es como nuestro campo electromagnético afecta al campo cuántico. El campo cuántico es la mente superior. Esta mente superior es la inteligencia que nos mantiene vivos, y es la misma inteligencia que crea el movimiento de los planetas. Se trata de interactuar con esta inteligencia con el fin de cambiarnos a nosotros mismos o con el fin de sanar.

»Para estimular la intención y la emoción, trabajemos, pues, sobre nosotros mismos con la actitud de saber que el cambio que queremos ya se ha producido. Ello estimulará nuestra voluntad, nuestra alegría, nuestro amor. Nuestro entusiasmo. Necesitamos entusiasmo para conseguir resultados. Con el entusiasmo generamos nuevas sustancias químicas, la química de la felicidad, y, progresivamente, vamos adaptando nuestros receptores celulares a recibir esta química. Nos tenemos que forjar un campo electromagnético tal que nada de fuera pueda cambiarlo. Saber que el cambio que queremos en nosotros ya se ha producido no solo sirve para estimular nuestro ánimo. Para el campo cuántico no existe el tiempo, de modo que, cuando re-

> creamos nuestro nuevo yo, para el campo cuántico ese nuevo yo ya está ahí».
>
> JOE DISPENZA[23]

El *sankalpa,* como resolución, tiene forma de afirmación concisa, clara, completamente positiva, en primera persona y en presente, que se imprime en la mente subconsciente durante el Yoga-Nidra. El significado de las palabras elegidas ha de sentirse muy íntimamente como vivencia propia, como sensación. De este modo, se convierte en método para cambiar el propio estilo de vida, para alcanzar ambiciones positivas y eliminar bloqueos, creencias y conflictos mentales. Genera una fuerza interior muy poderosa.

> «*Sankalpa* es determinación. Fuerza de voluntad es mente concentrada más determinación. Cuanto más concentras tu mente y más determinado eres, más fuerza de voluntad tienes».
>
> SWAMI RAMA[77]

Swami Rama afirma que el primer aspecto de *sakti** que se puede ver no es *kundalini*,** sino *sankalpa-sakti*, la energía del *sankalpa*. Tal es el poder que le otorga.

> «Los pensamientos pasados nos han llevado a nuestra personalidad y actitudes presentes. Los pensamientos presentes determi-

* *Sakti:* el poder, el aspecto dinámico de la Consciencia, la fuente del mundo manifestado y sus actividades.
** *Kundalini:* energía creativa en estado estático, fuerza espiritual, el «Gran Potencial». La energía durmiente de *sakti*.

narán nuestro comportamiento futuro. Por medio de un pensamiento en forma de *sankalpa* fuerte, es posible cambiar el propio destino. La pequeña semilla del *sankalpa*, una vez plantada, puede crecer y producir muchos frutos. Tal es su poder».

SWAMI SATYANANDA[79]

«¡Es usted lo que piensa! Piense que lo único que desea es estar sano y contento. Quiere vivir en armonía y paz interior consigo mismo y con su entorno. Su subconsciente convertirá entonces estas ideas en realidad en forma de orden, encargo o deseo. Perciba lo que perciba en su propio entorno como forma, función o vivencia, es el resultado de sus propios pensamientos. Los pensamientos son seres vivos que aspiran a su realización, a su materialización [...]. El mundo exterior y el supuesto destino son exclusivamente reflejo de nuestro pensamiento».

ERHARD F. FREITAG[28]

Referencias sobre esto encontramos tanto en las *Upanisad* como en la Biblia:

«*Samsara*, la transmigración de la vida, tiene lugar en la propia mente. Tengamos pues la mente pura, ya que eso que un hombre piensa, en eso se convierte».

MAITRI UPANISAD

«Todo lo que pidieres se consumará en ti, y la luz resplandecerá en tus caminos».

JOB 22: 28.

También en textos sobre neurociencia:

«A partir de lo que pienso y siento, condiciono mi comportamiento. Somos lo que pensamos».

ROSA CASAFONT*[12]

«Tomar consciencia de nuestro lenguaje es fundamental para escribir nuestro destino».

LUIS CASTELLANOS**[13]

«Durante los últimos cuatrocientos años, se ha asumido infundadamente que la intención humana no puede afectar a lo que llamamos "realidad física". Nuestras investigaciones experimentales de la pasada década muestran que, para el mundo actual y en las condiciones adecuadas, esta presunción no es correcta».

WILLIAM A.TILLER*** [83]

«Las creencias están inscritas en lo más profundo de nuestro subconsciente. El subconsciente es un procesador de información un millón de veces más rápido que la mente consciente y utiliza, entre el 95 % y 99 % del tiempo, la información ya almacenada desde nuestra niñez como referente. Por eso, cuando de-

* Rosa Casafont, licenciada en Medicina y Cirugía por la Universidad Autónoma de Barcelona (UAB) y máster en Neurociencias por la Universidad de Barcelona (UB).
** Luis Castellanos, doctor en Filosofía, experto en neurociencias y lenguaje positivo, impulsor en España de la investigación en neurociencia cognitiva. Autor del libro *La ciencia del lenguaje positivo*.
*** William A. Tiller, doctor en Ingeniería física. Profesor emérito de Ciencia de Materiales e Ingeniería en la Universidad de Stanford. Ha explorado la influencia de la consciencia en el mundo físico durante más de tres décadas.

cidimos algo conscientemente como, por ejemplo, ganar más dinero, si nuestro subconsciente contiene información sobre que es muy difícil ganarse la vida, no lo conseguiremos. Aprendemos a vernos como nos ven, a valorarnos como nos valoran. Lo que escuchamos y vivimos nos forma.

»Al igual que los pensamientos positivos y el efecto placebo afectan a nuestra biología, existe el efecto nocebo: si crees que algo te hará daño, acabará por hacerte daño. Somos víctimas de nuestras creencias, pero podemos cambiarlas. Si cambiamos las percepciones que tenemos en el subconsciente, cambiará nuestra realidad, y lo he comprobado a través de numerosos experimentos. Al reprogramar las creencias y percepciones que tenemos de cómo es la felicidad, la paz, la abundancia, podemos conquistarlas».

BRUCE LIPTON*[40]

El Yoga ayuda a cambiar tus pensamientos.

Elévate por encima de los conceptos autocreados de felicidad y miseria.

SWAMI SATYANANDA SARASWATI[79]

Durante la práctica de Yoga-Nidra, la mente es muy receptiva y sensible a la autosugestión puesto que la mente consciente

* Bruce Lipton, doctor en Biología celular. Pionero en la investigación con células madre. Impartió clases de biología celular en la Facultad de Medicina de la Universidad de Wisconsin y más tarde llevó a cabo estudios pioneros de epigenética en la Facultad de Medicina de la Universidad de Stanford. Ha impartido enseñanza sobre biología celular, histología, anatomía humana, fisiología, embriología médica, biología fractal, biología de la consciencia, biología de la medicina complementaria e inmunología.

está relajada y la mente subconsciente es más accesible. Es entonces posible plantar la semilla del *sankalpa* profundamente en el subconsciente. Cuanto más relajada esté la mente racional y más sugestionable uno sea –aptitud íntimamente relacionada con la capacidad para distensionar y bajar la guardia de la mente analítica–, más facilidad existirá para entrar con una intención en el subconsciente.[24] Una vez plantado, el *sankalpa* confabula las enormes fuerzas de la mente para dar su fruto. Al principio, es simplemente una resolución consciente; sin embargo, al añadirle imagen y sensación, adquiere el código del idioma del inconsciente y, eventualmente, se convierte en una fuerza subconsciente muy poderosa.

Con el *sankalpa*, la atención se enfoca consciente y voluntariamente hacia lo positivo. Si la atención está enfocada en lo negativo, lo que no deseamos, el sentimiento será negativo; en cambio, si la atención permanece enfocada en lo positivo, el sentimiento también lo será. Al formular el *sankalpa*, la atención debe de estar centrada en «lo que quiero» y no en «lo que no quiero». Por ejemplo, en lugar de plantear: «No quiero llorar», la formulación positiva sería: «Soy alegre. Soy feliz»; o, en lugar de «No tengo insomnio», «Duermo plácidamente».

> «El cerebro genera, según el tipo de pensamiento, una activación de centros diferentes y de química diferente. Podríamos decir que genera una "ducha química" en coherencia con lo que se ha pensado. *[A nivel fisiológico]* ¿qué pasa después de un estado de activación del pensamiento favorable? Se produce una activación de los centros de recompensa, una ducha química muy diferente a la del estrés, que genera un estado orgánico también

> diferente. Liberamos neurotransmisores como la serotonina, la dopamina, endorfinas… La acción sostenida de estos neurotransmisores nos produce un estado de bienestar, mejora nuestra atención e incluso obtenemos efectos analgésicos».
>
> ROSA CASAFONT[12]

Es importante que el *sankalpa* se imprima con firmeza en la mente. Para tener éxito, ha de plantarse en la mente con fuerte voluntad, con sentimiento y con el total convencimiento de que ya está cumplido. Esta confianza total supone una unificación interior plena. No debería de repetirse mentalmente sin creer de pleno en él. Si la actitud es de prueba, «a ver qué pasa», o de duda, será esta la que dominará en el subconsciente; se transformará en sugestión negativa. Así pues, depende del profundo sentimiento que nazca del corazón. Como explicaremos en el capítulo 6 en las consideraciones generales sobre el sistema nervioso, el corazón tiene neuronas y estas envían más información al cerebro que el cerebro al corazón. De ahí la importancia capital de imprimir sentimiento y sensación a la resolución. Cuando digo: «Yo soy», el dedo apunta al corazón y no a la cabeza; esto es lo que dice nuestro lenguaje corporal espontáneo.[42] Si atendemos a esta sabiduría organística, es desde el corazón desde donde el *sankalpa* surgirá cargado de fuerza creadora.

Si, además, podemos acompañarlo de la imagen clara de «eso» ya realizado, le añadimos potencia y lo codificamos en forma visual, es decir, en el lenguaje del subconsciente. *Sankalpa* significa «con imagen». Una imagen fuerte, visualizada con precisión, tiende a realizarse.[21] Prueba, mientras lees esto: formula tu *sankalpa* según las pautas que hemos mencionado, cierra tus ojos, espera que la atención se centre en la respiración para encontrar cierto silencio interior, y mientras te repites tres veces la resolución, visualízala cumplida y respírala. Respira tu *sankalpa* sintiendo qué ocurre en la zona del corazón.

Resolución, intención, emoción, sensación, imagen.

La comunicación, como dice la doctora Rosa Casafont,[12] tiene dos aspectos: la comunicación verbal y la noverbal. A su vez, la comunicación verbal, dos componentes: «lo que se dice» y «cómo se dice». «Lo que digo» se expresa desde el hemisferio izquierdo del cerebro; «cómo lo digo» y todo lo relativo a la comunicación noverbal surgen del hemisferio derecho.

> «El hemisferio derecho es más emocional, tiene en cuenta el contexto y la comunicación noverbal del lenguaje; y el izquierdo es más racional y es el responsable del contenido (lo que digo). Cuando expresamos el pensamiento neutro, no hay impacto evidente del cerebro derecho; cuando expresamos con impresión emocional el mismo contenido, el cerebro derecho ayuda a comunicar con mucha más intensidad.
>
> »Se considera que el impacto de la comunicación no-verbal (cerebro derecho) es aproximadamente de un 55 %, el del contexto de nuestro lenguaje (cerebro derecho) es de un 38 % aproximadamente, y que el peso del contenido de lenguaje (cerebro izquierdo) solo de un 7 %. [...] Un buen *actor* transmite cuando «siente» su personaje, cuando se identifica y cree en lo que interpreta, cuando resulta ser auténtico».[12]

Por ello, es conveniente acompañar a la repetición mental de la resolución con el sentimiento positivo adecuado y la imagen visualizada que cargarán energéticamente el propósito formulado.

En definitiva, se trata de combinar la intención con la emoción (alegría, agradecimiento, *samtosa*), de forma que sea más fuerte que los programas grabados en el cerebro. Al añadirle la emoción, provocamos, a voluntad, la ducha neuroquímica que da cuerpo a ese pensamiento. Además, al añadir emoción, involucramos al cerebro límbico, vinculado a lo no consciente. Deberíamos repetirnos la resolución «habitando las palabras»; y no solo estas palabras, sino cualquiera de las que utilizamos en lo cotidiano, pero no entraremos en este terreno.

Internamente combinamos el pensamiento verbal, en forma de resolución, con el no verbal, la potencia de la emoción y la imagen. Podemos incluso «respirar» nuestra intención, nuestro *sankalpa*, confiriéndole además esa energía.

Todos estos factores se alían para grabar en lo más profundo de la mente y el cuerpo nuestro propósito. Los circuitos neuronales se reorganizan en función de ese deseo. Cuerpo y cerebro se convierten en un mapa del futuro y no en recuerdo vivo del pasado.

Sugestión versus autosugestión

Similar a la antigua técnica del *sankalpa*, la medicina occidental moderna ha utilizado la sugestión y autosugestión; podemos apreciarlo, por ejemplo, en los trabajos del doctor Emile Coué*

* Doctor Emile Coué (1857-1926), psicólogo y farmacólogo francés. Aprendió hipnosis con el médico Ambroise-Auguste Liébeault. Fundador de la sociedad de Psicología

(*El dominio de sí mismo*).[17] De él utilizaremos más abajo algunos extractos para dar visibilidad a este aspecto de la psicología occidental.

Sugestión se puede definir como «la acción de imponer una idea en el cerebro de una persona». Pero ¿de verdad existe esta acción? Propiamente dicha, no. La sugestión no existe por sí misma; no puede existir salvo con la condición *sine qua non* de transformarse en sujeto; es decir, de transformarla en autosugestión. Una idea solo puede convertirse en sugestión cuando consigue excitar la fantasía y los sentimientos subconscientes de la persona a la que se dirige.[28]

Es esta palabra, autosugestión, la que definimos como: «implantación profunda de una idea en sí mismo, por sí mismo».

Uno puede sugerir algo a alguien, pero si el subconsciente de este último no acepta tal sugestión, si no la digiere, por así decirlo, a fin de transformarla en autosugestión, esa idea no produce efecto alguno. Algunas veces se ha probado sugerir algo banal a sujetos de ordinario obedientes, y se ha visto que la sugestión falla. La razón de esto es que el subconsciente de estos sujetos ha rehusado aceptar la sugerencia y no la ha transformado en autosugestión. Joan Mascaró, en la introducción a su traducción de las *Upanisad*,[43] propone un experimento psicológico interesante: pedir a un grupo de personas que practique un ejercicio de relajación de pie y, entonces, inducirlos a imaginar que caen hacia atrás o hacia delante. Eso enseguida

---

aplicada de Lorraine. Padre del Condicionamiento Aplicado basado en la hipnosis y autosugestión. Conocido por el «mantra» «Todos los días, en todos los sentidos, me va cada vez mejor».

da una idea de los que son sensibles a la autosugestión –toda sugestión es autosugestión– y los que no.

La sugestionabilidad combina tres elementos: aceptación, creencia y entrega. La puerta que separa la mente consciente del subconsciente solo se abre cuando aceptas, crees y sigues una sugestión.[24]

Empleo de la autosugestión

«El procedimiento consiste en, primero, pensar con la razón la cosa que debe ser el objeto de la autosugestión y, segundo, repetírsela muchas veces, sin pensar en otra cosa: "Esto será" o, "esto pasa", "esto ocurre", etc. Y, si el inconsciente acepta esta sugestión, si él se autosugiere, se podrá ver cómo se realizan las cosas que se desean, punto por punto. La autosugestión es la influencia de la imaginación sobre el ser moral y el ser físico del hombre», así lo describe Coué.[17]

Somos lo que pensamos:

> «Si deliberadamente planeas ser menos de lo que eres capaz de ser, te advierto que serás profundamente desdichado por el resto de tus días».
>
> Abraham Maslow

Si nos persuadimos a nosotros mismos de que podemos hacer una cosa cualquiera, entendiendo que esta sea posible, la haremos, por difícil que pueda ser. Si, por el contrario, imaginamos que no podemos hacer la cosa más simple del mundo, nos será imposible hacerla y los obstáculos nos parecerán montañas infranqueables. Placebo y nocebo. No hay más que pensar que un dolor se va, para sentir que, en efecto, este dolor poco a poco desaparece e, inversamente, basta con pensar que uno sufre para sentir que, inmediatamente, el sufrimiento llega –por supuesto, nos referimos a umbrales de dolor «tolerables»–. Esto en lo que se refiere a autosugestión; aunque quizás lo saludable, física, mental y emocionalmente, es acompañar al dolor sin entrar en la batalla interna de las resistencias: los deseos y las aversiones. Pero esto es harina de otro costal.

De las numerosas experiencias que el doctor Coué hizo diariamente durante veinte años y que observó con minucioso cuidado, pudo extraer las siguientes conclusiones que resumió en forma de leyes:

- Cuando la voluntad y la imaginación están en lucha, es siempre la imaginación la que gana, sin excepción alguna.
- En el conflicto entre la voluntad y la imaginación, la fuerza de la imaginación es, en razón directa, el cuadrado de la voluntad.
- Cuando la voluntad y la imaginación están de acuerdo, la una no se añade a la otra, sino que la una se multiplica por la otra.
- La imaginación puede ser conducida.

Las expresiones «cuadrado de la voluntad» y «se multiplican» no son rigurosamente exactas. Son, tan solo, una imagen destinada a hacer comprender este pensamiento, dice Coué.

> «La autosugestión es un instrumento que traemos con nosotros al nacer y con el cual jugamos inconscientemente toda nuestra vida, así como un bebé juega con un sonajero. Pero es un instrumento peligroso, puede herirnos y perjudicarnos, si se usa de manera imprudente e inconscientemente. Nos ayudará, por el contrario, cuando aprendamos a emplearlo de manera consciente. Puede decirse de él, lo que Esopo decía del lenguaje: "Es lo mejor y, al mismo tiempo, la peor cosa del mundo"».[17]

Cabe mencionar que, por los *feedback* de practicantes de nuestras sesiones, sabemos que una sesión, y sobre todo un *sankalpa* es mucho más efectiva si se formula en la propia lengua materna.

Volviendo a la sugestión: sugestión y autosugestión no únicamente suceden en el ámbito terapéutico o en el del autoconocimiento:

> «Durante toda la vida nos hemos estado formando por sugestión. En efecto, ¿qué es la sugestión? Tan solo introducir una idea dentro de la mente que, luego, al descender a la mente inconsciente, produce unos efectos automáticos. Toda idea que no vaya acompañada de demostración (imagen) o que no sea evidente por sí misma nos entra por sugestión. ¿Cuántas de las cosas que nos han enseñado nos han demostrado? De las que leemos en los periódicos, ¿cuántas hay que son demostradas o evidentes? Sería curioso hacer un inventario de todas las cosas de las que estamos seguros por evidencia propia. Se vería que las que consideramos normalmente como ideas nuestras nos han venido del exterior y las hemos aceptado sin más por afinidad con un deseo o con un estado de

ánimo. Pero las ideas fundadas en razones puramente intelectuales, es decir, deducidas mediante un sólido raciocinio o evidentes, percibidas inmediatamente de modo intuitivo, apenas si podríamos contarlas con los dedos de la mano. Incluso cuando estamos pensando del modo más racional, no nos damos cuenta de que las ideas que estamos manejando no son nuestras, sino que la mayoría de las veces nos estamos apoyando en afirmaciones de otros».

ANTONIO BLAY[5]

La autosugestión no es sino la formulación consciente del poder de la intención. Y ¿qué es la intención?

Evidencias sobre el poder de la intención

«La intención se define como el pensamiento enfocado para realizar una acción determinada.

»Un pensamiento puede tener el poder de cambiar nuestras vidas individuales y las del mundo entero. En las últimas décadas se han realizado una serie extraordinaria de experimentos que muestran que tener ciertos pensamientos dirigidos a un fin puede afectar a nuestro propio cuerpo, a los objetos inanimados y prácticamente a toda la materia viva, desde los organismos unicelulares hasta los seres humanos.

»La emisión de partículas de luz (biofotones) parece ser el mecanismo mediante el cual una intención produce sus efectos (energía psíquica).

»La intención dirigida se manifiesta como una energía eléctrica y magnética y produce un flujo ordenado de fotones. Nuestras intenciones parecen operar como si fueran frecuencias altamente coherentes capaces de cambiar la estructura molecular de la materia. Para que la intención sea efectiva es necesario escoger el momento apropiado».

DR. ERNESTO BONILLA*[8]

Elección del *sankalpa* y el arte de formularlo

Visto lo anterior, podemos comprender que el *sankalpa* es una de las herramientas más importantes de la técnica de la que trata este libro, por ello debe escogerse con cuidado. El *sankalpa* debería de ser claro. No elegir un *sankalpa* ambiguo. Debe ser algo importante en la propia vida. No elegir un *sankalpa* que interfiera con las tendencias naturales.

«El *sankalpa* nos hace encarar una realidad profunda, viendo con claridad nuestra necesidad o nuestra carencia. El sankalpa es una forma de despertar el potencial interno; por lo cual, para su elección y formulación, es necesario un acto de introspección previo. Uno debería de ponerse en contacto consigo mismo y darse cuenta de lo que realmente siente y necesita. Este es el primer paso para conseguir lo que deseamos».

NEELAM OLALLA[55]

Cada uno debe elegir su propio *sankalpa* en un acto de introspección. El facilitador, si conoce al alumno, puede orientarle en

* Doctor Ernesto Bonilla, doctor en Medicina por la Universidad del Zulia, Maracaibo, 1966. Doctor en Filosofía por la Universidad Tulane, Louisiana, 1971. Profesor emérito del Instituto de Investigaciones Clínicas «Dr. Américo Negrette», Facultad de Medicina, Universidad del Zulia, Maracaibo.

la elección o la formulación siempre que el alumno se lo pida y manteniendo la relación de respeto y confianza.

La resolución se formula en forma de frase breve, clara, en presente, en primera persona y siempre en positivo, en términos afirmativos. La elección de cada una de las palabras es de gran importancia; se deberían de utilizar palabras que nos ayuden a transformar nuestras vidas. Uno puede comprobar que la resolución es adecuada porque el sentimiento positivo la acompaña con facilidad, incluso en forma de sensaciones físicas. Utilizar las palabras correctas, «influye en nuestra posibilidad de supervivencia, ya que la expresión de emociones positivas hace que nos fijemos, que prestemos atención a aquellos estímulos físicos y mentales que cada vez son más relevantes para llevar una vida duradera, plena y con el mayor grado de felicidad posible», afirma Luis Castellanos.[13]

Durante la práctica de Yoga-Nidra, esta afirmación se repetirá mentalmente tres veces seguidas con la máxima carga de sentimiento y sinceridad, y visualizándola cumplida. Esto se hará en dos momentos muy concretos de la práctica, al principio y al final –como se indica en el esquema que puede encontrarse en el apartado «Introducción al Yoga-Nidra», siguiendo las instrucciones del facilitador. La repetición se hace en los momentos en que la mente consciente esta relajada, el subconsciente es más accesible y.ese *sankalpa* puede penetrar con más fuerza en él para quedarse y dar los frutos deseados. Como hemos mencionado al hablar de las investigaciones sobre el poder de la intención, «Es necesario escoger el momento apropiado».

Evitamos repetirla más de tres veces seguidas para que no

se convierta en un acto mecánico, perdiendo la fuerza del potencial interior, de la intención más profunda y focalizada.

Marc-Alain Descamps, en Yoga-Nidra *et Rêve Éveillé*, sugiere que puede proponerse a quien lo practica que lo repita mentalmente acompañado del *mantra OM*.[21]

Podemos invitar a los participantes de un Yoga-Nidra a repetirse mentalmente el *sankalpa* del siguiente modo:

> Busca la sensación física que se corresponde con tu *sankalpa*. Antes de repetírtelo mentalmente, busca la sensación física. Después te lo repites tres veces sintiendo la máxima intensidad física, con el convencimiento de que ya se ha cumplido.

Las siguientes son algunas sugerencias de lo que llamamos *sankalpa* armonizador.

> Elijo estar en paz y armonía.
> ¡Confío en la vida!
> Duermo profundamente durante toda la noche.
> Me quiero y me acepto completamente.
> Soy un ser pacífico como todo mi entorno.
> Soy libre.
> Tengo gran fuerza de voluntad.
> Triunfo en mi trabajo.
> Tengo confianza y seguridad en mí mismo.
> Soy salud y felicidad.
> La vida me trae todo lo que necesito.
> Merezco lo mejor de la vida.
> Mis pensamientos son serenos.

Fluyo con la vida.
Soy valor, fuerza, coraje.
Me siento a gusto con otras personas.
Todo está bien.
Tomo de mi entorno todo lo bueno y positivo.
Toda la fuerza está dentro de mí.
Gracias a la vida.

La elección debería hacerse de acuerdo a las propias necesidades e inclinaciones. Es uno mismo quien ha de elegirlo. No hay que tener prisa por decidir el *sankalpa*.

Una vez elegido, no es recomendable cambiarlo hasta que dé frutos, y debe utilizarse solo una resolución hasta que la sentimos cumplida. Si bien por experiencia propia, hemos comprobado, como también describe Neelam Olalla,[55] que en ocasiones sucede que el *sankalpa* parece tomar vida propia y reformularse, se cambia a sí mismo, se re-crea independiente de nuestra voluntad. Cuando esto ocurre, probablemente el cariz que toma es mucho más profundo, acertado y generoso, y la frase más rotunda y plena. Esta es nuestra experiencia.

Una vez elegido, puede escribirse en un papel, con plena consciencia de lo que se escribe, como ejercicio meditativo, para grabarlo más profundamente. Puede practicarse a diario como *likhit mantra* (mantra escrito) o *likhit japa* (repetición escrita), y escribirlo con plena consciencia de lo que se plasma en el papel, con actitud meditativa en el gesto y sentimiento profundo con respecto a lo que se está escribiendo. También puede grabarse y escuchar el audio con plena atención, evocando el sentimiento antes de dormir.

Es necesario ser paciente. Se requiere tiempo, según la naturaleza del *sankalpa* y la profundidad con que se plante en la mente, para que dé ciertos frutos «visibles». Alcanzar el objetivo del *sankalpa* depende enormemente de la sinceridad y la profundidad del sentimiento. Lo conveniente sería no esperar cambios; lanzarlo al viento y dejarlo actuar. La formulación con sentimiento es ya en sí transformación.

Si se quiere eliminar un mal hábito, Swami Satyananda recomienda tener precaución, ya que los malos hábitos son, generalmente, síntomas de algo que subyace con mayor profundidad. Esto es, los malos hábitos tienden a ser válvulas de seguridad de tensiones más profundas en la mente. Si uno suprime un hábito, por ejemplo, fumar, encontrará que aparecen nuevos hábitos que tomarán su lugar. Podría compararse a un colchón inflable: si se presiona en un lado, el otro lado tenderá a subir.[79] En estos casos, quizás lo conveniente es indagar sobre lo que subyace a la sombra de ese impulso para llegar a la raíz.

Con el tiempo y la práctica, afirma Alain Daniélou:*[19]

> «Uno descubre que muchas veces no sabemos realmente qué deseamos, que los primeros *sankalpa* suelen ser "egoístas". Y, a menudo, no podemos obtener un pequeño placer personal sino a costa de la infelicidad o el sufrimiento ajenos. Entonces, comenzamos a comprender que el bien propio no puede ser independiente del bien ajeno y pasamos a deseos generales y altruistas del tipo: "Todo está bien. No hay sino manifestaciones

* Alain Daniélou (1907-1994), historiador, intelectual, musicólogo e indólogo francés, experto en shivaísmo.

del bien. Todo es Amor. Que todos los seres vivientes sean felices". El *sankalpa* no debe nunca ser un poder fundado en la fuerza del ego».

He aquí la importancia del trabajo profundo, continuado y diario de la base del Yoga clásico descrito en los *Yoga-sutra* de Patañjali: los *yama* y *niyama*. No es este el espacio para ahondar en ellos; hacemos una brevísima descripción en el anexo 3 de este libro.

Reglas para utilizar el *sankalpa*[79]

Para utilizar con éxito el poder del *sankalpa* en Yoga-Nidra, insistiremos en que se tengan en cuenta las siguientes normas:

- Claridad: el *sankalpa* debería formularse en forma de frase corta, simple y clara. Deberían usarse las mismas palabras y la misma estructura en la frase hasta que produzca frutos. Usar el mínimo número de palabras.
- Sinceridad y sentimiento: el *sankalpa* debería repetirse con sinceridad y sentimiento. Decirse desde el corazón, no simplemente desde la «cabeza». La mera repetición intelectual no permite que el *sankalpa* quede grabado en la mente subconsciente. El *sankalpa* solo puede plantarse de manera profunda en la mente con un ímpetu fuertemente emocional. La falta de sinceridad también obstaculiza la implantación del *sankalpa*; sé sincero al repetirlo.
- Momento: el *sankalpa* debe repetirse preferentemente en un estado de profunda relajación física y mental; en

el caso de la técnica, al principio y al final del Yoga-Nidra. Es conveniente practicarlo a diario antes de dormir e inmediatamente después de despertarse por la mañana, en lo que se denominan «estados crepusculares de la consciencia». Estos son los mejores momentos, ya que es cuando la mente profunda es más receptiva.

- «Elige un sankalpa y pégate a él hasta que dé resultados. No lo cambies». SWAMI SATYANANDA[79]
- Repetición: el *sankalpa* debería de repetirse, incluso fuera de la sesión de Yoga-Nidra. Imagínate que tu *sankalpa* es tu *mantra* personal.
- Actitud: abierta, disponible, confiada, positiva, perseverante.

Sankalpa general versus *sankalpa* personal

En algunas sesiones, el facilitador puede proponer un *sankalpa* genérico que vaya bien para todos los asistentes y que pueda ser asumido por todos ellos (por ejemplo: «Me siento bien»). En este caso, aunque el *sankalpa* también funciona y va en la línea de la práctica del Yoga-Nidra, no tendrá los efectos que tendría un *sankalpa* personal formulado, pensado y sentido por y para uno mismo; aunque es igualmente válido. Utilizando la terminología del doctor Coué, el *sankalpa* genérico sería una sugestión y el *sankalpa* personal, autosugestión.

En cualquier caso, Swami Satyananda recomienda que la elección del *sankalpa* sea personal.

Dice la antigua mitología hindú que hay un árbol divino,

*kalpataru**, el «árbol de los deseos», también conocido como *kalpadruma* o *kalpavriksa*. En lo profundo del *cakra* del corazón, *anahata*, reside un pequeño loto de nombre *anandakanda* que encierra este árbol mágico. Se cree que contiene los más íntimos deseos del corazón: no aquello más o menos trivial que creemos necesitar, sino los verdaderos y más íntimos anhelos del alma. En cada una de sus flores y frutos habita un deseo. Al ascender por él, se van liberando. A *kalpataru* se le otorga incluso el poder de conceder la vida eterna a quien prueba sus frutos.

En este lugar simbólico hay que buscar el *sankalpa* que queramos trabajar: no en lo superfluo, sino entre los anhelos más profundos del corazón. Una breve meditación inicial, sentados, antes de comenzar la sesión de Yoga-Nidra, puede ayudarnos a dar con nuestros *sankalpa*.

> «Cada mañana, cuando me despierto, mi meditación tiene que ver con el mayor ideal de mí mismo. No me levanto hasta que he incorporado a esa persona que quiero ser. Así me voy enamorando de mí mismo. Si dejara de hacerlo, seguramente volvería a mis antiguos hábitos. Dedica tiempo constantemente a reexaminarte. Eres una obra de arte inacabada. Puedes cambiar en cualquier momento».
>
> JOE DISPENZA[23]

* *Kalpa*: factible, posible, capaz; *taru*: árbol; *vriksa*: árbol; *druma*: bosque; *ananda*: felicidad; *kanda*: raíz, lugar profundo.

Rotación de la consciencia

Allí donde va el pensamiento, va la energía.

Bajar al cuerpo la deidad.
Traer el Cielo a la Tierra.
En-carnar.
Explorar la experiencia de la materia.
Reírla, llorarla,
temblar de frío, de miedo,
de amor.
Viajar en el cuerpo.
Dejarse transitar por él.
Y, al fin, bailar.
Danzar todo lo que la Vida trae.

Todo termina,
todo comienza,
todo transmuta
en una Danza.
La Danza de la Vida y de la Muerte.
La Danza de Shiva.
Danzando, llevar la Tierra al Cielo.
Elevarse.

Ahí estamos, en la Danza cósmica de Nataraja
que subyuga a la sombra,
que libera al mundo y lo transforma.

> «El Yoga nos da el poder de dirigir a voluntad la corriente de *prana* mediante el pensamiento. El Yoga proporciona así un acceso consciente y voluntario a las fuerzas mismas de la vida».
>
> ANDRÉ VAN LYSEBETH*[85]

En la rotación de consciencia hacemos viajar a la mente a través de diferentes partes del cuerpo físico. La mente puede deslizarse con suavidad de un lugar a otro tomando consciencia de cada uno de ellos. Se trata de un viaje sutil por todo el cuerpo, específicamente diseñado para alejar la percepción del mundo externo, inducir introspección, y también relajación profunda, tanto a nivel físico como mental.

> «El cuerpo es la imagen de Siva. La ceremonia del Nyasa consiste en ir poniendo los dedos [la consciencia] en todas las zonas de un cuerpo humano, transmitiendo así la energía (sakti), y a la vez se repite el mantra *AUM*. De esta forma, todo ese cuerpo se insufla de *sakti*, energía. De manera especial se insiste en los puntos más vitales. Es un proceso de cosmización del cuerpo para convertirlo en un cuerpo de luz cristalina, un diamante (*vajra*)».
>
> RAMIRO CALLE[9]

El propósito de rotar la consciencia a través de diferentes partes del cuerpo es poder trascenderlo y concentrar y relajar la mente. Es difícil viajar con la consciencia por los diferentes

* André van Lysebeth, una de las principales referencias de yoga mundiales. Se formó directamente con Swami Sivananda. Profundizó en las disciplinas yóguicas desde su propio conocimiento de medicina occidental. Autor de cinco obras que son un gran tesoro para los amantes de estas ricas prácticas.

rincones de la anatomía y estar inmerso en el parloteo mental automático; o se hace una cosa u otra. Por ello, la rotación de consciencia contribuye a detener el flujo de pensamientos. En consecuencia, cuerpo y mente descansan.

Además, cuando nos concentramos en una determinada zona del cuerpo, la mente estimula la región del cerebro que rige esa parte; si se realiza con regularidad, se terminan produciendo cambios físicos en la zona sensorial de cerebro: neuroplasticidad. Acaban construyéndose mapas cerebrales más consistentes.[24] A este respecto, cabe destacar un estudio realizado en Harvard con participantes que nunca habían tocado el piano. Dichos participantes tenían que practicar, mentalmente, un ejercicio sencillo de piano con cinco dedos, durante dos horas diarias, cinco días. Estos participantes experimentaron los mismos cambios cerebrales que los sujetos que practicaron físicamente la misma actividad, moviendo esos dedos.[59]

Es, por añadidura, una ocasión de reconciliación y rehabilitación del propio cuerpo.[21]

La rotación de consciencia podría también tener cierta incidencia a nivel emocional. Un recorrido, más o menos exhaustivo, nos lleva a visitar lugares de nuestra geografía física a los que, probablemente, rara vez miramos con consciencia y en los que permanecen, ocultas y enquistadas, algunas emociones.

Carl Jung observó, a propósito de la forma de expresión física de las emociones en algunos pueblos:

> «Los afectos en el primitivo son inmediatamente ocasión de movimientos rítmicos; el dolor, por ejemplo, es expresado por una elevación rítmica de los brazos. Las manifestaciones afecti-

> vas rítmicas en los primitivos, en los negros en particular, adoptan en seguida el carácter de la danza. Entre ellos nace espontáneamente una danza en cuanto ocurre algo que actúa sobre sus afectos».

No es ya el caso de esta cultura nuestra que ha ido desterrando todas estas formas espontáneas de expresión y sanación. La manifestación corporal o vocal espontánea, prácticamente, no se contempla en esta cultura encorsetada en la que canto y danza son, o bien estrictamente académicos, o bien «enlatados y uniformados». Así pues, muchas de las emociones quedan profundamente enquistadas, obviadas y olvidadas en lo físico.

En este sentido, podríamos pensar que la rotación de consciencia por el cuerpo, como caricia psíquica, es capaz de liberar emociones atrapadas –igual que lo puede hacer la libre expresión de la voz–; o, si no tanto, sí identificarlas como tensión corporal. ¡Solo hace falta atreverse a comprobarlo! En efecto, las emociones, que tan mal gestionamos en esta cultura, se expresan y liberan y se sanan a través de la «i-lógica»: de la danza y el canto, espontáneos, la pintura o poesía no condicionadas. No es magia, es el lenguaje de la emoción: e-moción, e-movimiento.

Por otro lado, al prestar atención a un miembro u órgano y relajarlo no solo se actúa sobre él, sino sobre el área anexa. Se despiertan y desbloquean memorias almacenadas en los tejidos: traumas físicos o psíquicos que el cuerpo retuvo.

Con esta acupuntura psíquica relajamos todo el cuerpo por dentro y por fuera, y, por ende, incidimos en el nivel emocional *enquistado*.

Volviendo a la rotación de consciencia, según las escrituras yóguicas hay setenta y seis centros físicos en el cuerpo. Técnicamente, se denominan *angasthana* (miembros y órganos) y *adhara* (centros y bases físicas). Estos centros incluyen tanto los miembros externos: manos, brazos, piernas, etcétera, como los órganos internos: corazón, pulmones, estómago, etcétera. La mayor parte de estos centros, si no todos, se puede enumerar durante la práctica completa de Yoga-Nidra. En este viaje mental, se puede «bajar» desde la mente hasta sentir las venas, los nervios, tendones, fluidos... Sentir el cuerpo y vivir el cuerpo; en definitiva, habitarlo. Habitarlo conscientemente.

Tomando como referencia a Ken Wilber,* observamos que la rotación de consciencia ayuda a reconstruir lo que llama el «nivel del centauro»,[88] es decir, integrar pensamiento y cuerpo una vez reconocidos el cuerpo y su lenguaje, las sensaciones. El centauro es la unidad: «cabeza pensante-cuerpo sintiente».

> «Mientras el ego vive en el tiempo, alargando el cuello para atisbar futuros logros y lamentando en su corazón pérdidas pasadas, el centauro vive siempre en el *nunc fluens* [el ahora que fluye], el presente pasajero y concreto, el presente vivo que no se aferra al ayer ni clama por el mañana. [...] La mayoría hemos perdido el cuerpo: Mi conciencia es casi exclusivamente conciencia de la

* Ken Wilber, escritor, filósofo y epistemólogo. Es uno de los principales representantes y formuladores de la Psicología transpersonal, más recientemente de la Psicología integral. Su obra podría ser considerada como un amplio estudio filosófico que incluye disciplinas como la antropología, la sociología, la psicología, el estudio de las religiones, los estados de la consciencia, las estructuras históricas, el análisis del mundo que lleva acabo la ciencia moderna o la evolución de la consciencia.

"cabeza". [...] Tememos reclamar el cuerpo, porque alberga con especial vivacidad sentimientos y emociones fuertes que son tabúes sociales. Y, en última instancia, evitamos el cuerpo porque es la morada de la muerte».[88]

Aunque el cuerpo es la casa de la vida, no se vive plenamente si no se es capaz de «bajar» a él. La rotación de consciencia nos ofrece una oportunidad única dentro de la estructura de la práctica de Yoga-Nidra para, realmente, habitarlo. Ampliamos la consciencia entrando en contacto con el cuerpo y recuperándolo. Habitándolo. Y, en palabras de Marc-Alain Descamps,* nos libramos de la *deformación demoníaca del homúnculo*,[21] tomando consciencia de todo el cuerpo por igual, integrando las diferentes partes, armonizando el todo y dándole una sensación de unidad y totalidad.

Yoga-Nidra induce un estado de *pratyahara* (retirada de los sentidos, introversión) en el que las percepciones del mundo externo en forma de sensaciones de sabor, olor, oído, vista y tacto se detienen. Esto permite que la consciencia esté introvertida. Solo se percibirán las sensaciones de tacto sutil de los miembros físicos y las impresiones sensoriales de la voz del instructor. El campo de la consciencia se estrecha: el único vínculo con el mundo externo es el sonido de la voz del instructor. Este también puede ser fácilmente suspendido si el instructor cesa de hablar. Si elige el momento oportuno, el practicante quedará suspendido en el estado de *pratyahara* y

* Marc-Alain Descamps ha enseñado psicología en la Sorbona, en París, y posteriormente en la Universidad René Descartes. Es psicoanalista y profesor de yoga.

estará preparado para comenzar la concentración (*dharana*) como preliminar de la meditación *(dhyana)*.

La voz de los maestros

«La escucha inocente y nocondicionada de las sensaciones físicas restablece la naturaleza radiante del cuerpo. A través del simple acto de sentir el cuerpo, aumentará el aprecio por el propio cuerpo como *feedback* efervescente que siempre señala su base innata de vitalidad física, psicológica y espiritual. [...] En la medida en que discernimos la innumerable variedad de sensaciones que nuestro cuerpo está constantemente emitiendo, nos convertimos en cuidadores creativos de este templo de vibración que es nuestro cuerpo».

RICHARD MILLER[49]

«El cuerpo es el laboratorio a través del cual el Alma se expresa y experimenta, un regalo material para nuestro personal y singular viaje a Ítaca. La residencia de lo biológico, lo hormonal, lo instintivo: nuestro santuario. [...] El cuerpo es la casa de la vida y el legado primordial de nuestros padres y nuestros ancestros. [...] El cuerpo es feliz cuando es apreciado y respetado, cuando es mimado y cuidado, cuando lo habitamos con gratitud».

JOAN GARRIGA BACARDÍ[31]

Rotación de consciencia y *Nyasa*

Esta fase de Yoga-Nidra es la más estrechamente vinculada a las ancestrales técnicas *Nyasa*. Hay numerosos tipos, categorías y modalidades de *Nyasa*.[21] Haremos una muy breve enumeración de algunos a continuación. (Véase anexo 1)

- *Kara-nyasa*: instala las divinidades protectoras en las diferentes partes del cuerpo, con o sin mantra, energía, contacto. Generalmente, comienza por la mano derecha, por los cinco dedos.
- *Matrika-nyasa*: es la utilización de las 50 letras del alfabeto sánscrito, con o sin canto o vocalización.
- *Hridayadi-sadanga-nyasa*: es la apertura de los seis (*sadanga*) mundos o partes del cuerpo: pies, rodillas, órganos sexuales, ombligo, corazón, frente. Tradicionalmente se comienza por el corazón (*hridaya*).[19]
- *Vyakapa-nyasa*: abre la fase de la transmisión de energía, lo que requiere la sincronización de la respiración (*hamsa-yoga*). Se observa detenidamente la respiración de otra persona y se busca respirar al unísono. Puede utilizarse el mantra *Ham-Sah*.

Normas para rotar la consciencia

Para conseguir los máximos beneficios de la práctica, deberían de seguirse las siguientes normas:

Percepción

Debería de percibirse cada centro físico usando los siguientes medios:

- Llevar la atención a cada parte del cuerpo que el facilitador nombra, sintiendo la sensación que nace de ella.
- Mentalmente pronunciar el nombre de esa parte del cuerpo una vez que el instructor la ha nombrado.
- Visualizar esa parte del cuerpo; es decir, crear la imagen mental.
- Visualizar que, en cada parte mencionada, se va encendiendo una luz. Si se practica con niños, puede utilizarse esta imagen, la de una mariposa que va posándose en los diferentes lugares mencionados, o una similar.

Cualquiera de ellas, dos, o las tres juntas, pueden usarse para percibir cada parte física. Si se tiene problemas con la visualización, sugerimos que combine la pronunciación mental del nombre con la percepción de la sensación de esa parte particular del cuerpo. Si encuentra fácil la visualización, entonces combínelo con la percepción de la sensación sin nombrar las partes. Cada uno debe de elegir su propio método de percepción de acuerdo a la habilidad y preferencia.

Instrucciones

El practicante debe estar atento simultáneamente a dos cosas:

- El sonido de la voz del instructor.
- La parte del cuerpo mencionada.

Y seguir la práctica de Yoga-Nidra según las instrucciones dadas por el profesor.

Rotación

La consciencia debería de moverse de una parte a otra del cuerpo según las instrucciones dadas. Debería de tomarse consciencia de la existencia de cada parte por turnos, tocando mentalmente cada punto. La rotación debe hacerse rítmica y con el mínimo esfuerzo. Hay que permitir a la consciencia «fluir» de un miembro al siguiente. O debería de «saltar» de un centro al siguiente con el mismo ritmo que el tic-tac de un reloj.

No debe detenerse la atención en ningún lugar del cuerpo durante más tiempo que el prescrito por las instrucciones del profesor. Incluso, si no percibe claramente, por ejemplo, el dedo pulgar, debería de proceder inmediatamente al siguiente miembro sin demora.

Velocidad

La velocidad de la rotación debería de elegirse para que se ajuste a las circunstancias. Al comienzo, la mente del practicante se extravía aquí y allá. En este momento, la rotación debería de ser razonablemente rápida para prevenir la distracción mental. Después, durante la práctica, cuando la mente está más concentrada, el ritmo de la rotación puede reducirse. El profesor debe usar la intuición.

En cualquier circunstancia, la rotación no debe ser ni excesivamente rápida ni lenta. Si es demasiado rápida, el practicante será incapaz de seguir las instrucciones y percibir cada parte del cuerpo. Probablemente se dormirá o podría mostrar impaciencia, perdiendo así la ocasión de relajarse. Por el contrario, si las instrucciones son demasiado lentas y monótonas, también se quedará dormido por aburrimiento. Hay que ser cuidadoso.

Circuito

Hay varios circuitos diferentes en el cuerpo por los que la consciencia puede rotar. Puede ser un circuito corto por los miembros principales, como las piernas, brazos, etcétera, o puede ser una rotación más larga que incluya los dedos de las manos, de los pies y demás. A medida que uno se va haciendo más sensible, la rotación puede pasar también por los órganos internos como el corazón, etcétera. El circuito puede elegirse en función de la preferencia y el tiempo disponible. Trate de elegir un circuito y ceñirse a él cuando practique Yoga-Nidra. Eso generará un patrón fijo en la mente y la consciencia fluirá automáticamente sin esfuerzo. Si el orden del circuito se cambia de continuo, la fluidez no surgirá espontáneamente. Una vez establecido el orden de una secuencia específica, trate de no cambiarlo.

Número de circuitos

La rotación completa de consciencia a través de un circuito de las partes del cuerpo es una ronda. Se pueden practicar 1, 2, 3 o más rondas, dependiendo de la profundidad de la relajación requerida y del tiempo disponible.

El cuerpo

No mover el cuerpo durante toda la rotación de consciencia. Solo darse cuenta de cada parte sin hacer el más ligero movimiento físico. Hay que tratar de observar el propio cuerpo como si fuera un objeto independiente. Convertirse en espectador de uno mismo, esto aumentará también la profundidad de la relajación.

Cuando la consciencia se hace rotar por las diferentes partes del cuerpo, no solo induce la relajación física, sino que también despeja las conexiones nerviosas en el cerebro. Cuando la consciencia se hace rotar en la misma secuencia una y otra vez, induce un flujo de energía pránica dentro del circuito neuronal del homúnculo motor o sensitivo del cerebro. Este flujo energético trae una experiencia de relajación al cerebro. Los investigadores han llamado a esto «fenómeno de habituación»: cuando el cerebro se acostumbra a los estímulos y, luego, poco a poco, se va relajando. En este estado en el que el cerebro está completamente relajado entraríamos en relajación mental.[76]

Al final de este libro encontrará un ejemplo de recorrido por el cuerpo. La rotación que proponemos en él es bastante exhaustiva. Dependiendo del tiempo y de la finalidad de la sesión, puede adaptarse para hacerla más corta. Sugerimos, eso sí, mantener cierta fluidez en el viaje, así como evitar saltos de arriba abajo, o de un lado a otro, que distraigan a quienes están practicando. Es importante hacer un recorrido coherente, sin saltos «geográficos» desordenados quien practica los viviría como lapsos o agujeros físicos.

Además de la estructura sistemática de Swami Satyananda que más se utiliza en Occidente, que es en la que nos basamos en este manual, principalmente, Yoga-Nidra es transmitido por otros maestros con variaciones respecto a esta.

La secuencia de la rotación de consciencia por 61 puntos enseñada por Swami Rama de los Himalaya hace mayor hincapié en los centros energéticos trabajados en yoga que la anterior. También la utilizamos con asiduidad y muy interesantes resultados en personas habituadas a observar las sensaciones energéticas sutiles.

El recorrido es el siguiente:[80, 77]

1. Centro del entrecejo (*ajña cakra*)
2. Base de la garganta (*visuddha cakra*)
3. Articulación del hombro derecho
4. Codo derecho
5. Muñeca derecha
6. Punta del dedo pulgar derecho
7. Punta del índice derecho
8. Punta del dedo medio derecho
9. Punta del dedo anular derecho
10. Punta del dedo meñique derecho
11. Muñeca derecha
12. Codo derecho
13. Articulación del hombro derecho
14. Base de la garganta (*visuddha cakra*)
15. Articulación del hombro izquierdo
16. Codo izquierdo
17. Muñeca izquierda
18. Punta del pulgar izquierdo
19. Punta del índice izquierdo
20. Punta del dedo medio izquierdo
21. Punta del dedo anular izquierdo
22. Punta del meñique izquierdo
23. Muñeca izquierda
24. Codo izquierdo
25. Articulación del hombro izquierdo

26. Base de la garganta (*visuddha cakra*)
27. Centro del corazón (*anahata cakra*)
28. Centro del pecho derecho
29. Centro del corazón (*anahata cakra*)
30. Centro del pecho izquierdo
31. Centro del corazón (*anahata cakra*)
32. Plexo solar (*manipura cakra*)
33. Centro de la región pélvica (*svadhisthana cakra*)
34. Articulación de la cadera derecha
35. Rodilla derecha
36. Tobillo derecho
37. Punta del dedo pequeño del pie derecho
38. Punta del cuarto dedo del pie derecho
39. Punta del tercer dedo del pie derecho
40. Punta del segundo dedo del pie derecho
41. Punta del dedo gordo del pie derecho
42. Tobillo derecho
43. Rodilla derecha
44. Articulación de la cadera derecha
45. Centro de la región pélvica (*svadhisthana cakra*)
46. Articulación de la cadera izquierda
47. Rodilla izquierda
48. Tobillo izquierdo
49. Punta del dedo pequeño del pie izquierdo
50. Punta del cuarto dedo del pie izquierdo
51. Punta del tercer dedo del pie izquierdo
52. Punta del segundo dedo del pie izquierdo
53. Punta del dedo gordo del pie izquierdo
54. Tobillo izquierdo

55. Rodilla izquierda
56. Articulación de la cadera izquierda
57. Centro de la región pélvica (*svadhisthana cakra*)
58. Plexo solar (*manipura cakra*)
59. Centro del corazón (*anahata cakra*)
60. Base de la garganta (*visuddha cakra*)
61. Centro del entrecejo (*ajña cakra*)

Según propone Swami Veda Bharati, discípulo de Swami Rama de los Himalaya, se trata de llevar la atención a cada uno de los puntos mencionados y, con la atención puesta en ellos, repetir mentalmente su número correspondiente.

El doctor Panda diferencia la rotación de consciencia externa (*bahirnyasa*), la rotación en puntos del cuerpo físico y la interna (*antarnyasa*), que consiste en llevar la atención a los diferentes *cakra*, acompañándola, o no, de *bija mantra* o *matrika*; pudiéndose también visualizar la flor de loto correspondiente a cada centro de energía con su número de pétalos y color. (Véase anexo 2) El recorrido interno que sugiere es: *visuddha, anahata, manipura, svadisthana, muladhara, ajña*. Posteriormente se puede repetir el recorrido de arriba abajo (descendente, *avarohana*) o de abajo a arriba (ascendente, *arohana*). En el recorrido descendente la secuencia de *bija mantra* sería: *OM, HAM, YAM, RAM, VAM, LAM;* en el ascendente: *LAM, VAM, RAM, YAM, HAM, OM.*[56]

Proponemos como alternativa también esta otra opción en la que se pasa por la parte anterior y posterior del cuerpo físico, se añade un recorrido por los *cakra* y se canta el *mantra Om* en determinados puntos, o el *bija mantra* en el caso de los *cakra*. Sin dificultar la práctica con mantras complejos (véase anexo 1), nos acercamos al *Nyasa* original.

Mano DERECHA:

— dedo pulgar	*OM*
— índice	*OM*
— corazón	*OM*
— anular	*OM*
— meñique	*OM*
Palma de la mano	*OM*

Dorso, muñeca, antebrazo, codo, brazo, hombro, axila, costillas, cintura, cadera, muslo, rodilla, pantorrilla, tobillo, empeine,

— planta del pie	*OM*
— dedo gordo	*OM*
— segundo dedo	*OM*
— tercer dedo	*OM*
— cuarto dedo	*OM*
— dedo pequeño	*OM*

Mano IZQUIERDA:

— dedo pulgar	*OM*
— índice	*OM*

— corazón	*OM*
— anular	*OM*
— meñique	*OM*

Palma de la mano OM

Dorso, muñeca, antebrazo, codo, brazo, hombro, axila, costillas, cintura, cadera, muslo, rodilla, pantorrilla, tobillo, empeine,

— planta del pie	*OM*
— dedo gordo	*OM*
— segundo dedo	*OM*
— tercer dedo	*OM*
— cuarto dedo	*OM*
— dedo pequeño	*OM*

Talones, gemelos, parte posterior de los muslos, glúteos, toda la espalda, omóplatos, parte posterior de brazos y manos, parte posterior del cuello, nuca, parte posterior del cráneo, todo el cuero cabelludo. Toda la piel.

— entrecejo	*OM*
— centro de la garganta	*HAM*
— centro del pecho	*YAM*
— plexo solar	*RAM*
— centro del vientre	*VAM*
— suelo pélvico	*LAM*

Todo el cuerpo, todo el cuerpo a la vez. Todo el cuerpo. *OM*

IMPORTANTE tener en cuenta

Puede suceder que, en alguno de los participantes, alguno de los miembros u órganos que se nombren hayan sido extirpados. No es un impedimento. Debemos animarlos a sentir ese espacio igualmente: la energía de ese miembro u órgano permanece y el área del cerebro que lo rige continúa estando viva. Tratémoslo igual que si, físicamente, el miembro u órgano estuviera presente.

A este respecto, es interesante tener en cuenta lo que se ha dado en denominar «miembros fantasma». El dolor en el miembro fantasma fue descrito por primera vez por Ambroise Paré, cirujano militar francés. Sin embargo, fue Silas Weir Mitchell, neurólogo norteamericano, quien, en 1872, acuñó el término para describir las sensaciones que referían los heridos sometidos a amputaciones de extremidades en la Guerra de Secesión de los Estados Unidos de América. Estos pacientes pueden sentir como si estuvieran haciendo un gesto, picores o incluso dolor intenso en el miembro ausente.

Son varias las teorías que intentan explicar la causa del miembro fantasma. Una de las líneas de investigación es la del científico Vilayanur S. Ramachandran,* que da una explicación sorprendente. Uno de sus pacientes, con síndrome de miembro fantasma, se quejaba de picor en la mano amputada.

* Vilayanur S. Ramachandran, se licenció en Medicina en Madras en el Stanley Medical College, posteriormente se doctoró en el Trinity College, en la Universidad de Cambridge. Es neurólogo director del Center for Brain and Cognition, profesor en el departamento de psicología y neurociencias en la Universidad de California, San Diego, y profesor adjunto de biología en el Instituto Salk de Estudios Biológicos. Es uno de los mayores expertos del mundo en neuroplasticidad.

El doctor Ramachandran, con un bastoncillo de algodón, rascó al paciente en la cara y ¡alivió el picor de su mano! ¿Cuál es la explicación? La explicación la encontramos en el homúnculo de Penfield que describiremos al hablar del neocórtex en el capítulo 6 de este libro. El llamado homúnculo es un mapa neurológico que tiene la característica de que cada parte del cuerpo está representada en función de su importancia sensorio-motora. Si una persona pierde una pierna, un brazo o un órgano, su representación en el homúnculo –su área correspondiente del cerebro– deja de recibir información de ese efector. En estos casos, esa área del mapa puede ser invadida por la representación adyacente (véase la siguiente figura), es decir,

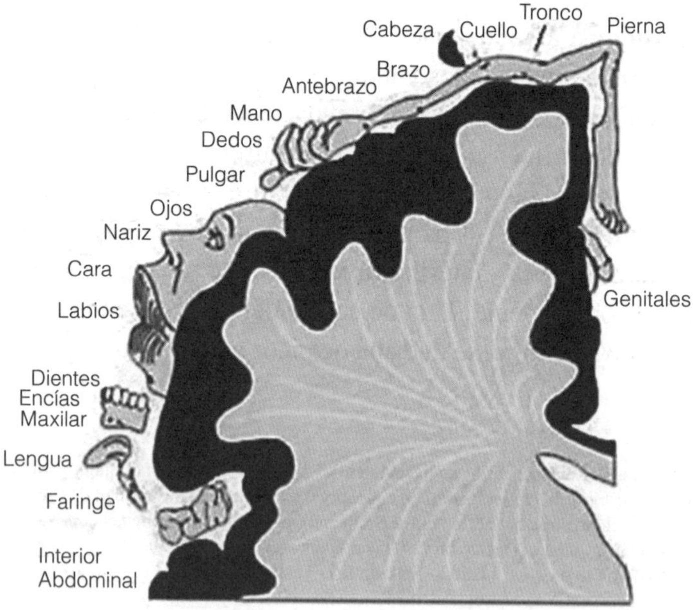

por la sensibilidad del miembro u órgano representado en el cerebro a continuación del amputado. En el caso de la mano amputada, la representación adyacente es la de la cara. De este modo, la estimulación en la cara puede hacer sentir una mano fantasma, como comprobó el doctor Ramachandran.

Ramachandran sospechó que la base de este fenómeno se encuentra en la *parálisis aprendida*: el cerebro se queda fijado en la idea de un brazo sin movimiento.

El neurólogo ideó lo que llamó *la caja espejo*. Una caja con un espejo en el centro, en la que, cuando el paciente introduce el brazo sin amputar, puede ver el reflejo de su brazo en el espejo con la particularidad de que el espejo devuelve la imagen del «brazo contrario» –en este caso, el amputado.

Caja de V.S. Ramachandran

Al ver su brazo, siente que el miembro está presente. El paciente entonces mueve el brazo sano y, con la retroalimentación visual, consigue hacer creer al cerebro que la presencia del brazo amputado es real. Ramachandran ha comprobado que se llega a aliviar el dolor y que, en ocasiones, incluso el síndrome de miembro fantasma desaparece.

Aunque inhibida la presencia del miembro físico real afectado por la amputación, el cerebro, engañado, parece recuperar la representación original por el trabajo realizado en la caja espejo.

Desconocemos si estos descubrimientos acerca de la relación entre el cerebro y los miembros-órganos amputados tienen que ver con el profundo trabajo neurológico que, con la rotación de consciencia, se hace en Yoga-Nidra a esos niveles cerebrales ya que no hemos encontrado referencias sobre ello; sin embargo –dicho desde la más profunda humildad de quien se confiesa absolutamente ignorante en esta materia–, todo parece apuntar a que puede haber algo de esto. Si alguien dispusiera de información al respecto, nos encantaría conocerla para acabar de dar la merecida relevancia a esta preciosa técnica.

Volviendo al comienzo de estos párrafos, nunca está de más, durante una sesión, animar a los participantes con un miembro u órgano amputado o extirpado a sentir ese lugar; incluso a trabajar su movilidad a través de la visualización como propone otro investigador: Giacomo Rizzolatti.*

* Giacomo Rizzolatti, neurobiólogo italiano, profesor de fisiología del Departamento de Neurociencia de la Universidad de Parma. Descubridor de las *neuronas espejo*. Premio Príncipe de Asturias de Investigación Científica y Técnica en 2011.

Rizzolatti habla de la «imaginación motriz». Cuando una persona se imagina algo, utiliza las mismas estructuras cerebrales que cuando lo hace efectivamente. Esto es conocido y aplicado en *hatha yoga*. Podemos imaginar que entramos en un *asana* y, aunque al imaginarlo no movemos ni las manos ni los pies ni el tronco, el efecto es similar a si entrásemos en la postura completa.

Si se da el caso de un alumno en una situación de falta de un miembro, el posterior intercambio de experiencia con el facilitador puede ser muy enriquecedor para ambos.

Observación de la respiración y conteo

La respiración, nuestra compañera rítmica de vida, como lo es el latido del corazón, es la única función del cuerpo que puede desarrollarse en «modo automático» –normalmente, no pensamos en respirar, lo hacemos de forma espontánea–, o de forma consciente: podemos tomar el control para modificarla con un objetivo concreto.

La respiración es también el medio más directo para conectar cuerpo y mente, y podemos usar la respiración consciente para relajar tanto el cuerpo físico como el mental, aquietando el flujo de pensamientos.

Según la doctoraCandace Pert,[62] a través de la respiración consciente, se produce un cambio en la cantidad y tipo de péptidos liberados desde el cerebro. Los neuropéptidos descubiertos por Candace Pert son los transportadores de las sustancias químicas que viajan por todo nuestro cuerpo y se manifiestan a través de nuestras emociones. Los neuropéptidos y sus receptores son los sustratos de las emociones, una especie de mensajero químico. La calidad de esa sustancia química está determinada por la calidad de nuestros pensamientos; es decir, ¡nuestra bioquímica depende de nuestros pensamientos! Somos en función de lo que pensamos, incluso a nivel químico. Por medio de la observación consciente de la respiración, podemos disponer de un mecanismo adecuado para variar la calidad de nuestra bioquímica. Hasta este extremo llega la importancia del nivel de consciencia de nuestro propio cuerpo y nuestra mente.

Por otro lado, desde el punto de vista de la relajación, la respiración es también un instrumento de uso relativamente fácil y efectivo cuando uno la entrena con tesón y cariño. En este sentido, las distintas técnicas respiratorias, en función de su efecto, se pueden clasificar en: relajantes, activadoras o energizantes y equilibrantes. En este texto, nos centraremos únicamente en la respiración relajante como herramienta útil para conseguir una profunda calma de cuerpo y mente que nos acerque, en combinación con otras técnicas, al estado de Yoga-Nidra.

Veamos algunos rudimentos básicos para familiarizarnos con ella.

Existen tres espacios respiratorios en el cuerpo humano que se corresponden con tres tipos de respiración diferentes:

1) Respiración baja, abdominal o diafragmática: se hace, predominantemente, por medio del diafragma respiratorio. Se percibe en la parte baja de los pulmones y zona

del ombligo, y es la que mueve más cantidad de aire: aproximadamente, un 70 %.

2) Respiración media o torácica: se hace utilizando los músculos inspiradores intercostales. Se percibe en la zona de las costillas y mueve, aproximadamente, un 25 % de la capacidad pulmonar.
3) Respiración alta o clavicular: se hace empleando los músculos inspiradores de la parte alta del tórax y clavículas. Se percibe en la parte alta del tórax, cerca del cuello y clavículas, y mueve, únicamente, un 5 % de la capacidad pulmonar.

Por otro lado, hay dos características principales de la respiración que tienen un marcado efecto relajante:

- Que sea una respiración abdominal o diafragmática, debido a su efecto sobre el nervio vago que atraviesa el diafragma y tiene un importante efecto sobre la rama parasimpática del sistema nervioso autónomo. Recordemos: el que nos pone en vagotonía o «modo relax».
- Que podamos alargar, de forma natural y sin forzar, la espiración, de manera que esta sea más larga que la inspiración. Este alargamiento hace que aumente el intercambio de oxígeno en los pulmones y tiene un marcado efecto relajante.

A medida que vamos dedicando tiempo a hacernos íntimos amigos de nuestra propia respiración y nos vamos conociendo mutuamente, podemos combinar estos factores para trabajar en complicidad con ella. Por ejemplo, utilizando una respiración sobre todo abdominal y alargando la espiración, obtendremos un efecto profundamente relajante.

Y todavía podemos añadir un factor más a la hora de jugar con la potencialidad de la respiración. Si tenemos en cuenta los *nadi** –canales energéticos– *ida* y *pingala*, en sánscrito, que se corresponden *grosso modo* –sin pretender entrar en grandes profundidades al respecto– a la fosa nasal izquierda y derecha, respectivamente, podemos aprovechar el efecto relajante que tiene la respiración realizada por la fosa nasal izquierda o el efecto energizante que se genera respirando por la fosa nasal derecha. Tratándose de la práctica de Yoga-Nidra, nos interesará activar el canal lunar, eso es, el izquierdo.

En el caso de la fase relacionada con la respiración dentro de un Yoga-Nidra, a la mera observación de la propia respiración, se añade un conteo inverso de cada inspiración y espiración. El objetivo del conteo es, por un lado, tener entretenido al «mono mental» para limitar el flujo de pensamientos y así ir concentrando la mente y relajándola, a la vez que los cinco sentidos, que habitualmente están enfocados hacia lo externo, permanecen recogidos manteniendo nuestra atención en el proceso; y, por otro lado, esta atención hace que la respiración se vuelva más sutil y relajada. Observamos que el beneficio es doble: calma mental y respiratoria.

* *Nadi* significa corriente, flujo, canal. Se trata de canales energéticos. En los textos yóguicos, hay referencia de más de 72.000 *nadi*. Tres son considerados los más importantes: *īḍā, piṅgala, suṣumna*.

Con la observación de la respiración natural, uno puede descubrir e instalarse, además, en el placer de respirar conscientemente el aliento vital, *prana,* la energía vital.

Descripción de la técnica

Se trata de comenzar observando el flujo espontáneo de la respiración de forma pasiva, sin modificarla. Esto traerá consigo una mayor profundización del estado de relajación e interiorización. Los cinco sentidos se mantienen desconectados, ajenos a los estímulos externos. De esta forma, vamos haciendo más presente a nuestro «testigo interior»: la actitud yóguica de quien observa, sin juzgar, ni afán de analizar, con cierta «distancia saludable».

Una vez se ha tomado consciencia del movimiento natural de las inspiraciones y espiraciones en el cuerpo, preferentemente en la zona del plexo solar, a continuación, se inicia un conteo mental de la respiración natural en sentido inverso, mientras observamos el cuerpo y nos dejamos respirar. De forma que, por ejemplo, inspiramos contando mentalmente 27 y espiramos 27, inspiramos nuevamente contando 26 y espiramos 26..., y así sucesivamente.

El objetivo no es llegar al número 1, sino mantener la máxima concentración en la respiración y el conteo; permitir que la respiración se haga sola y natural, mientras nuestra mente *está entretenida* contando. Si uno se pierde o termina de contar antes de que quien guía la sesión dé la siguiente pauta, comienza de nuevo por el principio con amabilidad, evitando la frustración o sensación de incomodidad. Hemos de tener presente que no se trata de una competición, sino de un mecanismo que nos conduce a la concentración y relajación.

> El conteo es una especie de entrenamiento de atención plena o concentración. Se desarrolla la habilidad de permanecer sin distracciones durante largos periodos de tiempo.
>
> RICHARD MILLER[49]

Para este ejercicio, suelen proponerse números vinculados a la tradición tántrica: 11, 27, 54, 108. La elección del número de partida depende del gusto del facilitador de la sesión. Podemos proponer un número relativamente bajo y esperar a que terminen el conteo –para esto podemos ir contando nuestras propias inspiraciones y espiraciones teniendo en cuenta que quien está relajado respira más lentamente que nosotros–; o bien sugerir el conteo desde un número alto, como el 108, para evitar el espíritu competitivo, que tanto nos condiciona, y conseguir el «desapego de los frutos»: «Cuento mis respiraciones y me desapego del número al que llegue. No tengo meta más allá de observar mi respiración, disfrutar de ella y contarla. Nada gano ni nada pierdo con contar más o menos».[49]

Nuestra respiración está estrechamente vinculada al cuerpo de energía (*pranamaya-kosa*); en esta fase, comenzamos a experimentar de forma natural el cuerpo sutil de energía.

Importante

Habrá que tener muy en cuenta que, salvo las personas que vengan del mundo del yoga o disciplinas en que se trabaje la respiración consciente, generalmente, quienes observen por primera vez su propia respiración pueden sentir cierto «agobio». Es importante guiar esta fase de forma gradual, de modo que quien la esté practicando tenga tiempo de instalarse, primero, en la observación de la respiración antes de comenzar el conteo. Así que nunca estará de más tranquilizar a los participantes en este sentido. La respiración es nuestra olvidada compañera de vida; rara vez la miramos, lejos de algún momento en que padezcamos un fuerte resfriado. No es de extrañar entonces su naturaleza tímida. Al principio, puede parecer que se esconde cuando queremos mirarla; pero si seguimos haciéndolo con dulzura y regularidad, si la miramos de manera amable, ella se va acostumbrando a ser vista y, poco a poco, se muestra sin pudor, sintiéndose cómoda. Entonces, uno descubre el enorme placer de respirar.

Otras propuestas

Para personas ya familiarizadas con el trabajo yóguico respiratorio, puede hacerse el conteo utilizando *ujjayi*, *nadi-sodhana* sutil –sin *hasta-mudra*–, se puede observar la respiración en los diferentes espacios respiratorios, contar a la inversa notando el flujo del aire en las fosas nasales, o cualquier otro ejercicio sencillo.[55]

Swami Rama[77] y Swami Jñanseshvara Bharati[76] proponen practicar la «respiración espinal»: *shitali-karana*. Esto podría hacerse de un modo abreviado, como los que indicamos aquí abajo, en primer lugar, o realizando el recorrido completo que describiremos más adelante.

- Espirar como si se estuviese respirando desde la cima de la cabeza hacia el perineo, en la base de la columna vertebral.
- Inspirar como si se respirara desde el perineo, en la base de la columna, subiendo hacia la cima de la cabeza.
- Espirar e inspirar durante unos minutos de este modo: espirar hacia abajo, inspirar hacia arriba. Y sentir el flujo de energía de abajo a arriba y de arriba abajo en el cuerpo sutil.

Swami Veda Bharati propone[80] este otro modo:

- Observar el movimiento suave de la respiración en el área del ombligo. Observar cómo esa área se va relajando con cada inspiración y cómo se hunde suavemente al espirar. En esta práctica, no hay mantra ni pensamiento, solo la sensación de la respiración.
- Sentir que se inspira desde la cima de la cabeza y se espira por el ombligo, *manipura*.
- Inspirar desde la cima de la cabeza y espirar a través del centro del corazón, *anahata*.
- Inspirar desde la cima de la cabeza y espirar a través del centro de la garganta, *visuddha*.
- Inspirar desde la cima de la cabeza y espirar a través del entrecejo, *ajña*.

- Inspirar desde la cima de la cabeza y espirar a través del centro de la garganta, *visuddha*.
- Inspirar desde la cima de la cabeza y espirar a través del centro del corazón, *anahata*.
- Entonces, sentir que se inspira y espira desde el centro del corazón. Con una respiración continuada. Sentir que es la cueva del corazón la que respira. Con el foco principal de la consciencia puesto en esta cueva oscura y cálida. Permanecer en esta respiración durante unos instantes. No más de 10 minutos.

El ejercicio completo de *sitali-karana*, la «respiración espinal» ascendente y descendente, puede ser el que detallamos a continuación.[77] Advertimos que su complejidad no siempre lo hace recomendable; además, implica algunos movimientos físicos que rompen con la quietud del Yoga-Nidra que proponemos. Sin embargo, entraremos en su descripción por si es de utilidad con ciertas adaptaciones, dentro o fuera de una práctica de Yoga-Nidra.

Espiración descendente. Inspiración ascendente

- Espirar desde la cima de la cabeza, por los dedos de los pies (vaciando toda fatiga y tensiones).
- Inspirar desde el cosmos hasta los dedos de los pies a la cabeza (sintiendo la profundidad de uno mismo llena con esa energía). 10 veces.
- Espirar desde la cima de la cabeza por los tobillos.
- Inspirar desde los tobillos llenando hasta la cima de la cabeza. 10 veces.

- Espirar de la cima de la cabeza a las rodillas. Inhalar de rodillas a cima de cabeza. 10 veces.
- Espirar a través del perineo. Inspirar de periné a cima de cabeza. 10 veces.
- Espirar por el ombligo. Inspirar de ombligo a cima de cabeza. 10 veces.
- Espirar por la cima de la cabeza hasta el corazón. Inspirar de corazón a cima de la cabeza. 10 veces.
- Espirar de cima de la cabeza a garganta. Inspirar de garganta a cima de la cabeza. 10 veces.
- Espirar en el puente de la nariz, donde fluyen libremente las dos fosas nasales. Inspirar entre la cima de la cabeza y el puente nasal. 10 veces.
- Respirar 10 veces en los miembros inferiores

Espiración ascendente. Inspiración descendente

- Espirar-inspirar 5 veces de *muladhara* a *sahasrara*
- Espirar-inspirar 5 veces de *manipura* a *sahasrara*
- Espirar-inspirar 5 veces de *anahata* a *sahasrara*
- Espirar-inspirar 5 veces de *visuddha* a *sahasrara*
- Espirar-inspirar 5 veces de *ajña* a *sahasrara*

La respiración, al final, será muy breve, corta, es correcta así; la inspiración y espiración son solo una sensación.

Según las escrituras, el segundo *cakra* se omite en este procedimiento.

Llevar la respiración de la entrada de las fosas nasales al entrecejo. La mente está alerta observando la respiración de la punta de las fosas nasales al espacio del entrecejo.

Volver a respirar desde la cima de la cabeza al puente entre las dos fosas nasales. Haz esto 5 veces.

- Vuelve al centro de la garganta e inspirar a cima de cabeza.
- Espirar e inspirar del centro del corazón a cima de cabeza.
- Espirar e inspirar a dedos de pies.

La mente está ocupada solo
en la inspiración y espiración

- Entonces, girarse a la izquierda (piernas estiradas, brazo izquierdo estirado hacia arriba para permitir que la cabeza se apoye en él y brazo derecho apoyado sobre el costado) y seguir respirando:

  Espirar de cabeza a dedos de pies, inspirar de pies a cabeza. Inspiración y espiración con toda la parte derecha del cuerpo. 10 veces.

  (Cualquier alimento no digerido se digiere, evitando los problemas gástricos o digestivos que son incómodos).

- Repetir lo mismo girando a la derecha:

  Espirar de cabeza a dedos de pies, inspirar de pies a cabeza. Inspiración y espiración con toda la parte izquierda del cuerpo. 10 veces.

- Volver a *savasana* (tumbados bocarriba con los brazos a lo largo del cuerpo, ligeramente separados y con las palmas de las manos hacia arriba, piernas separadas) y permitir que todo el cuerpo inspire y espire.

Permitir que los miembros sientan que reciben energía de la nariz y los poros.

- Por último, llevar la atención al entrecejo; del entrecejo a la garganta y, finalmente, al centro del corazón, y permanece, allí centrado, siendo solo consciente del espacio en el centro del pecho.

En resumen:

- Espirar de cima de la cabeza a dedos de los pies e inspirar de dedos de los pies a la cima de la cabeza 10 veces.
- Hacer lo mismo con los tobillos y rodillas.
- A continuación, 5 veces a perineo, ombligo, centro del corazón, garganta y puente entre las fosas nasales.
- Del entrecejo al puente de las fosas nasales, al menos 10 veces.
- A continuación, el proceso inverso volviendo a los dedos de los pies. Espirando de abajo a arriba e inspirando de arriba abajo.

Este ejercicio es más profundo que la rotación de consciencia, también bastante más complejo.

Otra opción, no tan extensa, es la propuesta por Swami Rama,[77] en la que se lleva la respiración, y con ella la energía psíquica, a los centros energéticos sede de los cuatro estados de consciencia:

1) Con la atención puesta en el entrecejo, *ajña,* sede del estado de vigilia, hacer tres respiraciones diafragmáticas.
2) Pasando la atención al centro de la garganta, *visuddha,* sede del estado propio del dormir, visualizar la luna y hacer respiración libre durante algunos minutos. Después, manteniendo la atención en este centro energético, hacer respiraciones diafragmáticas.
3) Llevar a continuación la atención al centro del pecho, *anahata*, sede del estado de sueño profundo, y continuar con la respiración diafragmática.
4) Por último, respirar con la atención puesta en la «cueva del corazón», sede el estado de *Y*oga-Nidra. Respirar en este espacio durante un máximo de 10 minutos.[77]

Estas prácticas corresponden a la purificación de los elementos (tierra, agua, fuego, aire, éter), *bhuta-shuddi*, dentro de todo este proceso de alquimia interior.[21]

En esta fase de Yoga-Nidra, la respiración, salvo que se elija aplicar *ujjayi* –la respiración sonora–, ha de ser silenciosa, continuada, fluida, regular y tranquila. Sin pausas, retenciones o saltos, es decir, natural.

Pares de opuestos: la polaridad

> *El hombre ha de ser él mismo en el calor o en el frío, en el placer o en el dolor, en la victoria o en la derrota.*
>
> Joan Mascaró[43]

Ahora que en las fases anteriores hemos conseguido relajar el cuerpo y la mente, es el momento de comenzar a profundizar también en las emociones. Lo haremos jugando con ellas; evocándolas con sus sensaciones físicas, dejando que aparezcan y desaparezcan en nosotros mismos, que nos ofrecemos, atentos, como campo de experimentación.

Como explica Richard Miller,[49] en esta fase de las sensaciones opuestas, trabajamos áreas del cerebro relacionadas con el plano emocional. De la misma forma que hacemos con el cuerpo en la rotación de consciencia, el objetivo es observar una sensación o emoción propuesta y pasar a la siguiente sin apegarnos a nada. Descubriremos que nuestra base natural de ecuanimidad está siempre presente; aunque lo más probable es que, antes de vislumbrar este silencio interno al que llamamos ecuanimidad, nos encontremos «molestos» y con las resistencias levantadas a la hora de conectar con alguna emoción concreta.

Si observamos, nos damos cuenta de que todo se presenta como una serie de polaridades: el día-la noche, inspiración-espiración, pena-alegría, frío-calor, pesadez-ligereza, masculino-femenino, acción-relax… Todas las decisiones que adoptamos cada día se toman entre opuestos y en ellos se basan nuestros deseos y, también, nuestras aversiones. Todo lo que valoramos es un elemento dentro de un par de opuestos que, más que opuestos, son complementarios. Cuando vivimos en un mundo de opuestos, sentimos que tenemos necesariamente que trazar fronteras: la frontera entre el *bien* y el *mal*, entre el *placer* y el *dolor*, entre la *salud* y la *enfermedad*...; y cuanto más firmes son nuestras fronteras, más encarnizados son nuestros conflictos. Tradicionalmente, toda zona fronteriza es potencialmente área de conflicto. Apegos y aversiones, *raga* y *dvesa*, motivos de aflicción. Así, cuanto más nos aferramos al *placer*, más tememos el *dolor*; cuando más deseamos el *bien*, más nos obsesionamos con el *mal;* cuantos más *éxitos* buscamos, mayor es nuestro temor al *fracaso*. Y esto nos hace infelices.

En Yoga-Nidra, podemos descubrir en nosotros mismos esta tendencia cuando tratamos de huir de una emoción que el facilitador nos sugiere evocar y nos resulta «antipática»: nos descubriremos procurando zafarnos de cualquier manera.

Una gran parte de nuestros problemas en la vida se basa en la ilusión de que es posible separar y aislar entre sí los opuestos, y en el convencimiento de que así debe de hacerse. Sin embargo, esta idea es un gran error porque todos los opuestos son aspectos de una sola realidad subyacente: no existe uno sin el otro, del mismo modo que una moneda tiene dos caras, inexorablemente. Pretender aislarlos es como intentar separar los dos extremos de una cinta elástica: lo único que conseguiremos es tener que tirar cada vez con más fuerza, desgastarnos en ello, hasta que algo se rompa violentamente.

Todo lo que existe existe junto a su opuesto o complementario, lo necesita, lo define con respecto a ese antagonista: la vida se define con respecto a la muerte, el día con la noche, el amor con la indiferencia, pequeño con grande, hombre con mujer... Cuando las polaridades están equilibradas, el sistema, el que sea, tiene la máxima potencia.

BRIGITTE CHAMPETIER DE RIBES[14]

La virtud está en el justo medio. Para llegar a él, debemos de conocer, aceptar, abrazar ambos extremos primero. Será mientras transitamos de un opuesto al otro, cuando indefectiblemente, en algún momento, rocemos ese lugar central. Cuando no nos resistimos a los opuestos, cuando damos la bienvenida a cada momento, sea como sea, y lo acogemos en el corazón sin reservas, lo que consideramos «negativo» deja de afectarnos y nos instalamos en una postura ecuánime ante la vida.

Si buscamos en la tradición hindú, encontramos, en los reveladores versos de la *Bhagavad Gita*, que transcribimos a continuación, que la liberación no consiste en librarse de lo negativo, sino en librarse totalmente de los pares opuestos. Y esto significa liberarse de la ignorancia, *avidya*, en la que nos mantiene la idea de dualidad. En realidad, no existen dos opuestos, sino aspectos diferentes de Uno. Integración.

Contento con tener lo que por sí solo llega
más allá de los pares, liberado de la envidia,
sin apego al éxito ni al fracaso,
aun cuando actúe, no se encadena.
Hay que reconocer como eternamente libre
a quien no abomina ni anhela;

porque, quien se ha liberado de los pares
fácilmente se libera del conflicto.

En la práctica de los pares opuestos, nos basamos en lo que el filósofo y matemático Alfred North Whitehead* denominó *la existencia vibratoria,* en virtud de la cual podemos pensar que todos los elementos fundamentales son, en esencia, vibratorios o, mejor aún, ondulantes como una ola con su cresta y su seno. Una ola, aunque sea un hecho único, solo se expresa por sus opuestos: la cresta y el seno, el punto más alto y el más bajo, pero ambos son partes de la misma ola. Cresta y seno son elementos opuestos, pero aspectos inseparables de una única realidad subyacente como es la ola.

Abordaremos las sensaciones y emociones como en una ola, deslizándonos de un extremo a otro, desde la cresta al valle, en un movimiento continuo y ondulatorio que recorrerá todo el espectro de la emoción. Aprendemos a navegar en todo el espectro de la ola con la misma ecuanimidad.

El practicante, en esta fase, se sitúa en un punto en el que se deja arrastrar menos por la dualidad de las experiencias cotidianas, trascendiéndolas, lo cual confiere mayor serenidad y armonía. Aprende a gestionar las emociones, en lugar de dejarse dominar por ellas y sus explosiones, o de controlarlas y reprimirlas. Va descubriendo que, igual que en la respiración, entre la inspiración y la espiración, hay una pausa más o menos prolongada, entre estímulo y respuesta, se puede abrir también

* Alfred North Whitehead, matemático y filósofo inglés (1861-1947). Escribió principalmente sobre matemáticas, lógica y física.

un espacio consciente de decisión y optar por la ecuanimidad, por la respuesta no reactiva, en definitiva, por la inteligencia emocional.

En el intervalo que existe entre el estímulo y la respuesta, tenemos libertad y poder para elegir esta. De ella depende nuestro crecimiento y nuestra libertad.

VICTOR FRANKL

O lo que es lo mismo, optar por la vía del córtex y no por la del cerebro límbico que, aunque es más lenta, registra los hechos tal como son, sin carga emocional alguna, lo cual ayuda a evitar que se desencadenen reacciones primarias impulsivas como el miedo y el estrés. La utilización del cerebro límbico es automática; la del córtex es opcional, resulta de una decisión consciente.[42] En este proceso de cambio de actitud, se está determinando, neurológica, funcional y estructuralmente, el propio cerebro.[12] Uno se convierte en escultor consciente de su propio cerebro.

A la luz de lo que expondremos en el capítulo 6 sobre el funcionamiento básico de algunas áreas del cerebro, todo parece indicar que lo que hacemos durante esta fase de Yoga-Nidra es recuperar desde la voluntad –y no debido a un estímulo externo– una emoción: la «extraemos» de la amígdala intencionalmente con toda su respuesta fisiológica, que se traduce en sensaciones físicas concretas en determinados lugares del cuerpo. Sin embargo, al no haber un estímulo ajeno que provoque la emoción, más allá de la propia voluntad, el hipotálamo no percibe una situación amenazante que pueda cotejar con todo el almacén de memorias y recuerdos del hipocampo. Es decir, ¡hemos provocado una emoción sin memoria concreta! La hemos hecho aparecer, desde la intención, «de la nada» y así la hemos disgregado.

¿Que posiblemente en alguna ocasión, durante alguna práctica, al evocar de esta forma una emoción brote espontáneamente un recuerdo? Es posible lo cual siempre es positivo puesto que significa que hemos alumbrado con la mirada consciente, pero limpia de prejuicios, algo que permanecía oculto en la sombra. En cualquier caso, con el hecho de separar emoción (amígdala) y memoria (hipocampo) conseguimos aprender a aliviar nuestros recuerdos del peso de la emoción antigua asociada; a esto es a lo que nos referimos cuando utilizamos el término «desdramatizar». Llevamos a nuestro cerebro a funcionar de un modo innovador, despojado de los viejos patrones de estímulo-respuesta. Dejamos de ser reactivos, aprendiendo a abrir unas micras de separación entre ambos (estímulo-respuesta) que son la separación mínima en la que puedo tomar las riendas de mi libre albedrío y determinar cuál quiero que sea mi respuesta ante una situación concreta. Y todo esto se traduce en calidad de vida, ya que la serenidad es la forma más profunda de calidad de vida.

> *Al sentir una emoción, estás abriendo la puerta de tu subconsciente.*
>
> JOE DISPENZA[24]

Nos adentramos hacia el *subconsciente*, entendiendo por subconsciente toda la mente que queda *por debajo* de la mente consciente: lo que «no vemos»; es decir, en términos de psicología: subconsciente + inconsciente. Y llegamos no solo a estos espacios psíquicos, sino también, a nivel físico, a los tejidos distorsionados por una emoción atrapada.

En este punto, es importante tener en cuenta que el no-consciente no opera con el lenguaje de la lógica (conceptos, razonamientos...), sino por medio de imágenes, emociones, sensaciones, símbolos, visiones... que es lo que nos proponemos observar durante la práctica.

Descripción de la técnica

La activación e intensificación de las sensaciones es una parte integral de la práctica de Yoga-Nidra. Generalmente, comienza en la rotación de consciencia por las diferentes partes del cuerpo y se intensifica en esta fase. Su propósito es ayudar a inducir estados más profundos de relajación y despertar nudos emocionales como método para eliminarlos. Toda tensión emocional se traduce en una contracción muscular y orgánica, lo que altera las funciones fisiológicas naturales. Los conflictos psíquicos se expresan así a través del cuerpo.[6] Tanto al rotar la consciencia por el cuerpo, como al evocar sensaciones o emociones, tenemos la ocasión de reconstruir, como mencionamos con anterioridad, lo que Wilber denomina el «nivel del centauro»;[88] es decir, la fusión del cuerpo de sensaciones con la mente de pensamientos y, a través de ellos, conectar con las propias emociones a «nivel fisiológico».

El ser humano es una casa de huéspedes.
Cada mañana un nuevo recién llegado.
Una alegría, una tristeza, una maldad,
cierta conciencia momentánea llega
como un visitante inesperado.
¡Dales la bienvenida y recíbelos a todos!
Incluso si fueran una muchedumbre de lamentos,
que vacían tu casa con violencia,
aun así, trata a cada huésped con honor,
puede estar creándote el espacio
para un nuevo deleite.
Al pensamiento oscuro, a la vergüenza, a la malicia,
recíbelos en la puerta riendo
e invítalos a entrar.
Sé agradecido con quien quiera que venga
porque cada uno ha sido enviado
como un guía del más allá.

RUMI

El profesor/facilitador elegirá las sensaciones y emociones de acuerdo a las necesidades y características del practicante, lo cual requiere una profunda observación de los participantes y gran intuición. Como facilitador de Yoga-Nidra, es muy importante tener en cuenta que, a partir de esta fase, entramos en un terreno en el que hay que ser especialmente sensible y estar preparado para acompañar y ayudar a gestionar las emociones que puedan surgir. Insistimos, es de gran importancia dejarse guiar por la intuición y la cautela.

«Al explorar pares de opuestos emocionales, surgen espontáneamente en nuestra mente creencias, imágenes e historias completas. Es señal de que hemos entrado al Cuerpo del Intelecto

(*Vijñanamaya-kosa*). Aquí, las creencias, imágenes y memorias que emergen están asociadas al inconsciente personal, colectivo y a fuerzas arquetípicas. Las creencias e imágenes que surgen varían dentro de un amplio espectro que va desde lo positivo a lo más oscuro y negativo».

RICHARD MILLER[49]

En esta fase, se evocan tanto sensaciones físicas como emociones. Sugerimos comenzar por sensaciones más «obvias», como puedan ser las físicas, para pasar después a otras más sutiles, como las emociones. Es decir, si van a utilizarse ambas opciones, recomendamos utilizar primero elementos que lleven a conectar con el aspecto físico y, a continuación, elementos emocionales. En cualquier caso, se trata de observar las diferentes reacciones que se produzcan a nivel físico y «dar la bienvenida al flujo de experiencias con especial consciencia en las sensaciones del cuerpo»,[73] aunque sin desdeñar cualquier reacción mental que pudiera brotar. En su conjunto, todas estas experiencias vividas en sucesivas prácticas tendrán como resultado un profundo autoconocimiento.

Se debe de intentar sentir con claridad las sensaciones físicas asociadas, bien en diferentes partes del cuerpo, bien en una sola en particular. Por ejemplo, se puede evocar la sensación de frío en alguna zona concreta del cuerpo o en todo él, y eliminarla, después, a voluntad, para evocar, a continuación, calor. O se puede intentar recordar un dolor vívido y eliminarlo, evocando placer. Se trata, en definitiva, de recuperar sensaciones del pasado trayéndolas al presente y después lanzarlas fuera de la mente observando cómo también desaparecen del cuerpo. Uno crea a voluntad el frío y después lo elimina; evoca calor y lo elimina, y pasa a sentir pesadez y la deja ir creando la sensación de ligereza hasta que la elimina; se evoca dolor y, a continuación, placer y se eliminan. Este ejercicio puede, fácilmente, liberar tensiones emocionales de la psique que fueron encerradas en la mente subconsciente y tener un efecto transformador.

> *Tenemos miedo de las emociones porque las consideramos rupturas de la razón, y queremos controlarlas.*
>
> HUMBERTO MATURANA[44]
>
> Sin embargo, como afirma Richard Miller:[49]
>
> *Aprendiendo a experimentar el espectro completo de opuestos de sensaciones, emociones, pensamientos y creencias, somos capaces de deconstruir y transcender creencias y experiencias limitantes.*

Ejemplos de sensaciones físicas son: pesadez y ligereza, frío y calor, dolor y placer, molestia y bienestar, pequeñez y grandeza, áspero y suave... Las de pesadez y calor son especialmente útiles para inducir relax físico del cuerpo y como paso preliminar al contacto con estados más profundos.

Ejemplos de emociones son: tristeza-alegría, extroversión-introversión, aburrimiento-ilusión, nerviosismo-serenidad..., o cualquier otra como celos, enfado, miedo, rabia... también pueden despertarse construyendo su sensación física en el cuerpo.

Otros ejemplos de emociones y sus contrarias podrían ser:

Miedo: arrogancia, despotismo, hostilidad, indecisión, soledad, celos.

Coraje: valor, audacia, amor.

Sorpresa: admiración, sobresalto, desconcierto, asombro.
Anticipación.

Aversión: rechazo, asco, repugnancia, repulsión, desprecio, desdén, resentimiento.
Amor: amistad, simpatía, afecto, apertura.

Ira: irritación, cólera, despecho, enfado, rabia, rencor, violencia.
Calma: paciencia, alegría, amabilidad.

Alegría: satisfacción, triunfo, alivio, éxtasis, regocijo.
Tristeza: pena, decaimiento, amargura, desdicha, congoja, desconsuelo, dolor, aflicción.

Amor: compasión, afecto, aprecio, simpatía, estima.
Odio: antipatía, desprecio, desamor, malquerencia.

Vergüenza: apuro, culpabilidad, timidez, inseguridad, remordimiento, bochorno, pudor, sonrojo.
Seguridad: audacia, desvergüenza, espontaneidad.

Siempre está bien disponer de una lista de pares opuestos para ir variando en las sesiones prácticas. Ofrecemos un amplio abanico de posibilidades en la «rueda de las emociones» de Plutchik en el capítulo 6 de este manual.

A esta etapa de Yoga-Nidra, el practicante llega, generalmente, en un estado de gran calma mental. Es posible, así, evocar la emoción sin engordarla a través del continuo chorro de pensamiento automático; por ello, podemos sentirla en el cuerpo, pero no construir con ella una historia mental que la haga desbocarse. El gran beneficio es que podemos aprender a reconocer en el cuerpo el nacimiento de una emoción en su grado más sutil, de manera que, como hábiles observadores, ganamos el dominio sobre ellas.

> «Cuando uno está abierto a sentir cualquier cosa presente, el rechazo y la aversión ya no controlan nuestra vida y se vive en la paz del Ser».
>
> Richard Miller[49]

Como a lo largo de toda una sesión, también en este momento, para quien practica es imprescindible mantener la mirada atenta a lo que sucede, completamente libre de juicio, análisis y valoración. Así, en este proceso, en el que ponemos las emociones a buen recaudo de la consciencia, integramos la vivencia de que es nuestra interpretación mental de los hechos la que los hace «buenos» o «malos», y los hechos simplemente son.

> *Un hombre que está influenciado por las emociones negativas puede tener suficientes buenas intenciones, puede ser veraz en su palabra, pero nunca encontrará la verdad.*
>
> Gandhi[51]

Como facilitadores, a la hora de guiar esta etapa, podemos también tener en cuenta las dimensiones de la emoción y utilizarlas para enriquecer el modo de practicar Yoga-Nidra:

- Neurofisiológica (respuestas involuntarias).
- Expresiva (comunicación no verbal: lenguaje corporal, gestos…).
- Comportamental (lenguaje: codificación-descodificación).
- Cognitiva (procesos del pensamiento, razonamiento lógico).

Esto nos puede ayudar a usar un campo más amplio de observación en el que se incluyan estas dimensiones guiando la atención hacia las sensaciones físicas, los cambios en ellas al evocar la emoción, o a las reacciones mentales en forma de palabras, pensamientos, recuerdos, imágenes…

Algunos maestros, como Swami Satyananda o Richard Miller, proponen como posibilidad interesante usar un único par de sensaciones/emociones y, sin cambiar a otro diferente, volver al elemento inicial. Por ejemplo: evocar incomodidad– comodidad y volver a incomodidad y comodidad varias veces, hasta que pasamos de una polaridad a la otra «sin sobresaltos». Es el modo de recorrer la ola completa de una emoción: cresta y valle y todo el recorrido entre uno y otro.

Brigitte Champetier de Ribes,*[14] aunque refiriéndose a otros contextos ajenos a Yoga-Nidra, propone el siguiente ejercicio que nos parece también muy adecuado.

* Brigitte Champetier de Ribes. Catedrática de Filología Francesa. Licenciada en Psicología Clínica. Psicoterapeuta. Programación Neurolingüística: Master Practitioner, Practitionner of NLP Ericksonian Hipnosis, miembro regular de AESPAT-Análisis Transaccional, terapeuta Gestal, Nueva Medicina Hammer, Enneagrama, Diploma Hellinger Sciencia. Directora del Instituto de Constelaciones Familiares en Madrid. Autora de varios libros.

Tomar lo opuesto en el corazón

¿Quieres experimentar la plenitud, la quietud de la energía?

Cuando estás viviendo una emoción, no te dejes acaparar por ella. Tómala en tu corazón, pon un poco de distancia agradeciéndola y, desde esa distancia, exponte a ella, hasta que venga la emoción opuesta, complementaria. Exponte también a la segunda emoción, sin dejarte acaparar por ella, tómala en tu corazón y siéntela.

Se va a producir una alquimia, una síntesis: tú en el centro de la energía, con plenitud y calma, con ambas emociones unidas y transformadas en una nueva comprensión más amplia, fuente de más fuerza y de más alegría profunda.

Estás realizando una experiencia mística. Esto es vivir el movimiento del espíritu.

La voz de los maestros

«Cuando experimentamos sensaciones opuestas estamos equilibrando la actividad de los hemisferios cerebrales y, con la práctica, podemos trascender el sufrimiento que se origina en el apego y la aversión por la dualidad de las experiencias de la vida».

SWAMI SATYANANDA[78]

«Cuando se comprende que los opuestos son uno, la discordia se disuelve en concordia, las batallas se convierten en danzas y los antiguos enemigos se revelan amantes. Estamos entonces en condiciones de entablar amistad con la totalidad de nuestro universo, en vez de seguir manteniéndolo dividido por la mitad».

KEN WILBER[88]

Importante

Recomendamos siempre experimentar de forma prudente y observar los efectos. En el caso de descubrir signos de agitación en alguno de los participantes al utilizar estos elementos, hay que guiarlo para contemplar la emoción como mera sensación física en el cuerpo, las cualidades de la sensación física: localización, tamaño, forma, intensidad, posibles cambios…, o ir abandonando el elemento que se está utilizando para pasar a otro diferente, o bien pasar a la siguiente fase.

***Cidakasa*: la pantalla mental**

Cuando los cinco sentidos y la mente están en calma, e incluso la razón misma descansa en silencio, entonces comienza el Camino Supremo.
Esta serena estabilidad de los sentidos se llama Yoga.

Katha Upanisad

Entonces, el alma es como una «lamparita» de claridad calmada porque arde en un lugar en el que los vientos no existen.

Bhagavad Gita, 6.19

En la secuencia progresiva de la sesión de Yoga-Nidra, la fase de observación de la pantalla mental se puede usar en dos momentos muy concretos:

- Después de la fase de «los pares opuestos»: una vez trabajada la relajación física, energética y emocional, es cuando el practicante está listo para pasar a otro nivel que consiste en instalarse en el observador interno, en la consciencia testigo que no juzga, ni analiza o interpreta, y desde allí observar su espacio interno: *cidakasa*. La utilización de este elemento en este momento de la práctica es opcional.
- Después de la fase de la «visualización» –que explicaremos en profundidad más adelante– en la que hemos «provocado» al subconsciente lanzándole imágenes con el objetivo de recoger todas las impresiones que surjan en esta fase de los niveles de «infra-consciencia».

Entendemos por *cidakasa* la pantalla mental. El espacio frontal interno donde, simbólicamente, se generan los pensamientos; un espacio psíquico, un espacio de consciencia sin límites. Anatómicamente, corresponde al lóbulo frontal del cerebro, justo detrás de la frente. El centro creativo. La sede de la consciencia que nos permite observar y evaluar qué estamos haciendo y cómo nos sentimos. También las intenciones se originan en esta área cerebral.

Según la bella definición de Marc-Alain Descamps, «la consciencia es la luz natural del espíritu, o el conocimiento que el espíritu tiene de sí mismo y de su funcionamiento»[21] Consciencia es darse cuenta.

Swami Niranjanananda Saraswati,[76] discípulo de Swami Satyananda, se refiere a *cidakasa* como: «Ese espacio cálido, oscuro, amistosamente oscuro».

Y añade:

> «Si se manifiestan fenómenos sutiles, por ejemplo, colores que emergen, formas, luces y movimiento... sencillamente obsérvalos, toma nota de ellos y continúa en tu consciencia. Deja que vengan y vayan; pero sigue observando el espacio oscuro, cálido, amistoso de *cidakasa*. Sigue observando este espacio sintiendo y experimentando armonía, relajación y paz».

En esta etapa, con la observación atenta y desapegada de lo que surja en ese espacio, podemos tener acceso a planos de consciencia más sutiles. Esta fase supone la conexión con nuestro centro, con el nivel profundo de la existencia.

En el libro en el que Joe Dispenza plasma su estudio sobre el placebo,[46] explica lo siguiente, que es similar a lo que sucede en Yoga-Nidra o en otras técnicas de meditación y que puede traducirse en términos sánscritos, como iremos haciendo sobre su propio texto añadiendo estos términos entre corchetes:

> «El lóbulo frontal se convierte en tu aliado al bajar el volumen del mundo exterior [*pratyahara*] para que no te distraigas tanto con la información que reciben tus cinco sentidos. Los escáneres cerebrales revelan que, en un estado de gran concentración [*dhyana, dharana*], la percepción del tiempo y el espacio disminuye. Ocurre porque tu lóbulo frontal reduce la información procedente de los centros sensoriales [*jñana-indriya*], de los centros motores [*karma-indriya*] y de los centros de asociación donde residen los pensamientos [*manas*], y también la de los circuitos del lóbulo parietal (donde procesas el tiempo). [...] El lóbulo frontal te ayuda

a desconectarte del cuerpo, el entorno y el tiempo [*pratyahara*], los tres elementos principales en los que te centras cuando vives en el estado de supervivencia. Te ayuda a ir más allá de ti para entrar en un estado de pura consciencia en el que no existe el ego».

Si acallamos los niveles mencionados y nos concentramos en una intención (*sankalpa*), el lóbulo frontal, además, comienza a «seleccionar redes de neuronas para crear un nuevo estado mental [...] silenciando tu antiguo *hardware* neurológico [la función de poda de la neuroplasticidad cerebral],* seleccionando nuevas redes neuronales de diferentes partes del cerebro y conectándolas para crear un nuevo nivel mental que refleje lo que has estado imaginando», afirma él mismo.

Con esas palabras, se describe perfectamente el proceso de recogida de todos los sentidos y la mente que suceden, por ejemplo, durante la práctica de Yoga-Nidra. En la imagen inferior pueden observarse las áreas cerebrales que se van inhibiendo.

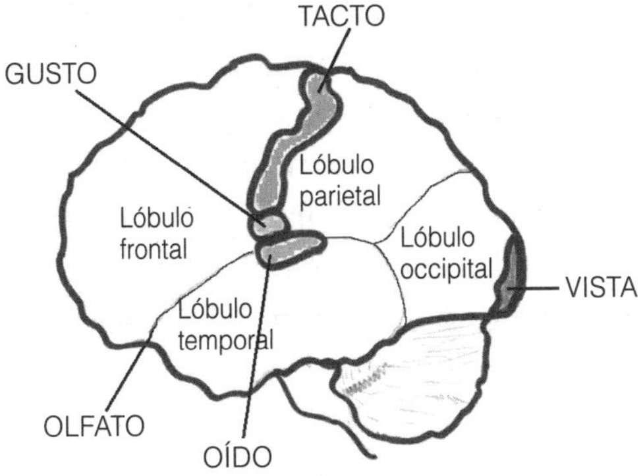

Sentidos en la corteza cerebral humana

* Sobre neuroplasticidad, véase el capítulo 6.

Al llegar a esta fase, el facilitador invitará al practicante a observar lo que aparezca en su pantalla mental, en ese espacio en que surgen los pensamientos, imágenes, recuerdos, juicios, opiniones... o nada. Se trata de observar los propios procesos mentales sin esperar nada, con desapego, sin identificarse con ellos.

Es importante mencionar la actitud de desapego y aceptación en que se debe de permanecer. Observar sin juzgar y sin implicarse con lo que allí aparezca. Igual que durante todo el resto de la práctica, es de gran importancia que el practicante se sitúe en su propio testigo interior, desidentificándose de lo que pueda surgir, como si se estuviera viendo una película. Es muy importante desarrollar esta capacidad para poder ver la realidad tal cual es, dejando caer el velo de nuestras propias creencias y condicionamientos que provoca continuos espejismos. De esta forma, desarrollando esta nueva mirada, dejamos de estar a merced de las fluctuaciones de nuestra mente y emociones.

Con la práctica de Yoga-Nidra, iniciamos un proceso de desidentificación y desapego respecto a las propias vivencias, desarrollando la capacidad de instalarnos en una postura ecuánime ante la vida. La disociación de la emoción y el recuerdo ayuda a desdramatizar las experiencias pasadas, les resta la fuerza con la que nos condicionan. El recuerdo permanece, pero su emoción asociada no nos domina. En este momento de la práctica, sujetos a esa actitud observante y silenciosa, podemos conseguirlo.

> «Las experiencias de nuestra vida que mejor recordamos son las que estuvieron asociadas con emociones. En este caso necesitamos dotar a nuestro nuevo yo [al nuevo yo que surge del *sankalpa*]

de emoción para que el campo cuántico lo memorice y consolide. En cambio, nuestros recuerdos indeseables deben ser desprovistos de su emoción. No podemos eliminar dichos recuerdos, pero sí desproveerlos de emoción, por medio de no recrearlos. Así se transforman en la sabiduría que será la base, el cimiento para construir ideas mayores».

JOE DISPENZA[23]

Si nos entrenamos en la capacidad de instalarnos en la consciencia testigo durante la práctica de Yoga-Nidra, nos será más fácil integrarla en lo cotidiano de modo que el nuevo registro de recuerdos que hagamos en un futuro sea saludable.

«Tus pensamientos son gente. No son meros pensamientos; son gente dentro de ti. Eres un mundo en ti mismo. Eres un universo y todos tus pensamientos son gente. Igual que las personas nacen y mueren, también los pensamientos nacen y mueren. Hay pensamientos que crean grandes surcos o huellas en tu mente; estos pensamientos se llaman *samskara*».

SWAMI RAMA DE LOS HIMALAYAS[77]

Los *samskara*

La meditación no es una fiesta infantil repleta de dulces. [...] A la fiesta de la meditación asisten todos los invitados: los que nos caen bien y los que, ¡ay!, no quisiéramos tener junto a nuestro plato.

JULIÁN PERAGÓN[61]

En esta fase, si es que en alguna otra no lo hacemos, estamos ya conectando con nuestra mente no consciente. En Yoga-Nidra y en meditación en general, es posible que aparezcan imágenes, sensaciones, emociones, latencias, residuos o impregnaciones del pasado almacenadas en esta área de la mente y de cuya existencia no éramos conscientes. Es lo que en yoga se designa como *samskara* (denominados *bhakshas* en el budismo tibetano)[52] y que G. Feuerstein, citado por Vicente Merlo,[46] define como «activadores subliminales». Contenidos inconscientes profundos.

> «Estás cara a cara contigo mismo y tus patrones de pensamiento surgen. Los has almacenado en el inconsciente y, cuando relajas la mente consciente, surgen».
>
> SWAMI RAMA[77]

Paco Blanc, en su introducción a Yoga-Nidra,[4] comenta lo siguiente acerca de los *samskara*:

> «Podría suceder, tanto en la técnica de evocación de sensaciones opuestas como en la técnica de visualización, que se produjera alguna fuerte reacción emocional por el afloramiento de *samskara* (impresiones mentales almacenadas en el inconsciente) en forma de traumas, recuerdos dolorosos, complejos, o cualquier aspecto negativo del pasado sin resolver. La manifestación de todos estos contenidos mentales nos permite resolverlos y purificarlos, ya que se encuentran en estado latente en las capas profundas de la mente. Para ello, hay que observarlos con "consciencia de testigo", sin juzgar ni analizar intelectualmente, sin identificación personal, aceptando que todo forma parte de nues-

> tra evolución, de nuestro proceso. Entonces, dejamos de reprimir o apegarnos a los recuerdos, sentimientos y sensaciones que vienen dados por la dualidad de las experiencias de la vida (sufrimiento-ozo) y nos situamos en la posición adecuada para resolverlos».

Jung designó como «la sombra» aquellos aspectos de nuestra persona que nos resultan desconocidos o poco aceptados en nosotros mismos. Todo este contenido permanece inconsciente, fuera del alcance de la luz de la consciencia, y son estas impresiones mentales, *samskara,* las que se manifiestan tanto en los sueños, en el mundo onírico, como durante prácticas meditativas como es Yoga-Nidra. Si tenemos la valentía de permitir que nuestra consciencia ponga luz a aquellas sombras, estas perderán su fuerza, se irán disolviendo. Exactamente igual que, cuando queremos que deje de haber sombra en una sala, encendemos una luz, durante Yoga-Nidra o cualquier otra técnica de meditación, el hecho de pasar a la consciencia un objeto oscuro hace que la sombra se difumine. El objeto permanece, pero conseguimos alejar la sombra que lo oscurecía y nos condicionaba y limitaba.

En la tradición yóguica, se utiliza el término *samskara* para referirse a las impresiones mentales que vamos almacenando a lo largo de la vida en *citta*, nuestro subconsciente, que, según esta concepción, procede también de experiencias de las vidas pasadas. Cada ser humano nace con cierta cantidad de *samskara* almacenados en *citta*, fruto de su karma pasado. A lo largo de la vida, de cada vida, los que vamos adquiriendo como fruto de esta experiencia se van acumulando para los karma futuros.

A las «cadenas» de *samskara*, en algunos textos, se les denomina *vasana*, que se definen como «tendencias» generadas por la repetición de un mismo tipo de acción.

Cuida tus pensamientos porque se convertirán en tus palabras.
Cuida tus palabras porque se convertirán en tus actos.
Cuida tus actos porque se convertirán en tus hábitos.
Cuida tus hábitos porque se convertirán en tu destino.

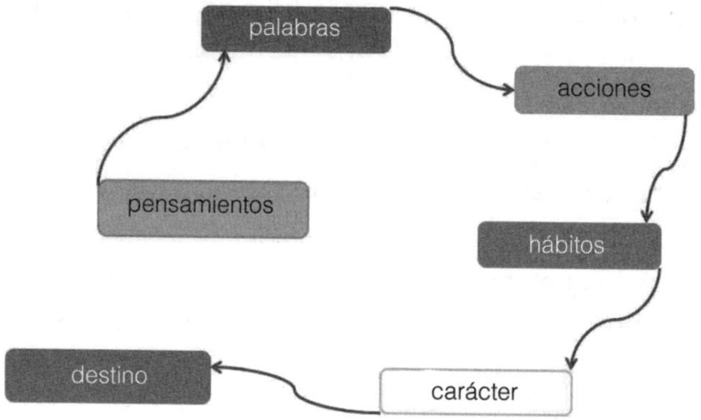

Aunque también se llaman *vasana* los *samskara* que quedan impresos en el cuerpo causal (álmico) y no en el sutil. (Véase anexo 5)

Según la psicología Vedanta, cuando uno muere, los *vasana*, impresos en el alma, transmigran de encarnación en encarnación. Al encarnar nuevamente, se manifiestan condicionando pensamientos, palabras, acciones.

Los *samskara* pueden tener cualidades «positivas» o «negativas»: las impresiones mentales se van almacenando al mismo ritmo que las experiencias vitales se van sucediendo; así, cada mínimo detalle de todas nuestras experiencias a lo largo de toda nuestra vida es guardado en este «depósito»[2] que imaginamos como una enorme buhardilla oscura en casa de la abuela en la que se apilan torres de viejos cacharros olvidados por todos, quizás durante varias generaciones, cubiertos con sábanas para que el tiempo no los desluzca y esperando el momento de volver a salir a la luz. ¿Qué hacemos para que esa sombra desaparezca sobre uno de los objetos? Apuntar hacia ella con un foco de luz y permitir que el velo que lo cubre caiga. La respuesta parece obvia. Lo mismo sucede con las impresiones latentes en los espacios no conscientes de la mente: el foco de luz, en este caso, será nuestra propia consciencia. Si permanecemos atentos a todo lo que surja, silenciosos, sin ánimo de juicio o valoración, allá donde ilumine el foco de nuestra consciencia, la sombra perderá fuerza y acabará por diluirse. Solo necesitamos permitírselo.

> «A medida que se practica, es posible tener toda clase de experiencias, tanto buenas como malas. Se pueden experimentar estados de dicha, de claridad o de ausencia de pensamientos. Las experiencias negativas suelen ser las que más despistan, porque normalmente las interpretamos como una mala señal. Sin embargo, lo cierto es que las experiencias negativas que se presentan en nuestra práctica son una bendición disfrazada. Purificación de *samskara*. En este caso, intente no reaccionar a ellas con aversión, como quizá sería lo normal, y procure reconocerlas como lo que realmente son, nada más que experiencias, ilusorias y de la misma naturaleza que un sueño.

»Dice la tradición que, para un auténtico practicante, no son las experiencias negativas, sino las positivas, las que representan un obstáculo. Cuando las cosas van bien, hay que tener especial cuidado y estar muy atento para no volverse complaciente o excesivamente confiado. Lo que hemos de aprender, tanto en la meditación como en la vida, es a estar libres de apego a las experiencias buenas y libres de aversión hacia las negativas».

Sogyal Rimpoché[71]

«Uno puede liberarse de los *samskara*. [...] Cuando se crean nuevos surcos, la mente deja de fluir por los antiguos y comienza a circular por los surcos nuevos que uno crea conscientemente. Estos nuevos surcos te dirigen al silencio. De este silencio surge la sabiduría, esa fuente de vida y luz que fluye con toda su majestad».

Swami Rama[77]

Es importante que el facilitador de Yoga-Nidra sepa gestionar cualquier consulta que pueda inquietar a un practicante acerca de los *samskara*. Ante todo, debe evitar interpretar y juzgar esas impresiones del practicante. Su papel es hacerle entender que es una experiencia absolutamente normal. Que esas impresiones, positivas o negativas, forman parte de sus experiencias pasadas, su bagaje, y debe aceptarlas y trabajarlas desde la mente consciente, para que pierdan paulatinamente su carga y su fuerza. Debe dejar que se «disuelvan». De esta forma, las integraremos, normalmente, en nuestra historia personal.

> *Hasta que lo inconsciente no se haga consciente, el subconsciente seguirá dirigiendo tu vida y tú le llamarás destino. Lo que niegas te somete, lo que aceptas te transforma.*
>
> CARL JUNG

En definitiva, se trata de un proceso de purificación de los niveles no conscientes de la mente. Cuando se ha producido esta purificación, el estado de consciencia podrá profundizarse y acceder a niveles de Yoga-Nidra más profundos.

Son interesantes los consejos de Paco Blanc[4] para la gestión de los *samskara*:

> «Si en la práctica se produjera una fuerte reacción psicosomática, en la que sientes que pierdes el control, una manera de conseguir restablecer la calma es observar lo que está sucediendo desde afuera, ser consciente de que estás reviviendo la situación, no la estás viviendo, y puede servir como ayuda intentar percibir el máximo número de sensaciones físicas que sea posible, como sentir el peso del cuerpo, el contacto del cuerpo con el suelo, percibir el sonido de la respiración, los sonidos que llegan del exterior, etc., aunque tengas que tomar la decisión de suspender temporalmente la práctica. En otro momento de mayor estabilidad interior puedes volver a retomarla».

Cómo gestionar los *samskara*:

- Observarlos desde el consciente.
- Mantener la mirada del testigo interior: sin juzgar y sin juzgarse.

- Con actitud de aceptación y perdón, entendiendo perdón como el acto de dejar atrás el peso del dolor pretérito.
- Desdramatizándolos: el pasado ya no es realidad, no existe. Solo existe su recuerdo, al que podemos restar carga emocional y, con ello, fuerza.

Hemos de ser lo suficientemente honestos, con nosotros mismos y con quienes participan en nuestras sesiones, como para reconocer hasta dónde disponemos de herramientas y trabajamos dentro de nuestro campo, y desde dónde una situación concreta puede sobrepasar nuestra formación a la hora de asistir a alguien. Si sucediera que la «sombra» que aparece es de una envergadura tal que necesita acompañamiento terapéutico, deberemos de aconsejarlo así a la persona. Siempre con sensibilidad y sutileza, sin asustarla, pero sí animándola a hacerlo para aliviar el peso de un posible recuerdo traumático. Por eso apelamos a la continua observancia de *yama* y *niyama*, la base firme y necesaria del yoga.

Visualización

En este punto de la práctica de Yoga-Nidra, vamos a seguir profundizando en el diálogo con la mente no-consciente.

La imagen tiene un poder considerable que no tiene el pensamiento. No en vano reza el refrán «Una imagen vale más que mil palabras».

«Nuestra mente profunda funciona con imágenes. [...] El símbolo es capaz de lanzar sondas a las capas más profundas de lo que somos. Los símbolos evocan. Un símbolo es un atajo para la memoria, la personal y, también, la colectiva».

JULIÁN PERAGÓN[61]

«Los símbolos y las metáforas son el lenguaje de la mente subconsciente. [...] Si la mente consciente puede no recordar las cosas muy bien, el subconsciente recuerda todo lo que te ha ocurrido alguna vez».

BRADLEY NELSON[51]

Freud definió el subconsciente, incluyendo la mente inconsciente, como almacén de miedos reprimidos y emociones no resueltas que deseábamos olvidar. Para Jung, en cambio, el inconsciente también alberga infinitas posibilidades que tienen que ver con la comprensión profunda, la intuición y la inspiración creativa. Jung emitió la hipótesis de la existencia de una memoria cultural profunda y global accesible por medio de sueños intensos, a la que llamó «inconsciente colectivo».[52]

El doctor David Hawkins* en *El Poder frente a la Fuerza*,[34] lo expresa así:

«La mente humana individual es como un terminal informático conectado a una base de datos gigante. La base de datos es la

* David R. Hawkins (1927-2012) doctor en Medicina y Filosofía. Fue director del Instituto para la Investigación Espiritual y fundador del Camino de la Devoción a la No-Dualidad. Está reconocido como investigador pionero en el campo de la consciencia y también como escritor, conferenciante, clínico, psiquiatra y científico.

misma consciencia humana de la cual nuestra propia consciencia es una mera expresión individual, pero con sus raíces en la consciencia común a toda la humanidad.

»Esta base de datos es el reino de la genialidad. Puesto que ser humano es participar en la base de datos, todos en virtud de su nacimiento tienen acceso a la genialidad. En la actualidad se ha demostrado que la información ilimitada contenida en la base de datos está preparada y disponible para cualquiera en unos segundos, en cualquier momento y en cualquier lugar».

Como ya hemos mencionado, el lenguaje del subconsciente se relaciona con aspectos más sutiles que la palabra, como pueden ser los colores, los olores, los sonidos y, sobre todo, las imágenes, los símbolos. Nuestro subconsciente se ha ido construyendo de todas estas sensaciones y las almacena, preferentemente, en forma de imágenes. Por ello, si queremos dialogar con él, deberemos usar un código lingüístico que entienda; esto es la visualización. Visualizar es pensar en imágenes y sensaciones, en lugar de en palabras.

Jeanne Achterberg* define la visualización como un proceso mental que invoca y usa los sentidos. En la visualización, se pueden ver implicados todos los sentidos: vista, oído, olfato, gusto, tacto; pero, y esto es lo novedoso, en ausencia de estímulos externos. En Yoga-Nidra, todos nuestros sentidos están recogidos excepto el oído, que permanece como un canal li-

* Jeanne Achterberg, psicóloga norteamericana conocida por su investigación de la aplicación terapéutica de la imaginería guiada y la visualización creativa. Autora de, entre otros, *Imagery in healing: Shamanism and modern medicine*.

geramente abierto para poder atender las pautas del guía; sin embargo, pueden evocarse o producirse espontáneamente sensaciones asociadas a los cinco sentidos sin estímulos externos, más allá de las instrucciones recibidas. Visualizar, pese a lo que pueda parecer, implica a los cinco sentidos, no exclusivamente la vista. No se trata tan solo de hacer un «retrato fotográfico» de la imagen o escenario propuesto, sino que podemos hacer que intervengan otros sentidos. Una imagen puede ser evocada con cualquiera de sus características sensoriales.

Visualizar es reconstruir mentalmente sin esfuerzo algo que no vemos; o, más correctamente, permitir que se construya.

La visualización se asocia con la función creativa del pensamiento y se desarrolla en el hemisferio derecho del cerebro que se encarga de las funciones no racionales del pensamiento, como veremos en el capítulo 6: el pensamiento creativo, la fantasía, la metáfora, las imágenes mentales, los sueños, las analogías, la intuición, la emoción y el estrés. Este hemisferio es más accesible durante lo que se denominan *estados alterados de consciencia:* aquellos en que el funcionamiento del cerebro está más alejado del patrón ordinario experimentado habitualmente (la mente racional propia del hemisferio izquierdo o, según el electroencefalograma, el rango de ondas beta).

Está demostrado que hay una relación directa entre el hemisferio derecho del cerebro y el sistema nervioso autónomo, y que las imágenes positivas hacen disminuir la tensión muscular y las negativas hacen que aumente. Esto hace pensar que cualquier método que afecte positivamente al hemisferio derecho del cerebro puede ser útil para aliviar el estrés y facilitar la relajación.

Se alcanzan estados alterados de consciencia en los sueños, en estados inducidos por sustancias psicotrópicas, en la hipnosis, en las ensoñaciones, en la meditación, en la relajación profunda, en las visualizaciones guiadas. Precisamente, Yoga-Nidra aprovecha estas tres últimas herramientas para situar al practicante en ese estado en que el subconsciente es más accesible.

Las visualizaciones mentales son una parte importante de la práctica de Yoga-Nidra. Su propósito es estimular los niveles subconscientes e inconscientes de la mente. Esto ayuda a evaporar sentimientos y memorias suprimidas y, de ese modo, limpiar la mente de tensiones.

En un nivel más profundo, el uso específico de símbolos puede inducir la percepción de capas inconscientes de la mente, esos aspectos del ser que están, generalmente, escondidos y nos son desconocidos. Las visualizaciones internas ayudan a despertar el potencial interno y desarrollar conocimiento.

SWAMI SATYANANDA[78]

Las visualizaciones pueden usarse con varios fines:

- Para alcanzar un estado de relajación profunda.
- Para ayudar en el desarrollo personal y el cambio psicológico.
- En el tratamiento de fobias y adicciones.
- Como coadyuvante en el tratamiento de algunas enfermedades de origen psicosomático y terapia del dolor, como explica el doctor Epstein* en su libro sobre visualización curativa.[26]

* Gerald Epstein, doctor en medicina, profesor adjunto de psiquiatría clínica en el Mount Sinai Medical Center de Nueva York.

Las visualizaciones pueden ser:

- De recuerdos (hechos pasados).
- Creativas.

Las visualizaciones positivas...[12]

- Reafirman los circuitos que las sustentan.
- Nos benefician con una «ducha química» favorable.
- Programan y potencian una habilidad positiva de nuestra mente.

Con esta técnica, tratamos de inducir el sueño onírico con dos diferencias principales respecto a los sueños ordinarios:

- Los sueños en Yoga-Nidra son controlados, seleccionados y guiados; mientras que los ordinarios son completamente aleatorios.
- Los sueños en Yoga-Nidra, si quien practica consigue mantener el estado de vigilia, se experimentan conscientemente; sin embargo, la mayor parte de los sueños que surgen mientras dormimos son inconscientes.

Los sueños conscientes se inducen por visualización de acuerdo con las instrucciones del profesor, que debe elegir los símbolos muy cuidadosamente con la intención de eliminar las tensiones de la mente del practicante provocadas por viejas memorias. En algunos casos, esta evocación de símbolos puede producir cierta molestia emocional inicial. Una vez este *shock* inicial se ha experimentado con apertura como mero espectador, la tensión se agota y se genera mayor armonía mental.

En ocasiones, el símbolo que causa la liberación de una tensión reprimida en una persona puede parecer insignificante para otra. Por supuesto, la vivencia está estrechamente relacionada con la experiencia vital de cada cual, y el escenario que para uno puede resultar idílico, para otro puede desenterrar viejas heridas ocultadas en capas muy profundas de la mente como mecanismo de protección. Por eso nuestra insistencia en la importancia de ser precavidos, ya que, generalmente, desconoceremos el recorrido vital de los practicantes y, en consecuencia, el impacto que una imagen pueda tener sobre una persona concreta. Intuición, precaución, atención amable a los participantes que confían en nuestro buen hacer.

En la práctica de Yoga-Nidra, el trabajo con la visualización es de suma importancia. Se pueden utilizar diversas maneras.

1. Uso de imágenes sueltas, aleatorias, imágenes *cebo* que ayudan a pescar en el subconsciente

Consiste en favorecer una asociación abstracta entre la visualización guiada y las experiencias asociadas con esas imágenes y reprimidas del subconsciente. La práctica de la visualización trae deseos reprimidos, experiencias, conflictos y frustraciones inconscientes al nivel consciente, y después anula la identificación personal con esas experiencias.[76]

Como afirma Antonio Blay,[7] en cada acto y estado de consciencia visto desde dentro pueden diferenciarse tres elementos que describiremos brevemente a continuación. Estos elementos pueden descubrirse también en un acto de visualización.

- Un aspecto *formal* que corresponde a la representación concreta del objeto externo y que, en realidad, es la idea o la imagen que tenemos del objeto.
- Una resonancia *subjetiva* que es lo que, vulgarmente, conocemos como emoción y estado de ánimo.
- Un aspecto *energético*, que se manifiesta a través de cierta sensación que podemos llegar a localizar en alguna parte concreta del cuerpo.

Por ejemplo, si pienso en un gato, el primer elemento, el formal, es la imagen del gato que viene a mi mente; el segundo, lo que yo siento respecto al gato: simpatía, repugnancia, temor...; el tercero, lo que el evocar esa imagen y sentir esa emoción activa en mí como sensación física en un área del cuerpo, por ejemplo, en el vientre.

Con la visualización, la percepción de estos tres elementos se sublima durante la práctica de Yoga-Nidra.

La visualización tiende a poner a las personas en contacto con las partes más profundas de sí mismas. Las técnicas de visualización permiten destapar los contenidos almacenados en el inconsciente, samskara. *La clave y principal meta de la visualización es purificar la mente de contenidos negativos. Es muy importante que el practicante esté instalado en la conciencia testigo sin ninguna implicación. Debe evitar intelectualizar las imágenes.*

SHAKTI GAWAIN[32]

Las imágenes funcionan como un anzuelo que saca a la superficie los recuerdos oprimidos o enterrados para que estos puedan ser neutralizados por la claridad de la consciencia.[67] La propuesta contribuye a modificar las conexiones entre las neuronas y potencia la creatividad.[21]

Los recuerdos asociativos estimulan funciones fisiológicas subconscientes y automáticas; es decir, a través de las imágenes propuestas pueden despertarse emociones que surgen de los espacios profundos del cerebro y estas generan sensaciones físicas. Nos vamos familiarizando con lo que emerge de nuestros lugares invisibles.

Cuando guiemos una sesión, intentaremos buscar siempre imágenes que todos los participantes conozcan; de lo contrario, se produciría cierto sobresalto intelectual y se despertarían niveles de la mente que ya hemos llevado a un estado silencioso. El ritmo a la hora de ir nombrándolas debería de ser lo suficientemente pausado como para que dé tiempo a quien visualiza a recibir su propia imagen mental del objeto mencionado, pero no tanto como para que se despiste o se duerma.

Hay imágenes que, por su poder de despertar emociones muy intensas, dependiendo de los participantes, se han de evitar o se han de manejar con cautela, a no ser que se quiera usar Yoga-Nidra como herramienta de «terapia», siempre que se posea la maestría necesaria y el grupo de participantes o el participante adecuado. En estos casos, hay que ser muy prudentes y estar perfectamente preparados para hacer un acompañamiento por si surgieran emociones incontroladas.

2. Uso de imágenes que recreen un escenario o una historia con cierta continuidad

También podemos utilizar imágenes que puedan tener un sentido determinado. Por ejemplo, que nos lleven a una época determinada de la vida, un viaje, un recorrido... En los escenarios, es interesante introducir elementos, como un camino u otro de este estilo, que sirvan de hilo conductor, lo que provoca la sensación de proceso y ayuda a orientarse en la escena.

Ya hemos aclarado que visualizar no solo implica imágenes, se pueden trabajar también los órganos sensoriales llevando al practicante a visualizar escenarios en los que percibir aromas, sonidos o contactos sobre la piel: el sonido del viento entre los árboles, pan recién horneado, el tráfico de la calle, una bañera llena de agua cálida, pisar barro con los pies descalzos, olor a cacao caliente; una forma geométrica: un cuadrado, un triángulo, un círculo... Son elementos que pueden dar una idea aproximada de lo evocadora que puede ser una imagen sin que haya un exceso de descripción por parte del facilitador.

Se trabaja por sustitución. Se procura llenar el subconsciente de tantas imágenes y sensaciones positivas que desplacen a otras grabadas en él de carácter negativo.

> *La visualización de imágenes agradables puede desencadenar la liberación de endorfinas y crear un efecto analgésico.*
>
> McCance Heather, Payne Rosemary A.[45]

Hay infinitas variaciones. En esta fase, el facilitador puede dar rienda suelta a todo su potencial creativo. Única regla de oro: mantener siempre presentes la prudencia y la profunda sensibilidad hacia los efectos que pueden causar las imágenes propuestas.

Para que la visualización sea efectiva, es muy importante que el practicante esté instalado en la consciencia testigo sin ninguna implicación activa. Debe evitar intelectualizar las imágenes, porque eso implicaría una interpretación y, por consiguiente, una vuelta a la mente racional. Si somos capaces de observar las imágenes de forma objetiva, el ego como identificación pasará a un segundo plano.

Algunas personas pueden creer que no saben visualizar; sin embargo, todos nosotros tenemos esta habilidad, de hecho, lo hacemos cada noche cuando soñamos. Los sueños son expresiones pictóricas de la mente subconsciente y, a veces, de la mente inconsciente. Toman forma de símbolos e historias y todos ellos tienen significado. Muchos de ellos surgen, simplemente, para liberar tensiones y conflictos internos reprimidos; otros pueden tener un significado universal y simbolizar una verdad existencial.

Reglas para la visualización

Es recomendable buscar imágenes conocidas por todos los asistentes. El objeto de visualización debe de ser nombrado claramente por el facilitador. «Decir mucho» con las mínimas palabras. Tengamos en cuenta que la palabra está asociada al hemisferio izquierdo y la mente racional que es, precisamente, de donde queremos huir durante la práctica. Procurar no dar mucho más que detalles generales del objeto o del escenario para que la mente del participante pueda completarlo con sus propios recuerdos e imágenes.

Trabajar evocando varios sentidos, no solo la vista.

Utilizar cierto lirismo contribuye a sintonizar con el lenguaje del alma.

El profesor debería seleccionar todos los símbolos con cuidado, incluso los aparentemente inocuos. Con algunas personas, uno debería evitar escrupulosamente descripciones de objetos espantosos como arañas, serpientes, agua profunda y demás. Estos símbolos también tienen su lugar en Yoga-Nidra, pero solo deben utilizarse cuando el practicante está preparado. La habilidad en la elección de símbolos solo se consigue con la activación gradual de las facultades de la intuición y la sensibilidad.

Como hemos mencionado, algunas personas pueden encontrar que la visualización les resulta difícil. Las hay más «visuales» que enseguida verán plasmada la propuesta en su pantalla mental a modo de fotografía y otras más sensitivas que, en lugar de «verla», la sentirán. En cualquier caso, todos tenemos la capacidad de soñar. Vale la pena recordarlo.

Cómo salir de un Yoga-Nidra

Desde el comienzo de la práctica, es importante recordar a los participantes que tienen plena libertad para salir del ejercicio en cualquier momento, según sus necesidades (cansancio, aburrimiento, inquietud...), aunque hay que invitarlos a hacerlo siempre con plena consciencia de la decisión tomada. Es decir, salir a voluntad, no de forma mecánica, dejando de seguir las instrucciones, permaneciendo acostado, si es eso lo que se decide hacer, y hacerlo con el suficiente cuidado para no molestar al resto de participantes.

La salida de Yoga-Nidra es una fase más de la práctica, en la que, después de hacer el viaje de la introversión, regresamos gradualmente a la extroversión. La salida es el viaje de regreso.

Antes de devolver a los practicantes de nuevo a la percepción de los sentidos y a la extroversión, algunos maestros plantean una última fase de reflexión, una reflexión meditativa. Al final del Yoga-Nidra, la mente está muy receptiva y concentrada. Es buen momento para aprovechar el estado de claridad y calma mental, elegir un tema para la autoinvestigación, como en la vía del *jñana-yoga,* y plantearse alguna reflexión o pregunta del tipo *¿Quién soy yo?* Una pregunta que se lanza justo en el momento en que la mente racional está vulnerable, con la guardia bajada y uno está en contacto íntimo con la consciencia pura. Una pregunta que, en ese estado, funciona a modo de *koan*. Por ejemplo:

«Soy consciente de mi cuerpo. Soy también consciente de mis pensamientos. Tengo consciencia de si cruza a través de mí alguna emoción o llega alguna imagen. Puedo observarlos sin juzgarlos... ¿Quién es quien observa todo esto? ¿Quién soy yo?».

También la lectura de algún breve fragmento, por ejemplo, de las *Upanisad*, es muy valiosa.

La salida final de Yoga-Nidra es decisiva y hay que guiarla con cuidado y atención para evitar sobresaltos y tensiones innecesarias que den al traste con los beneficios obtenidos; no en vano los practicantes están en un estado de relajación profunda al que han accedido de forma gradual. Se procurará que también la salida sea lo más progresiva posible.

El profesor siempre debe de dar las instrucciones pertinentes para la salida de la práctica. No dejar nunca a los participantes solos; no debemos olvidar que nuestra voz será su guía para el regreso y que, sin ella, pueden encontrarse perdidos e inquietos.

No terminar la práctica de forma repentina o brusca, ni permitir que se levanten o empiecen a hablar con el vecino. El proceso debe de ser cuidadoso, de forma que la mente se ajuste completamente al entorno externo.

Una vez acabadas las fases del Yoga-Nidra, el instructor debería de dar un aviso definitivo de que la práctica ha terminado: «el Yoga-Nidra ha terminado». Esto habría que hacerlo antes de que el practicante comience a mover el cuerpo o abra los ojos.

Deberán mantenerse los ojos cerrados, después de escuchar la frase final, hasta que se dé la pauta contraria.

Hacer que los participantes tomen consciencia de los sonidos externos, vayan percibiendo la sensación de peso, el contacto con el suelo, su entorno, el espacio que los rodea... En definitiva, que vuelvan a tomar contacto con sus cinco sentidos y con la información que captan a través de ellos del entorno que los rodea. Permitir que el mundo externo se les vaya acercando paulatinamente. Invitarles a llevar la atención a su respiración e ir activándola, poco a poco, haciendo inspiraciones un poco más amplias y espiraciones más profundas y breves, dejando que participen tórax y abdomen. De esta forma, el participante vuelve a tomar consciencia de su cuerpo físico y de las sensaciones que emanan de él, y la respiración más activa y deliberada ayudará a ir regresando al pleno estado de vigilia.

A continuación, hacerles mover lentamente los dedos de las manos y de los pies, y que este movimiento se transmita progresivamente a muñecas y tobillos, brazos, piernas, cabeza, tronco, mandíbula.... Poco a poco, les invitamos a hacer algún estiramiento y cualquier otro movimiento suave que el cuerpo les pida. Los bostezos siempre son bienvenidos, igual que lo son los suspiros.

Finalmente, les sugerimos que parpadeen varias veces y vayan abriendo lentamente los ojos para percibir la luz de la sala, el espacio que los rodea... Les pedimos que pasen a la posición fetal, sobre un costado; los dejamos ir regresando también mentalmente mientras están en esta postura, y, al final, les animamos a ir incorporándose despacio, con movimientos lentos y naturales hasta la postura sedente.

La afirmación final «el Yoga-Nidra ha terminado» y la toma de consciencia gradual del entorno son una medida de seguridad para prevenir que las personas confundan la percepción interna y externa.

Marc-Alain Descamps[21] propone comenzar el Yoga-Nidra con una visualización previa, después de la relajación física y antes de la repetición del primer *sankalpa,* que utiliza también para terminar la sesión antes de comenzar con los movimientos físicos.

La visualización inicial consiste en, una vez tumbados e instalados en la postura, para marcar la transición, se construye mentalmente la imagen de un arcoíris. Se visualiza una aurora boreal; de allí, con la primera espiración, se coloca un arco de luz roja sobre un precipicio. Después, con la segunda espiración, un arco de color naranja por encima del rojo. A continuación, al espirar por tercera vez, un arco amarillo. Sobre este, con la cuarta espiración, uno verde. Después azul, azul índigo y, por último, con la séptima espiración, uno de color violeta. A continuación, uno se visualiza cruzando este puente de luz y se encuentra en Yoga-Nidra.

Para terminar una sesión, después de repetir el *sankalpa* final, propone la visualización contraria: se cruza el puente-arcoíris y, con cada inspiración, se van eliminando una a una las capas de color: violeta, azul índigo, azul, verde, amarillo, naranja y rojo. Al quitar esta última, uno sale del estado de Yoga-Nidra para encontrarse con su corazón que late. Se siente el latido del corazón y, sobre todo, una inmensa sensación de bienestar y amor que se dirige a las personas que llenan la sala y, posteriormente, a todos los seres que más lo necesitan. A continuación, se toma consciencia de la respiración y se realizan algunas inspiraciones y espiraciones voluntarias y activas. Se abren los ojos y se comienzan a hacer todos los estiramientos suaves que el cuerpo quiera hacer. Regresando así al estado de vigilia.

Este proceso de visualización, sugerido por Descamps, utilizado al comienzo y al final de la práctica, sirve para comenzar a conectar con los niveles no conscientes de la mente desde el principio del Yoga-Nidra. Ambas imágenes sirven como broche de comienzo y final del recorrido, y aviso para esos niveles no conscientes de la entrada y salida consciente del «territorio de Yoga-Nidra». Según nuestra experiencia, es una imagen muy efectiva que agrada a muchos de los practicantes y les ayuda a poner comienzo y final a la práctica de manera sencilla y simbólica.

Se recomienda que la «despedida» sea breve, sin excesivas palabras que puedan sacar al practicante de su estado de relajación mental. Aunque también es enriquecedor hacer un breve cierre en el que cada participante pueda exponer en una o dos palabras el estado en que se encuentra antes de irse. Podemos despedirnos con una frase del tipo «el Yoga-Nidra ha terminado, deseamos que este estado de relajación se mantenga por mucho tiempo», o similar.

Sugerimos que se dé la ocasión, si alguien lo necesita, de hablar con nosotros aparte, antes de marcharse, si hubiera alguna duda, vivencia o cuestión que se quisiera aclarar sobre la experiencia. Tengamos en cuenta que la práctica de Yoga-Nidra, como ya hemos repetido, puede despertar recuerdos profundos que, tal vez, inquieten a alguna persona y necesite compartirlo. En este caso, nuestro papel consiste en escuchar activamente y procurar acompañar y, si fuese necesario, tranquilizar a quien se acerque a nosotros con alguna inquietud.

Muy importante: ¿Qué pasa si un participante no sabe o no puede salir del estado de relajación profunda?

Aunque no es frecuente, algunas veces puede ocurrir que algún participante no atienda a las instrucciones para la salida del Yoga-Nidra porque se ha quedado «enganchado» –no exactamente dormido– en un estado de relajación profunda y le cueste volver al estado de consciencia o estado de vigilia.

Primero, es importante prevenir estos casos, sugiriendo a las personas candidatas a esta posibilidad (personas medicadas, que hayan reportado problemas psicológicos, que acaben de pasar estados traumáticos o de gran ansiedad, etc) que conserven los ojos abiertos durante la práctica, o incluso que realicen la práctica sentados en una silla o sillón.

Hay síntomas durante la práctica que nos pueden hacer pensar que alguna persona puede tener problemas; por ejemplo, gestos, lágrimas, movimientos incontrolados, que se cubran la cabeza con la manta. En estos casos, hay que prestar especial atención a estas personas durante toda la práctica, incluida la salida de Yoga-Nidra. Deberemos vigilarlas hasta que se note que empiezan a moverse y siguen las instrucciones.

Si aun observando todas estas precauciones vemos que algún practicante no reacciona a las pautas de salida (inmovilidad total, respiración muy leve propia del estado de relajación profunda), puede ser síntoma de haber quedado «enganchado». Si es así, se recomienda:

- Evitar siempre el contacto físico para no producir un sobresalto que altere su sistema nervioso repentinamente. No tocarlo.

- Ir elevando ligeramente el tono y el volumen de la voz, evitando estridencias que puedan sobresaltarlo.
- Acercarse a él y darle las instrucciones desde un lugar más próximo para que perciba nuestra presencia y el movimiento.
- Guiarlo para percibir el cuerpo físico: peso, temperatura, contacto con el suelo y la ropa... y los sonidos externos.
- Animarlo a hacer respiraciones bien amplias y activas, bostezos y suspiros.
- Usar sonidos como campana, crótalos o cuencos.
- Cantar algún mantra más o menos vigoroso cerca de él.
- Llamarlo por su nombre. Por esto, es de gran importancia conocer el nombre de las personas que participan en nuestras sesiones.
- Retirar ligeramente la manta, siempre evitando el contacto físico que pudiera sobresaltarlo.

Una vez que haya vuelto al estado de consciencia habitual, invitarle a ir haciendo su retorno muy lentamente con movimientos suaves. Contrastar su estado y hacer acompañamiento hasta cerciorarnos de que se encuentra bien.

Advertimos que no es extraño, al salir de la relajación, que alguna persona reporte visión borrosa. Es importante resaltar que es natural: el globo ocular, al igual que el resto del organismo, se ha relajado modificando eventualmente su forma. La visión irá volviéndose nítida y se normalizará poco a poco después de la práctica.

Comentario final en una sesión

Yoga-Nidra es una técnica muy efectiva para penetrar y «limpiar» las capas más profundas de nuestra psique, y a veces sus efectos se extienden durante un tiempo posterior a la práctica; por ello, una última recomendación a los participantes es necesaria. Les sugerimos la siguiente a modo de propuesta:

> «Puede suceder que, a lo largo de la práctica y durante este día y los siguientes, surjan emociones, recuerdos, imágenes… No te sorprendas. Todo está bien. Es normal. Obsérvalos desde la calma de tu testigo interior. Sin tratar de interpretar. Solo observándolos. Déjalos pasar, que se disuelvan; sin forzarlos, sin reprimirlos. Cualquier cosa que pueda surgir es normal. También es habitual tener más sueños de lo habitual esta noche».

Y Yoga-Nidra ha terminado

A lo largo de este viaje, como si fuesen muñecas *matrioskas*, hemos contemplado cada una de nuestras envolturas. Hemos tomado consciencia del cuerpo físico, lo hemos observado calmadamente, hemos abierto esta *matrioska* una vez atendida y la hemos apartado fuera de nuestra atención para contemplar la siguiente, la respiración, y con ella hemos hecho lo mismo: observar, familiarizarnos y apartarla. Y así, sucesivamente, con la mente parlante y con las emociones, también con todo aquello que ha querido ir surgiendo mientras jugábamos con curiosidad amable con cada una de estas muñecas vacías, hasta llegar al centro silencioso. Podemos saborearlo sin las interferencias de los ropajes que hemos ido apartando. El centro vacío e inmenso. Entonces descubrimos que más allá del cuerpo, la respiración, la mente, las emociones y cualquier otra creencia acerca de lo que somos, Somos; que este centro vacío y silencioso que me conecta con todo, Soy. *So Ham*.

Desde él, regreso, arropándome de nuevo con cada una de esas vestiduras que pueden haber adquirido una dimensión diferente. Han tomado el color de lo impermanente y no esencial, después de descubrir «dónde» Soy.

Ahora que hemos entrevisto este fantástico paisaje desde la cima de la montaña de Yoga-Nidra, tu práctica continúa a medida que aprendes a trasladarlo a cualquier momento y relación de tu vida diaria.

Yoga-Nidra te lleva a la cima y después te guía para bajar de nuevo a la vida. Entonces es el momento de volver a ponerse las envolturas que dejaste en el camino de subida a la montaña. [...]

Yoga-Nidra nos lleva a reconocer el espacio infinito del Ser que es nuestra auténtica naturaleza. Ya no necesitamos confundir quienes somos con estas ropas que llevamos hechas de cuerpo, mente y sentidos. Ahora comprendemos la Verdadera Naturaleza. Que Yo soy Consciencia pura. Tengo mente, pero no soy solo mis pensamientos. Tengo emociones, pero Yo no soy solo esas emociones. Tengo cuerpo, pero Yo no soy solo ese cuerpo.

Lo que queda después de desidentificarme del cuerpo, mente y sentidos es nuestra esencia de Ser que es innato y siempre presente.

Swami Satyananada[79]

5. Consideraciones prácticas para el facilitador

Una vez analizados con cierta profundidad los elementos que conforman esta técnica, vamos a tomar en consideración algunas cuestiones prácticas importantes a la hora de guiar Yoga-Nidra con seguridad, confort y maestría; aunque es solo con la experiencia como uno va aprendiendo a facilitar las sesiones con intuición y desde la propia vivencia profunda y personal.

Las instrucciones

Las instrucciones de Yoga-Nidra pueden darse de tres modos: a través de la voz directa de un profesor o facilitador, con una grabación que el participante escucha, o por las propias órdenes mentales si se conoce en profundidad la técnica y ya se tiene práctica suficiente para hacerlo sin más ayuda.

En nuestra opinión, es preferible experimentar Yoga-Nidra siendo acompañado directamente por la voz de un guía acreditado para que las instrucciones puedan adaptarse a las necesidades individuales del momento y que el método correcto quede grabado en la mente del practicante. Ocasionalmente, sin embargo, el alumno lo podrá practicar solo, bien a través de autoinstrucciones, o bien con una grabación del profesor.

El papel del profesor es guiar al practicante por el recorrido y estimular el potencial que ya existe en él. No hay necesidad de introducir sugestiones. *El instructor debe guiar, no adoctrinar*. De hecho, el papel del instructor es el de «facilitador»: facilitar las herramientas para que el practicante llegue al estado de Yoga-Nidra.

Yoga-Nidra, como la hipnosis, trabaja la mente subconsciente; pero, a diferencia de esta última, en Yoga-Nidra el practicante se comunica con su mente subconsciente utilizando sus propias palabras y resoluciones. El facilitador, por lo general, únicamente guía en ese camino y, si es necesario, ayuda a elaborar la resolución.

Yoga-Nidra no requiere creencia alguna, solo práctica.

La importancia, en cuanto al tiempo dedicado a cada una de las fases dentro de una misma sesión, dependerá del tipo de grupo/persona y el objetivo. Si es un grupo con poca o nula experiencia en relajación, deberá incidirse más en lo relativo a la postura y la relajación física. Si se trata de un grupo con algo de experiencia y con inquietud por trabajar lo referente a emociones, podrían abreviarse las primeras fases y hacer más hincapié en la que trabaja la polaridad; incluso utilizar una visualización más comprometida en el aspecto emocional. Si el grupo tiene interés en la meditación y el desarrollo personal, puede recorrerse el camino de Yoga-Nidra tendiendo a conectar intencionalmente con el silencio.

Todo esto queda en manos de quien facilita el trabajo.

El facilitador debería de comenzar una sesión de Yoga-Nidra perfectamente calmado y sereno para no transmitir con la voz sus propias emociones.

Sería deseable que también él estuviese en un estado de consciencia expandida; de este modo, le será más fácil manejar voz, silencios, imágenes, temas... con acierto.[21] «La responsabilidad de quien dirige es extrema», afirmaba Neelam Olalla.[55] En este sentido, recomendamos al facilitador sentarse solo en silencio meditativo durante unos minutos antes de comenzar a guiar una práctica para vaciarse de sus propias emociones o cualquier otra actividad psíquica que pudiera generar dispersión. Esto despertará la intuición, la sensibilidad y ayudará a evitar traspasar su propia carga emocional a los participantes de una sesión.

Guiar Yoga-Nidra puede convertirse en un profundo ejercicio de autoescucha para el propio facilitador. Es lo recomendable.

La voz del profesor

Durante la práctica de Yoga-Nidra no es necesario, ni prudente, el contacto físico entre el profesor y el practicante. El único contacto debe de ser psíquico y a través del sonido de la voz. Siendo este también el único vínculo entre el practicante y lo externo, es de extrema importancia, como facilitador, trabajar la propia voz hasta conseguir que sea calmada, natural y acogedora, y que consiga transmitir aplomo y confianza sin perder la dulzura ni la naturalidad.

El tono y volumen de la voz deben de modularse para adecuarse a las circunstancias. Los cambios naturales de tono pueden ser interesantes para evitar la monotonía y el sueño; aunque es muy importante no caer en la teatralización, pues puede generar inquietud e, incluso, temor en quien está practicando. La afectación de la voz resta veracidad a las palabras y puede llegar a ser muy inquietante.

La velocidad de las instrucciones debería de ser lo suficientemente rápida para captar la atención del practicante y prevenir que la mente se distraiga vagando de aquí para allá, pero no tanto que provoque que las instrucciones no puedan comprenderse o seguirse con un ritmo relativamente pausado. A medida que avanza una sesión, cuando el practicante alcanza niveles más profundos de relajación, entonces, puede ralentizarse el ritmo.

Si es necesario, puede haber repetición frecuente de las instrucciones.

Es de gran importancia, también, el tipo de vocabulario utilizado, así como la selección cuidadosa e intencionada de cualquier expresión verbal empleada. Las palabras deben de ser elegidas con plena consciencia de los efectos que pueden producir en los participantes, teniendo en cuenta que estarán en un estado de consciencia alterado, por lo que será distinto a las circunstancias cotidianas. Es conveniente no emplear expresiones que generen sorpresa en exceso, o que sean lúgubres, malsonantes, negativas, o que, de algún modo, «chirríen» en la mente de quien practica.

No utilizar –si no es estrictamente necesario– palabras como «tensión», «nerviosismo», etcétera. Por ejemplo, «No sientes tensión», preferiblemente será sustituida por «Sientes una profunda calma». El subconsciente desconoce la negación, y si utilizamos este tipo de palabras, producirán un efecto indeseado en el cerebro del participante y, por extensión, en su estado.

La utilización de la palabra con fines terapéuticos se denomina en sofrología «Terpnos Logos», un concepto definido ya por Homero en el siglo VIII a.C. y utilizado por Platón en su diálogo entre Sócrates y Carmides, donde lo define como *palabras con fines curativos que actúan sobre el timo creando un estado de calma y de concentración, llevando al estado sofrónico (sos* = quietud; *fren* = se refiere al cerebro).

En Yoga-Nidra, insistimos, se trata de utilizar la voz de forma dulce y modulada, y palabras adecuadas para conseguir el estado de relajación y bienestar de quienes participan en una sesión, teniendo en cuenta que es el único vínculo que los mantiene en contacto con lo externo y que cada una de las palabras tendrá profundas consecuencias.

Dado que, a través del viaje interior que supone una sesión de Yoga-Nidra llegamos a espacios antiguos del cerebro, puede suceder que guiada en un idioma u otro tenga resultados ligeramente diferentes. Algunos participantes, a pesar de ser bilingües, nos han comentado que viven con mayor profundidad las sesiones experimentadas en su propio idioma materno.

Para el practicante, la voz es muy importante. Es el vínculo que le permite mantener la consciencia mientras explora las capas más profundas de la mente; el filo que lo conecta con lo externo. Sin una voz que lo guíe, probablemente caerá en el sueño. Sin embargo, si la voz del facilitador y el juego sutil con ella son importantes, no lo son menos las pausas y silencios.

Hay personas que afirman sentirse agobiadas si el torrente de voz es continuo y constante. Hacer breves pausas y silencios permite al practicante conectar con su propia consciencia silenciosa. Debemos tener en cuenta que es durante los silencios del facilitador cuando el practicante puede llegar a un estado de perfecto *pratyahara*: todos sus sentidos, incluido el oído, están recogidos; además, es muy probable que su mente pensante, analítica (*manas*), se encuentre en profunda calma. Así, durante las visualizaciones, encontrar el momento adecuado para permitir un breve silencio facilita a quien visualiza el tiempo para que su «imagen», sus «sensaciones», su propia reacción interior, despierten y vibren con el escenario propuesto. Las pausas son los periodos de silencio en los que cada uno desciende al límite del sueño y donde las imágenes pueden surgir del subconsciente. Lo mismo ocurre a la hora de evocar emociones. Será la intuición la que nos haga dar con el momento oportuno.

Acerca del alumno y su relación con la voz que lo guía, no debe intelectualizar sobre las palabras del instructor, no debe intentar recordarlas, solo seguirlas espontáneamente sin demasiado esfuerzo. Fluir con el sonido de la voz y dejarse llevar.

Respecto al facilitador, recomendamos no moverse por la sala durante la práctica hasta que los asistentes hayan salido de la relajación completamente. El movimiento puede generar distracción e inquietud en los participantes.

Haremos también hincapié, una vez más, en la gran importancia de la observancia de los *yama-niyama* en la actitud del facilitador. La base ética del yoga ha de acompañar continua y conscientemente la conducta del facilitador de Yoga-Nidra. No deberíamos olvidar que, sin esos buenos cimientos, el edificio del yoga no es completo; se tambalea. No nos extenderemos más sobre el tema, ya que no consideramos que sea el momento, pero puede encontrarse una breve referencia en los anexos de este manual.

Lugar de la práctica, ambiente, condiciones, ropa, regularidad y momento

Ropa

Quitarse cualquier prenda ajustada e incómoda. Es mejor practicar con ropa amplia y ligera, y suficiente para permanecer cálido durante la práctica, o bien cubrirse con una manta. Esto es importante porque, durante la relajación, la temperatura corporal desciende como efecto de la ralentización del ritmo cardiaco.

Insectos

Si hay insectos, practicar bajo una mosquitera o cubierto por una sábana fina.

Calor

No practicar directamente bajo una corriente de aire. Si hace mucho calor, se puede practicar cerca de un ventilador silencioso, pero solo si es estrictamente necesario, ya que la temperatura corporal, en cualquier caso, descenderá una vez se entre en estado de relajación.

Entorno

Practicar en una sala tranquila, en penumbra, fresca y ventilada. No practicar bajo luces intensas, con malos olores, en una habitación con polvo o cualquier otra molestia.

No importa cómo sea de placentero, lo mejor es no practicar Yoga-Nidra en el exterior –asegura Swami Satyananda– para evitar cualquier situación inesperada que pudiera tener efectos contraproducentes.

Adornos

Quitarse relojes de pulsera, joyas y otros ornamentos corporales antes de comenzar la práctica.

Ejercicios de desbloqueo

Durante Yoga-Nidra se requerirá permanecer en una posición inmóvil durante un periodo de tiempo relativamente prolongado. Esto es difícil si el cuerpo está agarrotado, por ello es conveniente practicar algunos *asana* o desbloqueos antes de comenzar la sesión de Yoga-Nidra. Los desbloqueos también nos ayudarán a adquirir consciencia corporal de algunas partes de nuestro cuerpo a las cuales llevaremos la atención en determinados momentos de la práctica; de esta forma, nos resultara más fácil relajarlas.

Ajustes del cuerpo

Antes de comenzar, deberá atenderse cualquier necesidad de movimiento del cuerpo. Es mejor mover el cuerpo antes que durante la práctica. Resulta imprescindible adoptar una postura completamente confortable antes de comenzar el Yoga-Nidra. Cualquiera que sea el tiempo dedicado a estas preparaciones y ajustes del cuerpo, estará más que justificado, puesto que se ganará en beneficio de la práctica posterior.

Horario de la práctica

Se puede practicar a cualquier hora, de día y de noche; salvo inmediatamente después de las comidas: esperar una hora, aproximadamente.

Practique sobre todo cuando se encuentre física o mentalmente cansado. Si sufre de insomnio o alteraciones del sueño, practique Yoga-Nidra por la noche en la cama.

Se puede practicar durante una hora o durante quince minutos, depende del tiempo del que se disponga y de la naturaleza específica de la práctica. Para una relajación razonablemente profunda, se sugiere una duración mínima de media hora. Practicar por periodos inferiores también genera relajación y beneficios pero a un nivel inferior. La práctica durante un periodo superior a una hora dificulta que la consciencia permanezca despierta dada la profundidad de la relajación.

Evidentemente, la profundidad del efecto dependerá de la regularidad con que se realice la práctica. Aunque una única sesión es suficiente para saborear los efectos más inmediatos, es con la repetición continuada y perseverante como se logrará alcanzar estados de consciencia cada vez más profundos y transformadores.

A este respecto, Marc-Alain Descamps, profesor de psicología en la Sorbona y en la Universidad René Descartes y profesor también de yoga, indica que, para hacer este trabajo realmente valioso, es necesario practicar Yoga-Nidra todas las semanas con el mismo instructor durante dos o tres años. De este modo, el inconsciente responde poco a poco y, finalmente, se libera.[21]

Postura

La postura física debe de ser tan cómoda que uno se olvide de la existencia del cuerpo. Esto, que muchas veces parece un detalle trivial a la hora de guiar una sesión, tiene una profunda importancia. Si surgen molestias en el cuerpo físico debido a una postura inadecuada, la mente se dispersará e irá a pegarse con fuerza a las molestias físicas generando más inquietud en lugar de dejarse fluir. Así que no dudemos en tomarnos todo el tiempo que sea necesario para cerciorarnos de que la postura de cada participante es correcta y de que está lo suficientemente arropado.

Se debería adoptar una posición que pudiese mantenerse en completa inmovilidad durante un periodo de entre 30 y 60 minutos.

Se pueden utilizar una amplia selección de posturas, pero hay una que es la más recomendable: *savasana*, en decúbito supino, con los ojos cerrados. De este modo, la mente no recibe estímulos externos.

Colocar una manta o colchoneta en un suelo plano. Acostarse sobre la espalda. Si es posible, colocar la cabeza hacia el norte terrestre para orientarse a favor de los campos magnéticos de la Tierra.

Se puede colocar una almohada bajo la cabeza, pero no debería de ser muy gruesa; una toalla o manta enrollada bajo las cervicales suele dar buen resultado.

Cabeza, brazos y piernas deben de apoyarse en la esterilla alineados. Los brazos a lo largo del cuerpo, con las palmas de las manos hacia arriba para permitir que el tórax permanezca abierto y la respiración encuentre disponible el mayor espacio posible. Las piernas separadas, relajadas, de modo que los pies caigan con suavidad hacia los lados, a modo de abanico. La espalda, bien apoyada en el suelo: para conseguir esto, antes de estirar las piernas sobre el suelo, recomendamos apoyar ambas plantas de los pies en la colchoneta, con las rodillas flexionadas, y hacer una suave retroversión pélvica; será de ayuda para encontrar el máximo apoyo en la columna lumbar. En cualquier caso, si una vez hecho esto se intuyera que puede haber molestias en la zona lumbar, aconsejamos el uso de cojines bajo las piernas para ayudar a apoyar bien el tercio inferior de la espalda o, si no se dispone de cojines, mantener las rodillas flexionadas con las plantas de los pies apoyadas en el suelo. Si es así, puede apoyarse una rodilla en la otra para permitir que el peso de las piernas quede en descarga.

Si se trata de embarazadas con un volumen abdominal importante, la postura más adecuada es tumbadas sobre el costado izquierdo, con las piernas suavemente flexionadas y un cojín entre las rodillas puede colocarse otro bajo el brazo derecho.

Si fuese necesario, se puede perfectamente practicar sentado en una silla estable, con los pies apoyados sobre un cojín para que los muslos y las pantorrillas formen un ángulo de 90°. La espalda, elongada, y las manos, cómodamente apoyadas en los muslos o en el regazo. Si es posible apoyar la cabeza en una pared de forma natural o en otro cojín apoyado en la pared, la postura será más confortable.

Se mantendrán los ojos suavemente cerrados, la mandíbula relajada, con la punta de la lengua descansando en el paladar, y el rostro suave.

Y, una vez hechos todos los ajustes necesarios, aflojar todo el cuerpo teniendo presente que se puede abandonar cualquier compulsión por «hacer». El Yoga-Nidra daría comienzo en este punto.

Evitar caer dormido

Aunque recomendamos Yoga-Nidra como método para mejorar la calidad del sueño, hay que recordar que hay una gran diferencia entre el estado de sueño y el de Yoga-Nidra. En el dormir *(nidra)*, hay pérdida de la consciencia del mundo exterior e interior; en Yoga-Nidra, hay pérdida de la consciencia del mundo externo, pero la consciencia del mundo interior se mantiene. Esta es una profunda diferencia: dormir (*nidra*) es sueño inconsciente y Yoga-Nidra es dormir consciente.

También hay una gran diferencia en los resultados: Yoga-Nidra genera el máximo relax en la mente y el cuerpo en el mínimo tiempo. Se dice que una hora de Yoga-Nidra equivale a cuatro horas de sueño normal.

Durante la práctica, la esencia de Yoga-Nidra es mantener la consciencia despierta; no en vano se llama «dormir consciente». Por ello, se debe intentar no quedarse dormido; a no ser que se padezca de insomnio y la práctica se utilice como método para inducir el sueño. Pero, paradójicamente, debería de hacerse sin que el esfuerzo impida la relajación.

Antes de comenzar, es una buena idea repetirse mentalmente: «Voy a relajarme por completo, pero no voy a dormirme», «Me mantendré despierto».

Al comenzar a practicar, se encontrará que hay fluctuaciones entre periodos de consciencia e inconsciencia. Gradualmente, a medida que se perfecciona la práctica, se mantendrá la consciencia interior, incluso cuando las percepciones externas se hayan debilitado. También hay que tomar en consideración que mantener la consciencia observante será más fácil en sesiones por la mañana que a última hora del día cuando los biorritmos ya empujan el organismo hacia el sueño.

El método para mantener la consciencia es fijar la atención en el sonido de la voz del instructor y en la mecánica de la práctica; es el único modo de evitar dormirse.

Ya advertimos que es absolutamente normal que algún practicante se duerma durante la sesión. Hay que recomendarle que permanezca despierto y animar al practicante a que, en caso de quedarse dormido, en el momento en que se despierte, se una con fuerza y determinación a la voz del facilitador y continúe normalmente con la práctica. Se debe procurar restar importancia si alguien se duerme.

Se pueden utilizar sonidos (crótalos, cuencos, gong...), tanto para marcar los cambios de técnica dentro de la sesión como para «traer de regreso» a alguna persona que se haya dormido. También un cambio en el tono y el volumen de la voz es de gran ayuda en estas situaciones. En cualquier caso, el uso del sonido debe de ser comedido para evitar sobresaltos.

Recomendamos, entre técnica y técnica, el empleo de frases del tipo «Asegúrate de que sigues despierto», para traer de vuelta a los participantes que se hayan quedado dormidos; suelen dar buen resultado.

Se procurará que la respiración sea por la nariz. Regular, rítmica, tranquila; siempre silenciosa.

Molestias físicas durante la práctica

Es frecuente que una vez dada la indicación de permanecer completamente inmóviles, surja la necesidad de reacomodar la postura, aflojarse la ropa, toser o rascarse. Todo esto es absolutamente normal. Si se da este caso, invita a los alumnos a recolocarse con suavidad, sin incomodar al resto de compañeros, ni dispersarse con el movimiento.

La sugerencia siempre es que, dada una sensación física, pueda observarse detenidamente, incluso si ello implica abandonar la escucha atenta de las indicaciones. Observar la sensación que surge: cómo y dónde se manifiesta. Observar con atención; tal vez al observarla, esta disminuya, se modifique o incluso desaparezca. Si no es así, hay que atender la necesidad de ajustar la postura, siempre con movimientos conscientes y suaves.

A veces, una sensación física, durante la práctica del Yoga-Nidra, puede ser una reacción del subconsciente que se manifiesta.

Obstáculos para la práctica[6]

Pueden darse algunas dificultades de diversa índole a la hora de entrar en la práctica.

Físicas

Debido a malestar, enfermedad.

Incomodidad: por la postura, por la temperatura, ruidos (aunque, con habilidad, el facilitador puede integrarlos en la práctica), etcétera.

Mentales

La inercia mental: movimiento continuo y automático de la mente.

Problemas y conflictos por resolver.

Tendencia a intelectualizar, analizar…

Emocionales

Tensión emocional, consciente o inconsciente, que no permite relajarse.

Miedo.

Además de los mencionados, para llegar a la completa integración de los resultados habría que añadir los obstáculos descritos en los *Yoga-sutra* de Patañjali: la enfermedad (*vyadhi*), la apatía (*styana*), la duda (*samsaya*), la prisa (*pramada*), la falta de entusiasmo o desánimo (*alasya*), la distracción o incapacidad de mantener la concentración (*avirati*), la autopercepción errónea (*bharanti-darshana*), el estancamiento (*alabdha-bhumikatva*), la regresión (*anavasthitav*).*

Puntos que hay que recordar

Hay unos puntos que debemos mencionar a los participantes para que los tengan presentes:

- Relajarse, permaneciendo despiertos: si caemos en el sueño, perdemos una parte de los beneficios de Yoga-Nidra.
- Mantener la actitud de testigo observante que no juzga ni analiza.
- Mantener la consciencia del sonido de la voz del profesor; no perder contacto con ella.
- Procurar no mover el cuerpo.
- Mantener los ojos cómodamente cerrados a lo largo de toda la práctica.
- Tratar de no intelectualizar o comprender el proceso de Yoga-Nidra mientras dura la práctica. Sencillamente ir siguiendo las instrucciones.

* *Yoga-Sutra*: *Samadhi-pada*, 1.30.

Yoga-Nidra y niños

Esta práctica puede realizarse también con niños con objetivos y beneficios diversos, siempre interesantes: como medio de relajación, de descanso y recuperación de energía, de concentración, de aprendizaje, de consciencia corporal y autoconocimiento. Todos estos beneficios nada desdeñables en la etapa de formación inicial de la persona.

A pesar de que Swami Satyananda se refiere a niños de a partir de 7 años, hemos encontrado la referencia de Elisabeth Werlen que ha utilizado esta herramienta con pequeños de entre 2 y 7 años con resultados muy favorables.[40] En este caso concreto, ella ha utilizado Yoga-Nidra como herramienta de aprendizaje de una lengua extranjera en clases extraescolares. Según explica, fue el método para conseguir que los niños, exhaustos tras la larga jornada escolar, no se vieran sometidos a más tensión y completamente dispersos. Las sesiones breves de rotación de consciencia consiguieron el aprendizaje de vocabulario y expresiones en una lengua diferente de la materna, además de beneficiar a los niños con todos los efectos positivos propios de la técnica.

El planteamiento de una sesión enfocada para niños ha de ser muy diferente al de una sesión para adultos. Deberá ajustarse a las diferentes franjas de edad. Probablemente, una rotación de consciencia breve es suficiente en muchos casos, ayudándose de elementos que los niños pueden imaginar, como: una mariposa que se posa, un pincel que acaricia, una barita mágica que da un toque… en los lugares mencionados.

El facilitador puede, en estas ocasiones, pronunciar un *sankalpa* general para reforzar el estado de bienestar físico y emocional de los niños: «Me siento bien», «Soy feliz», «Hay muchas personas que me quieren», «Soy valiente»...

Podría añadirse una visualización breve y sencilla: el niño se visualiza tumbado en una pradera viendo pasar nubes en el cielo, o dibujando a dos manos en una pizarra...

Evidentemente, la duración de una sesión infantil no pasará de unos minutos. Quizás unos cinco minutos en el caso de la rotación de consciencia y un par de minutos más si se quiere añadir una brevísima visualización, antes de salir de Yoga-Nidra para hacer alguna actividad más dinámica. En total, no mucho más de un cuarto de hora.

Asimismo, es necesario, como mínimo, llevar a cabo de dos a tres sesiones semanales para facilitar un aprendizaje rápido, aunque lo ideal es la práctica diaria.

Es importante que previamente siempre expliquemos al niño qué pretendemos conseguir con el ejercicio para que vaya integrándolo.

Una práctica breve de relajación, guiada de manera lúdica, puede ser una perfecta herramienta para cambiar el estado general de un grupo de niños cuando están cansados o dispersos antes de comenzar una clase. Probablemente, el grado de concentración después será mayor y generará confianza, bienestar, alegría y herramientas para el futuro adulto.

La ayuda de la técnica Koeppen de relajación progresiva para niños puede ser interesante. Koeppen (1974) adaptó procedimientos de relajación de adultos para niños. En este caso, la visualización se integra en el propio ejercicio de relajación dinámica y resulta una práctica creativa, beneficiosa y, además, divertida para los niños.

Puede hacerse tumbados, pero también sentados en una silla, dependiendo del momento y el lugar.

Transcribimos a continuación esta práctica, adaptación de la relajación muscular progresiva de Jackobson que hemos explicado anteriormente en este manual.

Brazos y manos

Imagínate que tienes un limón en tu mano izquierda. Ahora trata de exprimirlo, trata de exprimirle todo el zumo.

Sientes la tensión en tu mano y en tu brazo mientras lo estás exprimiendo. Todo el brazo ayuda a exprimirlo.

Ahora, abre la mano y déjalo caer. Fíjate en cómo están ahora tus músculos cuando estás relajado.

Coge ahora otro limón y trata de exprimirlo. Exprímelo más fuerte de lo que has hecho la primera vez. Muy bien. Ahora deja caer el limón y relájate. Relaja todo el brazo izquierdo.

Fíjate en lo bien que se sienten tu mano y tu brazo cuando están relajados.

Venga, una vez más, coge el limón con tu mano izquierda y exprímele todo el zumo. No dejes que quede ni una sola gota, exprímelo fuerte.

Ahora relájate y deja caer el limón. Todo el brazo se relaja... Nota cómo se sienten ahora tu mano y tu brazo izquierdo.

(Repetir el mismo ejercicio con la mano derecha).

Brazos y espalda

Ahora vamos a imaginarnos que eres un gato perezoso y que quieres estirarte. Estira los brazos delante de ti, ¡bien estirados! Ahora, levántalos por encima de tu cabeza y lleva la cabeza hacia atrás. Fíjate, cuando te estiras, en qué sientes en tu espalda.

Ahora deja caer tus brazos a los costados de tu cuerpo. Fíjate cómo se sienten.

Muy bien. Vamos a estirarnos una vez más. Estira los brazos delante de ti, levántalos por encima de la cabeza y tira de ellos hacia atrás, fuerte, fuerte.

Ahora déjalos caer. Muy bien. Fíjate en cómo se siente ahora tu espalda: está más relajada.

Una vez más, vamos a intentar estirar los brazos. Esta vez intentarás tocar el techo.

Venga, estira los brazos delante de ti, levántalos por encima de la cabeza y tira de ellos hacia atrás. Fíjate en la tensión que sientes en los brazos y en tu espalda.

Sigue estirando, sigue estirando, un gato que se estira más y más.

Deja caer los brazos con suavidad.

Fíjate en lo bien que te sientes cuando estás relajado.

Espalda y cuello

Ahora imagínate que eres una tortuga.

Imagínate que estás sentado encima de una roca relajándote al sol. Te sientes tranquilo y seguro. De pronto tienes sensación de peligro.

¡Vamos! Mete la cabeza dentro de tu caparazón. Trata de levantar los hombros hacia tus orejas, intenta esconder la cabeza entre los hombros.

Aguanta así, aguanta así. No es fácil ser una tortuga que está dentro de su caparazón.

Ahora, el peligro ya ha pasado. Puedes salir poco a poco de tu caparazón y volver a relajarte al calor del sol. Relájate, siente el calor del sol.

Cuidado, más peligro. Rápido protege la cabeza dentro del caparazón. Tienes que recoger la cabeza totalmente dentro del caparazón para protegerte, ¿de acuerdo?

Ya no hay peligro. Ya puedes relajarte: saca la cabeza y deja que tus hombros y tu cuello se relajen calentitos al sol.

Fíjate en que te sientes mucho mejor cuando estás relajado que cuando estás tenso. Una vez más. ¡Peligro! Esconde la cabeza, lleva tus hombros hacia las orejas y no dejes que ni un solo pelo de tu cabeza quede fuera del caparazón. Quédate dentro, siente la tensión en tu cuello y en tus hombros. Quizás también en la cara.

De acuerdo, ya puedes salir de tu caparazón, el peligro ha pasado. Relájate, ya no habrá ningún peligro. No tienes por qué preocuparte. Te sientes seguro, te sientes bien.

Cara y nariz

Imagínate que tienes un enorme chicle dentro de la boca. No es fácil de masticar, está muy duro y es muy grande. Intenta chafarlo con las muelas, deja que los músculos de tu cuello te ayuden. Ahora relaja la boca, deja tu mandíbula floja, relajada. Fíjate en lo bien que te sientes cuando dejas tu mandíbula relajada. Muy bien.

Vamos a masticar otra vez el chicle. Muérdelo fuerte, intenta apretarlo, que se meta entre tus dientes. Muy bien, lo estás logrando.

Ahora relájate, deja que descanse tu boca, deja caer tu mandíbula. Es mucho mejor estar así que estar luchando con ese chicle.

¡Venga!, una vez más vamos a intentar masticarlo. Muérdelo lo más fuerte que puedas. Muy bien, estás trabajando muy bien.

Ahora relájate. Afloja la boca. Afloja toda la cara. Intenta relajar todo tu cuerpo. Intenta dejar todo el cuerpo como flojo. Como un helado que se derrite. Todo el cuerpo se derrite. Sin tener que hacer nada.

...

Bien, ahora viene volando una de esas moscas pesadas y... se te ha puesto en la punta de la nariz.

Sin utilizar tus manos trata de espantarla. Intenta hacerlo arrugando la nariz. Trata de hacer tantas arrugas con la cara como puedas. Deja tu nariz arrugada con fuerza.

¡Bien! Has conseguido alejarla.

Ahora puedes relajar tu nariz y toda la cara.

¡Oh! Por aquí vuelve esa mosca pesada. Arruga tu nariz fuerte, lo más fuerte que puedas. Muy bien.

Nuevamente se ha ido. Ahora puedes relajar tu cara.

Ahora tu cara está relajada. Fíjate en que, cuando arrugas tan fuerte tu nariz, tus mejillas, tu frente y hasta tus ojos se ponen tensos.

¡Oh! Otra vez vuelve esa pesada mosca, pero esta vez se ha

puesto sobre tu frente, intenta cazar la mosca con tus arrugas, con fuerza. Muy bien.

Ahora la mosca ya se ha ido para siempre; puedes relajarte e intentar dejar tu cara totalmente relajada, sin arrugas.

Siente que ahora tu cara está más relajada.

Abdomen

Imagínate que estás tumbado sobre el césped.

¡Oh, por allí viene un elefante! Pero camina sin mirar por dónde pisa. No te ha visto, va a poner un pie sobre tu estómago, ¡no te muevas! No tienes tiempo de escapar.

Trata de tensar la barriga poniéndola dura, muy muy dura. Aguanta así.

Espera, parece como si el elefante fuera a marcharse hacia otra dirección. Relájate, deja ya la barriga suave y relajada, tanto como puedas. Así te sientes mucho mejor.

¡Oh! Por allí vuelve otra vez. ¿Estás preparado? Si te pisa y tienes la barriga dura, no te hará ningún daño. Pon la barriga dura como una roca, ¿de acuerdo?

Parece que, otra vez, se va para otro lado. ¡Uff! Puedes relajarte.

Siente la diferencia que existe entre tener el estómago tenso y tenerlo relajado. Así te sientes, tranquilo y relajado.

¡No te lo vas a creer, pero el elefante está volviendo! Y esta vez parece que no cambiará de dirección. Viene directo hacia ti. Tensa la barriga. Ténsala fuerte. Lo tienes casi encima de ti, pon la barriga bien dura. ¡Está poniendo una pata encima de ti! Tensa bien fuerte.

Ahora parece que, por fin, se va. Se aleja.

Ya puedes relajarte completamente. Ya estás seguro, todo está bien. Te sientes seguro, tranquilo y relajado.

...

Esta vez vas a imaginarte que quieres pasar a través de los barrotes de una valla muy estrecha. Tienes que intentar pasar de medio lado y, para eso, te harás muy delgado metiendo la barriga hacia dentro. Intenta que tu barriga se hunda tanto que vaya a tocar la espalda. Intenta meter la barriga todo lo que puedas. ¡Tienes que atravesar la valla!

Ahora relájate y siente cómo tu estómago está flojo.

Muy bien. Vamos a intentar, nuevamente, pasar a través de esta valla tan estrecha. Encoge la barriga, intenta que toque tu espalda. Llévala bien adentro, muy adentro, tanto como puedas. Aguanta así... has de pasar esta valla.

Muy bien, has conseguido pasar a través de la valla.

Ahora relájate, deja que tu barriga vuelva a la posición normal. Nota que está relajada y así te sientes mejor.

Lo has hecho muy bien.

Piernas y pies

Ahora imagínate que estás de pie y descalzo, y que tus pies están dentro de un pantano lleno de lodo muy espeso. Los pies, descalzos, tocan la arcilla del fondo.

Intenta hundir los dedos de los pies lo más profundo que puedas en el lodo. Las dos piernas te ayudan a empujar. Empuja hacia el fondo. Siente cómo el lodo se mete entre los dedos de tus pies.

Ahora sal fuera y relaja tus pies y tus piernas. Deja que se queden flojos, descansando, y fíjate en lo bien que se está así. Te sientes bien cuando estás relajado.

Volvamos dentro del espeso lodo. Imagina que metes los pies dentro, lo más profundo que puedas. Deja que los músculos de tus piernas te ayuden a empujar, a pisar el barro. Empuja fuerte.

Y ahora, sal de nuevo y relaja tus piernas y tus pies.

Todo tu cuerpo está ahora relajado. Te sientes mucho mejor cuando estás relajado. Te sientes totalmente relajado.

Este método aúna la relajación física activa, que podemos utilizar al comienzo de una sesión de Yoga-Nidra, con la visualización, y podemos añadir, progresivamente, la respiración del mismo modo desenfadado, creativo y divertido. Puede dotar al niño de mayor consciencia corporal, herramientas de relajación y autoconocimiento, y todo ello de una forma completamente lúdica.

Podría añadirse un brevísimo silencio final para tomar plena consciencia de las sensaciones relacionadas con el estado de relajación y un *sankalpa* general para el grupo.

Beneficios de la práctica[78]

> *No podréis ver con claridad mientras no miréis en vuestro corazón... El que mira al exterior sueña. El que mira al interior despierta.*
>
> Carl Jung

Expondremos a continuación algunos de los beneficios de esta práctica en forma de listado con el propósito de que sean fácilmente localizables para el lector interesado en algún aspecto concreto.

Beneficios físicos

- Mejora la calidad de vida en general.
- Reduce la necesidad de sueño.
- Induce la relajación profunda y permanente en cuerpo, mente y personalidad.
- Ayuda a restablecer el equilibrio interno.
- Aporta consciencia corporal.
- Rejuvenecimiento general de todo el organismo.
- Genera distensión muscular, de la musculatura lisa y estriada,[77] y articular.
- Equilibra el sistema endocrino.
- Fortalece el sistema inmunitario. (En 1990, Howard Hall demostró que el sistema inmunitario podía controlarse conscientemente. Utilizaba la relajación y la meditación guiada para alterar la fisiología de los leucocitos).*
- Por medio de la respiración consciente aumenta la secreción de endorfinas –opiáceos endógenos– y se produce una reducción del dolor.[62]
- Armoniza los diferentes «relojes internos».[56]

* Howard Hall es dos veces doctor en Psicología: en Psicología experimental por la Universidad de Princeton y en Psicología clínica por la Universidad Rutgers. El doctor Hall ha dirigido la investigación y enseñanza de hipnosis en la Universidad del Estado de Pennsylvania y en la Escuela Universitaria Case Western Reserve de Medicina.

- Suaviza la expresión facial.
- Mejora la eficiencia respiratoria.
- Ayuda a eliminar toxinas.
- Ayuda a combatir enfermedades psicosomáticas como hipertensión arterial, diabetes, asma, reumatismo, neurastenia, cefaleas, alergias y otras.[74]

Beneficios en el sistema nervioso

- Disminuye la actividad cerebral: las neuronas se recuperan de su actividad.
- Equilibra el funcionamiento de ambos hemisferios cerebrales; es decir, sincroniza la actividad cerebral.
- Equilibra el sistema nervioso autónomo (simpático-parasimpático).
- Armoniza el sistema nervioso en general.[74]
- Contribuye al proceso de neuroplasticidad. Pueden atribuírsele beneficios, en este sentido, similares a la meditación, como describen los estudios realizados por Sara Lazar sobre un grupo de meditadores con práctica de décadas y un grupo de personas sin práctica previa sometidas a meditación durante ocho semanas:[39]

«El grosor de la corteza cingulada, parte del sistema límbico, había aumentado. Esta parte del cerebro es responsable de la mayoría de los sentimientos, desde la emoción hasta la atención, el aprendizaje, la memoria y la percepción del dolor tanto físico como emocional.

El hipocampo izquierdo, imprescindible en el aprendizaje,

las capacidades cognitivas, la memoria y la regulación de las emociones también habían aumentado de grosor. También aumento de la unión temporoparietal, asociada a las relaciones sociales, toma de perspectiva, la empatía y la compasión. La amígdala, en parte responsable en general de la ansiedad, el miedo y el estrés, se redujo. La reducción de los niveles de estrés se relaciona con los cambios en la amígdala».

Beneficios mentales

- Relaja y descansa la mente en profundidad.
- Produce una percepción mental más profunda.
- Induce el sueño en caso de insomnio.
- Ayuda a generar una actitud mental positiva.
- Potencia el proceso de aprendizaje.
- Mejora la memoria.
- Desarrolla el pensamiento lateral o creativo.
- Genera fluidez psíquica.
- Reduce y elimina la ansiedad.
- Centra la mente.
- Es un proceso de purificación y limpieza psíquica.
- Libera tensiones del subconsciente.
- Erradica problemas psíquicos arraigados: complejos, neurosis, inhibiciones, falta de autoestima...[74]
- Despierta la intuición.
- Actúa como calmante no químico.
- El aspirante fortalece su práctica de meditación y contemplación, y aprende a analizar y resolver sus deseos, pensamientos y sentimientos.[75]

- Los patrones de pensamiento molestos o perturbadores son rechazados y aquellos que son útiles se refuerzan.[75]

Beneficios emocionales

- Calma.
- Produce alegría, bienestar, plenitud y serenidad.
- Elimina bloqueos psicológicos, miedos, fobias, conflictos, y otros.
- Ayuda a desarrollar fuerza de voluntad.
- Enseña a identificar, evocar y abandonar emociones a voluntad.
- Induce un estado de expresarse más profundamente relajado.
- Genera autoconfianza.
- Tranquiliza, aclara y profundiza la vida afectiva.[6]

Beneficios energéticos

- Aumenta la energía física y psíquica.
- Desarrolla la consciencia piánica (del cuerpo energético).
- Armoniza el flujo de la energía vital (prana). «Podemos comparar esta energía con la electricidad: no podemos ver la electricidad, pero sí podemos sentirla».[51]

Beneficios conductuales

- Al equilibrarse el funcionamiento de ambos hemisferios cerebrales, se incide de algún modo en la manera de actuar, de comportarse, que se acercará a lo que Vanessa Mielczareck llama «inteligencia intuitiva».[48] A esto nos referimos cuando hablamos de «beneficios conductuales».
- Activaremos y desarrollaremos recursos relacionados tanto con la energía masculina como femenina o, si se prefiere, solar-lunar:
  - Acción, concentración, análisis lógico, razonamiento, rigor, gestión del tiempo, capacidad de pasar a la acción, permiso para triunfar en la vida, potencia, espíritu de conquista, voluntad de superación, motivación, estructuración, organización, control, tener en cuenta la realidad material en palabras y actos, precisión y claridad en la expresión...
  - Intuición, sensibilidad, apertura para sentir, consciencia de las propias necesidades físicas y psíquicas, flexibilidad, capacidad de *dejar ir*, aceptación, empatía, creatividad, sentido estético, percepción global de las situaciones, adaptabilidad, generosidad, observación, diplomacia, simbiosis, pensamiento analógico sistemático, percepción de lo que está oculto o invisible...

Beneficios espirituales

- Induce la meditación.
- Despierta la inteligencia interna innata.

- Desarrolla el conocimiento interno.
- Produce el acercamiento al Yo.
- Desarrolla nuevas facultades de percepción: intuición, sentimientos estéticos, empatía...[6]
- Produce elevación personal, plenitud.
- Ayuda a encontrar el sentido de la vida.
- Nos conecta con el aspecto sagrado de la vida sin entrar en creencias religiosas.
- Nos hace alcanzar un estado de Luz-Amor-Gozo-Paz.[21]

La mayor parte de los efectos beneficiosos de Yoga-Nidra no pueden ser mesurados con instrumental científico; esto es especialmente cierto para los cambios profundos que ocurren en la mente. Sin embargo, varios test científicos han detectado y medido los siguientes cambios fisiológicos que ocurren durante el Yoga-Nidra.[79]

Respiración

Hay una reducción drástica en el requerimiento de oxígeno del cuerpo. Esto es consecuencia de la reducción del índice metabólico del cuerpo. La velocidad de la respiración también se reduce –se produce una respiración lenta y profunda, en lugar de rápida y superficial.

Ritmo cardiaco

Hay una reducción profunda de las pulsaciones. La presión arterial, tanto sistólica como diastólica, se reduce de manera importante. Parámetro mesurable a través del electrocardiograma.

Patrón de las ondas cerebrales

Hay un decrecimiento mesurable en la frecuencia de las ondas cerebrales; generalmente, el cambio es de actividad en ondas beta a ondas alpha, conocidas por estar asociadas a la relajación, paz y sensación de bienestar. En ocasiones, las ondas de baja frecuencia theta e incluso delta también aparecen en las personas mientras practican Yoga-Nidra. Esto indica relajación profunda y, posiblemente, meditación.

Sistema nervioso simpático

Hay una disminución detectable de la actividad simpática del cuerpo que está generalmente asociada al estrés, miedo e hiperactividad de la mente y el cuerpo.

Lactato en sangre

El nivel de lactato (derivado del ácido láctico) en la sangre se ha relacionado científicamente con el estrés. Durante el Yoga-Nidra hay una reducción sorprendente y de fácil mediación del nivel de lactato en el cuerpo.

Hay algunos otros cambios fisiológicos en el cuerpo mesurables, como la capacidad de resistencia eléctrica de la piel (RGP = respuesta galvánica de la piel). Uno de los parámetros más afectados por el estrés es la resistencia eléctrica de la piel debido a la relación fisiológica que existe entre las glándulas sudoríparas y el nivel emocional de la persona. La capa superficial de la piel, la epidermis, tiene como característica importante su nivel de sequedad. Cuando la persona está relajada y en calma, las glándulas sudoríparas funcionan al mínimo y la piel se mantiene relativamente seca; sin embargo, cuando la misma persona está excitada y nerviosa, las glándulas se activan.[81] El cambio de una situación de estrés a una de relax produce estas modificaciones en sentido inverso. En función de su grado de sequedad-humedad, varía el grado de conductividad de la electricidad aumentando o disminuyendo su resistencia.

Los cambios relativos a este parámetro en estado de relajación pueden ocurrir durante el sueño profundo, pero les lleva varias horas; el Yoga-Nidra induce un estado de relajación más profundo, lo que permite que estos cambios se produzcan en un periodo de tiempo menor. El efecto es mesurable con las pruebas de resistencia eléctrica.

Swami Satyananda afirma que hay otra cosa que se puede hacer, que es fotografiar a una persona con técnicas fotográficas Kirlian; primero, antes de la práctica de Yoga-Nidra y, después, durante la práctica y tras terminarla. Esto dará clara indicación de los cambios que ocurren en el cuerpo pránico (energético), incluida la expansión del aura. Muchas personas saben que esto ocurre por su propia experiencia y percepción, la prueba científica sería de un valor incalculable.

Resumiendo, Yoga-Nidra es un medio natural de establecer la armonía en todo el organismo. Es un camino hacia la transformación.

La voz de los maestros

«A través de la práctica de Yoga-Nidra, no solo nos estamos relajando, sino reestructurando y reformando toda nuestra personalidad desde dentro. Como la mitológica Phoenix, con cada sesión quemamos viejos *samskara*, hábitos y tendencias, para volver a renacer. La liberación de las tensiones, la relajación y la paz mental son el secreto de la transformación».

SWAMI SATYANANDA SARASWATI[79]

«Yoga-Nidra te ayuda a reconocer y desidentificarte de tus creencias negativas subyacentes y patrones habituales, a darte cuenta de que tu Verdadero Ser, o verdadera Yo-idad, es una Presencia del Ser incalificable e infinita en la que todo, tanto en estado de vigilia como dormido, nace, se despliega y se disuelve. Con Yoga-Nidra, exploras y descubres la verdad de tu Verdadero Ser como puro Ser. Yo soy Consciencia. Yoga-Nidra te ofrece herramientas simples pero exquisitas para obtener de primera mano conocimiento sobre quién eres y cómo funciona realmente el universo».

RICHARD MILLER[49]

«En cada etapa del Yoga-Nidra, cada "cuerpo" nos permite navegar por los océanos infinitos de nuestro pequeño microcosmos, conocerlo mejor, profundizar en él, investigar, descubrir… Permitir progresivamente, entrenando la mente y alcanzando estados de plenitud, atenuar emociones negativas y cultivar estados emocionales positivos con todos los beneficios que eso conlleva: sincronía en los hemisferios cerebrales, serenidad, capacidad para afrontar situaciones conflictivas y, sobre todo, desarrollo de la fuerza interior que solo puede tener lugar en el núcleo del individuo y que en yoga se traduce como la fuerza del alma, generalmente en estado latente».

NEELAM OLALLA[55]

Yoga-Nidra, la relajación del éxtasis

La mayor parte de las personas duerme sin haber resuelto sus tensiones.
Eso se llama nidra.
Nidra *significa dormir; pero Yoga-Nidra significa dormir después de haber dejado marchar las cargas.*
Es de una calidad extática, de mucha mayor calidad.

Cuando la consciencia es separada de los vrtti,
cuando la vigilia, los sueños y el sueño profundo pasan como nubes,
todavía queda la consciencia del alma;
esta es la experiencia de total relajación.

Relajación no significa dormir.
Relajación significa ser feliz hasta el éxtasis, sin límite.
Llamo éxtasis a la relajación absoluta;
dormir es otra cosa.
Dormir solo confiere relajación a la mente y los sentidos.
El éxtasis relaja el alma, el ser interior;
por eso, en Tantra, Yoga-Nidra es la puerta al Samadhi.

SWAMI SATYANANDA SARASWATI

Yoga-Nidra como terapia

Yoga-Nidra revela que la aversión y el rechazo a cualquier estado cambiante son motores que alimentan el estrés crónico, dolor, conflicto, ansiedad, depresión, insomnio y falta de paz.

RICHARD MILLER[49]

Debido a sus múltiples beneficios físicos y psíquicos, probablemente Yoga-Nidra es un método que debería de adoptarse más ampliamente en hospitales como coadyuvante en el tratamiento de ciertas dolencias, afirmaba Satyananda. Se puede utilizar para calmar a los pacientes, y ayuda en la recuperación de diversos tipos de enfermedades impulsando la activación de las funciones autocurativas del cuerpo.[78]

Swami Satyananda –diplomado en Neurofisiología, Veterinaria y Filosofía, y formado por Swami Sivananda, que fue médico– asegura que puede utilizarse, por ejemplo, como complemento para tratar las siguientes dolencias: asma, diabetes, cefaleas, migraña, tartamudeo, molestias neurofísicas como la neurastenia, úlceras pépticas y duodenales, hipertensión, reumatismo, cáncer, desequilibrio hormonal y dolencias relacionadas, problemas sexuales de todo tipo. Casi no hay límite.

> «Yoga-Nidra puede ayudar en casi todo tipo de enfermedades, en especial las que puedan tener un componente psicosomático».
>
> Swami Satyananda[78]

> «Las enfermedades psicosomáticas tienen su raíz en la psique (mente), pero florecen y dan frutos en lo físico».
>
> Doctor Nrusingh Charan Panda[56]

Al trabajar con Yoga-Nidra los niveles del ser más profundos y sutiles, se ataca no solo el síntoma, sino el origen del síntoma que se manifiesta a nivel físico en las cuestiones psicosomáticas. Utilizando la intención, podremos también modificar patrones que pueden estar perjudicándonos seriamente.

«Mediante la autoconciencia, la mente puede utilizar el cerebro para generar "moléculas de emoción" y liberarlas en el sistema. Mientras que el uso apropiado de la consciencia puede proporcionar salud a un cuerpo enfermo, el control inapropiado e inconsciente de las emociones puede ocasionar fácilmente que un cuerpo sano enferme».

BRUCE LIPTON[40]

Yoga-Nidra también puede utilizarse con resultados terapéuticos favorables observados en los siguientes casos.

Embarazo y parto

Para relajar el cuerpo y la mente. Aunque, obviamente, no se trata de una enfermedad, no queremos pasar por alto los múltiples beneficios de esta práctica durante todo el embarazo, tanto para la madre como para el bebé. La práctica de Yoga-Nidra facilita la producción de endorfinas, neurotransmisores que producen los mismos efectos que los analgésicos opiáceos: disminuyen la percepción de dolor y crean sensación de bienestar.

Durante el embarazo, este neurotransmisor es importante tanto para la madre como para el feto; también durante el parto.

La oxitocina induce las contracciones durante la labor del parto. Para compensar el dolor producido por la acción de contracción que genera la oxitocina (endógena), el cuerpo materno segrega endorfinas (el opiáceo endógeno). La práctica de Yoga-Nidra, previa al parto, facilita esta secreción y favorece un estado de placidez y plenitud serena.

Dolor

Yoga-Nidra es una herramienta útil para reducir la sensibilidad al dolor durante los accidentes o enfermedades como el cáncer. La secreción de endorfinas se ve aumentada por el estado de relajación, como decíamos anteriormente. Según afirma la doctora Candace Pert, «la imaginería guiada es una de las modalidades que, más allá de toda duda, puede influenciar y ayudar en la recuperación de los pacientes con cáncer».[62]

Cirugía

Swami Satyananda refiere que Yoga-Nidra puede utilizarse como método para inducir anestesia local en ciertas operaciones quirúrgicas. Este método se ha utilizado con éxito en tratamientos dentales, incisiones menores e, incluso, cirugía abdominal.[78]

Enfermedades por fatiga y tensión

En las enfermedades causadas por la fatiga y la tensión, la relajación física, emocional y mental puede ser el secreto de la autocuración.

En casos de estrés postraumático

Se ha utilizado, en los Estados Unidos, con soldados.[73] Puede encontrarse la referencia a este estudio en la *US National Library of Medicine-National Institutes of Health*, donde también hay más artículos que detallan otros estudios hechos en diferentes grupos.

«La práctica de Yoga-Nidra facilita la autosanación de un vasto número de dolencias», asegura Swami Satyananda.[78] No parece exagerado si se tiene en cuenta la afirmación de la doctora Pert: «Se han combinado la relajación, la autohipnosis y la visualización para ayudar a las personas a dirigir su propia curación».[62] Tres elementos presentes en cada sesión de Yoga-Nidra: relajación –física, nerviosa, orgánica, mental, emocional–, autosugestión o *sankalpa*, y visualización.

Según ella, para acceder a la red psicosomática,

> «El punto clave es la corteza frontal, parte del cerebro rica en péptidos (cadenas de aminoácidos) y receptores. Esta es la localización de todas las funciones cognitivas superiores, como la planificación del futuro, toma de decisiones y formulación de intenciones de cambio; en suma, es la corteza frontal la que nos hace realmente humanos. [...] La corteza frontal es más dependiente del libre flujo de péptidos de la emoción a través de la red psicosomática que cualquier otra parte del cuerpo.
>
> »El cerebro requiere de un combustible que es la glucosa y de un flujo sanguíneo que le asegure el abastecimiento de esta. El flujo sanguíneo está muy regulado por los péptidos emocionales, que envían señales a los receptores en las paredes de los vasos sanguíneos para contraerse o dilatarse, influenciando la cantidad y velocidad del flujo. Sin embargo, si nuestras emociones están bloqueadas, se produce una contracción crónica del flujo sanguíneo, privando a la corteza frontal, como también a otros órganos, de este

> nutriente esencial. Lo anterior nos deja menos alerta, limitados en nuestra capacidad de intervenir en la conversación entre el cuerpo y la mente, y cambiar la fisiología o el comportamiento. [...]
>
> »La felicidad es lo que sentimos cuando nuestros bioquímicos de la emoción, los neuropéptidos y sus receptores, están abiertos y fluyendo libremente a través de la red psicosomática, integrando y coordinando sistemas, órganos y células, en un movimiento suave y rítmico. Fisiología y emociones son inseparables».[62]

En cualquier caso, como afirma el doctor Panda Nrusingh Charan:[56]

> «Hay que recordar que Yoga-Nidra es una técnica yóguica para acondicionar la mente, de forma que algunos desórdenes mentales y físicos pueden ser reequilibrados; pero no es una panacea para curar cualquier enfermedad. No es una fórmula mágica para santificar cualquier acción moral ni el comportamiento licencioso de una persona».

Yoga-Nidra y la armonización del flujo pránico

Los textos clásicos yóguicos, como el *Yoga Chudamani Upanisad* y el *Yajñavalkya Samhita,* explican que hay 72.000 *nadi* (rutas bioplásmicas o canales energéticos) en la envoltura pránica (energética) humana; otros textos dicen que hay más. Realmente, el número exacto carece de importancia. En muchos casos, se aprecia que estos canales coinciden con los meridianos de la medicina tradicional china.

Los *nadi* actúan como medio y base de control de la energía en el cuerpo físico. El campo energético ha sido fotografiado por la fotografía Kirlian, entre otras, y las funciones profundas del cuerpo energético, lentamente, se van tornando obvias para la ciencia moderna.

Yoga-Nidra ayuda a armonizar los flujos pránicos a través de toda la estructura humana. Esto es especialmente cierto durante la fase de la rotación de consciencia por las diferentes partes del cuerpo. La mente (energía psíquica) puede controlar el *prana* (energía vital) y, la mera consciencia mental de una parte específica del cuerpo, induce el flujo del *prana* en esa área.

La práctica de Yoga-Nidra tiene implicaciones profundas en este sentido; de hecho, en ocasiones, se le denomina «acupuntura yóguica».

Yoga-Nidra y las enfermedades mentales

A pesar de la afirmación de Swami Rama de los Himalaya acerca de Yoga-Nidra como la práctica *más segura del mundo*[66] y de los múltiples beneficios de la técnica; o, incluso de la siguiente afirmación de Swami Satyananda:

> «La enfermedad mental indica una desarmonía en la mente (no importa cómo sea de pequeña) y solo desaparece con el inicio de la autorrealización.
>
> »Hay un vasto número de personas en el mundo clasificadas como "enfermos mentales", que padecen de dolencias llamadas esquizofrenia, melancolía, neurosis, etcétera, pero realmente es

una cuestión de grado, ya que todos estamos, de alguna forma, mentalmente enfermos, algunos menos que otros.

»La causa de la enfermedad mental es un desorden o desarreglo en la mente, quizás en forma de miedos, conflictos, etcétera, que pueden ir sistemática y gradualmente desapareciendo con la práctica de Yoga-Nidra».[78]

Contraindicaciones

También hay algunas que deberían tenerse en cuenta.

Hay que evitar la práctica si se padecen trastornos psicológicos graves (esquizofrenia, depresión profunda...). En todo caso, ante un practicante que mencione este tipo de problemas en la entrevista previa, se impone el principio de precaución y extrema prudencia.

Durante los estados de relajación lo suficientemente profundos, uno puede comenzar a confrontar visiones, memorias subconscientes, traumas infantiles y demás. «Pueden verse imágenes de demonios, dragones, fantasmas... la mayor parte de las cosas más extrañas aún que la ficción y, ciertamente, demasiado extrañas para ser descritas en palabras», advierte Satyananda.[78]

A veces placenteras, a veces muy molestas, representan conflictos de nuestra mente y es conveniente que aparezcan para liberarnos de ellas. Uno debe de ser testigo distante. Sentir que las visiones están separadas de uno mismo. De este modo, no serán suprimidas de nuevo. La confrontación de estas impresiones mentales lleva a la neutralización de su contenido emocional. La mente se libera poco a poco de estos nudos subconscientes cargados emocionalmente. La mente se vuelve más relajada.

Sin embargo, en los casos de especial fragilidad mental, pueden resultar en exceso inconvenientes para algunas personas. Recomendamos, encarecidamente, la máxima prudencia.

En cualquier práctica de Yoga-Nidra, no necesariamente con casos contraindicados, es muy importante observar con atención a los participantes durante toda la práctica para prevenir reacciones adversas y estar preparados para suavizarlas.

Es importante detectar:

- Movimientos incontrolados.
- Crispación en manos o cara.
- Llantos o lloros.
- Cubrirse la cara.
- Gemidos.

Ante una repetición de este tipo de reacciones, es mejor cambiar la técnica y pasar a una relajación más física, que lleve al alumno a una mayor consciencia corporal o, directamente, salir progresivamente del Yoga-Nidra.

Yoga-Nidra puede utilizarse en la terapia de enfermedades psicosomáticas –como hemos relatado con anterioridad–, pero siempre, evidentemente, con la suficiente formación como terapeutas. Hay un caso interesante, relatado por Swami Satyananda, en el que una mujer que era incapaz de mover los dedos de ambas manos –había perdido el control de los músculos y nervios– continuaba sin mejora desde hacía algunos años. Fue a un *ashram* y siguió sesiones regulares de Yoga-Nidra. Durante la fase de visualización se le pidió que imaginase que estaba sosteniendo un hacha y cortando un árbol, troceando su madera, etcétera. Acciones que requerían que usara las manos. Esto se repitió durante una serie de sesiones de Yoga-Nidra. Al final, se dio cuenta de que podía usar los dedos del mismo modo que había visualizado. Su bloqueo mental desapareció y comenzó a vivir una vida normal y activa otra vez.[78]

Yoga-Nidra expone y saca a la luz todos los complejos; elimina los nudos mentales. Puede ser utilizado por los psiquiatras con los pacientes y también por uno mismo. Sería interesante que Yoga-Nidra se adoptase en los hospitales y por los terapeutas, ya que, ciertamente, su valor en este campo se ha comprobado, según afirma Swami Satyananda.[78]

No siendo terapeutas, lo más prudente es evitar la técnica con personas que padecen este tipo de enfermedades en grado moderado o grave.

Tu cuerpo es como una casa de huéspedes. Yoga-Nidra te enseña cómo convidar a cualquier invitado imaginable a «tomar el té y compartir un rato de charla». Bienvenidos la incomodidad, las emociones, recuerdos y tu estado natural de ser.

Cuando aparece la incomodidad, no intentes echarla. Primero, recíbela y dale la bienvenida como a un mensajero. Pregúntale cuál es el mensaje. A veces, la incomodidad sencillamente quiere susurrarte algo en el oído y marcharse. Otras veces, quizás quiere que reajustes tu cuerpo. Observa tu tendencia a reaccionar –tu propensión a saltar fuera de la experiencia–. Yoga-Nidra es un camino de «bienvenida» en el que aprendes a conocer, agradecer y dar la bienvenida a todo lo que la vida traiga a tu mesa. Solo entonces descubrirás tu claridad innata, tu acción correcta y la paz de la mente. Posees una inteligencia innata que sabe exactamente qué hacer en cada situación que la vida te trae.

Richard Miller[49]

6. Consideraciones biológicas y curiosidades

Consideraciones sobre el cerebro, el sistema nervioso y el mundo de las emociones

A pesar de no ser expertos en estas cuestiones y aún a riesgo de ser en exceso elementales para los duchos en la materia, introduciremos a continuación una descripción genérica sobre el cerebro y el sistema nervioso con el fin de comprender mínimamente los efectos que tiene la práctica de Yoga-Nidra sobre ellos.

Nos gustaría también dejar constancia de que, como explica Annie Marquier en *El cerebro del corazón*,[42] las investigaciones indican que no es el cerebro el que genera la consciencia, sino que, por el contrario, es el nivel de consciencia del individuo el que determina qué partes del cerebro van a ser activadas en cada momento. Esto, que puede parecer tan novedoso, está íntimamente relacionado con la práctica de la que trata este libro. En Yoga-Nidra vamos tomando consciencia de los diferentes niveles del ser, desde el más denso al más sutil, y dentro del más denso, el cuerpo físico, de cada una de sus partes, igual que del más sutil de cada uno de sus niveles, con lo cual activamos y «modelamos» diferentes áreas del cerebro que quizás de otro modo no haríamos.

Nuestro cerebro desde el punto de vista evolutivo: tres cerebros en uno

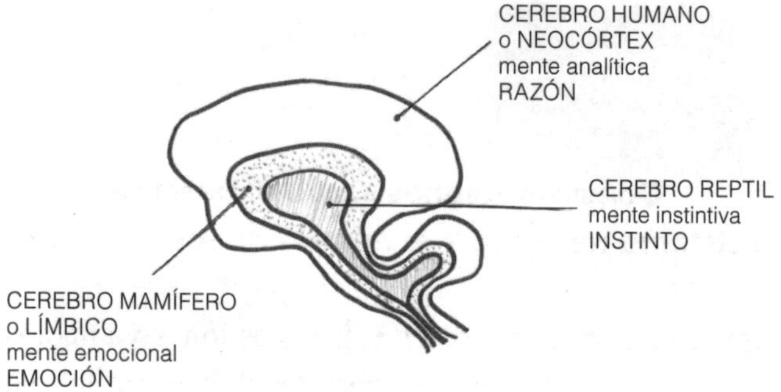

Nuestro cerebro tiene más de 100.000 millones de neuronas, células que funcionan como receptores y emisores, que se unen a otras células neuronales formando redes que transmiten información en forma de corriente eléctrica. Venimos al mundo con pocas de estas conexiones que irán creándose en contacto con nuestras experiencias.

Desde el punto de vista evolutivo, pueden distinguirse las siguientes áreas en el cerebro:

- Los primeros vertebrados poseían un cerebro primario, llamado **cerebro reptil**, formado por el tronco encefálico y el cerebelo. El cerebro del instinto que permite mantener las funciones vitales básicas para la super-

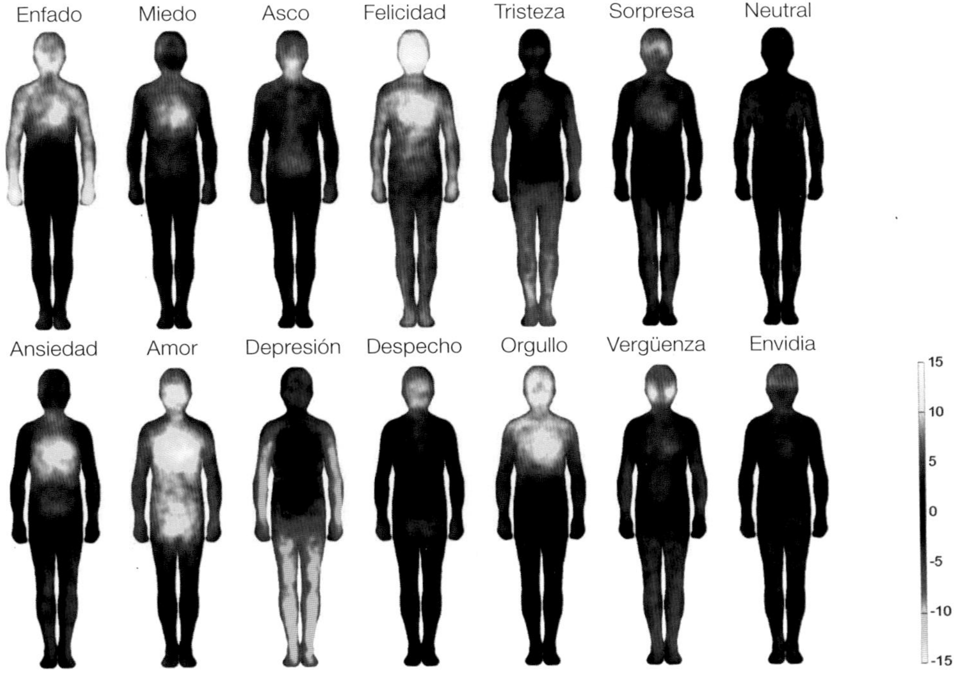
Enfado
Miedo
Asco
Felicidad
Tristeza
Sorpresa
Neutral
Ansiedad
Amor
Depresión
Despecho
Orgullo
Vergüenza
Envidia
15
10
5
0
-5
-10
-15

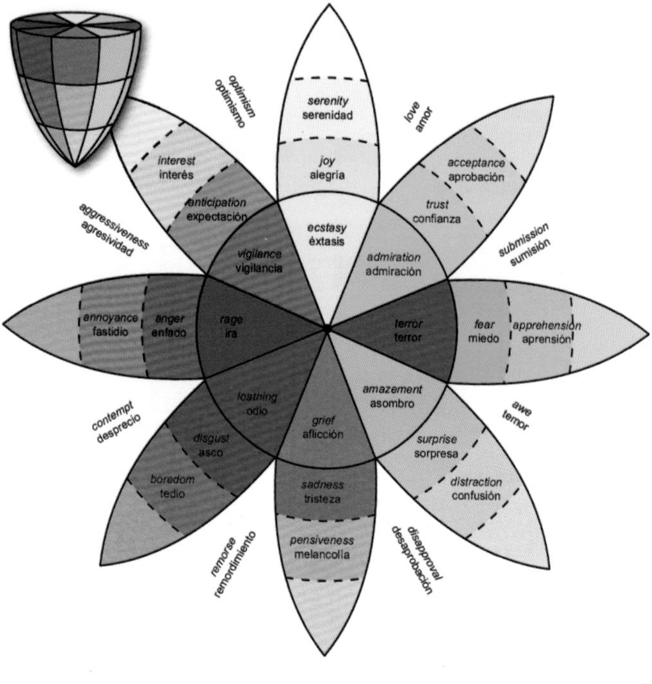

serenity
serenidad
joy
alegría
ecstasy
éxtasis
love
amor
acceptance
aprobación
trust
confianza
admiration
admiración
submission
sumisión
terror
terror
fear
miedo
apprehension
aprensión
awe
temor
amazement
asombro
surprise
sorpresa
distraction
confusión
disapproval
desaprobación
grief
aflicción
sadness
tristeza
pensiveness
melancolía
remorse
remordimiento
loathing
odio
disgust
asco
boredom
tedio
contempt
desprecio
rage
ira
anger
enfado
annoyance
fastidio
aggressiveness
agresividad
vigilance
vigilancia
anticipation
expectación
interest
interés
optimism
optimismo

vivencia: respirar, dormir, buscar alimento, frecuencia cardiaca... Es sede de lo que Claudio Naranjo* denomina «la sabiduría organística»: la función autorreguladora básica para la vida en todos sus niveles.[50] Si el organismo detecta un peligro, inexorablemente se activa este cerebro tanto si el riesgo es real como imaginario. De forma metafórica, se puede identificar con «el niño» interior, la espontaneidad.

- Al aparecer en los primeros mamíferos, a estas estructuras cerebrales primarias fueron incorporándose otras que dieron lugar al **cerebro mamífero** (tálamo, hipotálamo, hipocampo, amígdala cerebral, cuerpo calloso, septo y mesencéfalo). En este cerebro aparece el sistema límbico, el cerebro emocional: hipocampo, amígdala. La amígdala es responsable de «imprimir la emoción» y el hipocampo de «mantener la memoria de lo que el cerebro considera importante para la supervivencia». Este cerebro representa a «la madre» interna, lo amoroso y relacional.
- En el **cerebro humano**, se configura también un neocórtex en el que hay un córtex prefrontal, situado detrás de nuestra frente, que faculta nuestra capacidad de pensar, planificar, resolver problemas, tomar decisiones. «El padre» dentro de esta familia metafórica.

* Claudio Naranjo, chileno, estudió medicina, psiquiatría y música y acabó convirtiéndose en un referente mundial en la investigación de la mente humana. Integrador de la sabiduría tradicional y científica, oriental y occidental, y el conocimiento histórico, antropológico, sociológico, psicológico y espiritual del ser humano. Creador del programa SAT. Gran conocedor de la meditación y sus efectos.

«El cerebro reptiliano es el encargado de nuestra fisiología involuntaria y regula el hambre, la temperatura, la pulsión sexual y la respiración. El cerebro límbico, sede de nuestra memoria emocional, regula desde el miedo hasta la rabia, desde los celos al llanto. El neocórtex es el encargado de la autorreflexión, la resolución de problemas y la discriminación, entre otras funciones».

JULIÁN PERAGÓN[61]

Tres cerebros evolutivos interconectados que Naranjo relaciona, como decíamos, con tres aspectos diferentes de la persona: uno instintivo, que simbólicamente sería «el niño»; uno emocional, que puede representarse con «la madre», y uno de tipo intelectual-normativo, que sería «el padre».[50]

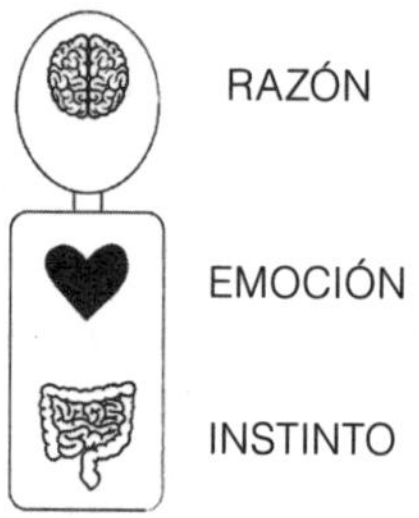

Con la práctica de Yoga-Nidra, podemos tomar contacto con estos tres aspectos, descubrirlos, tomar consciencia de ellos e irlos integrando para desarrollarnos como seres completos, multidimensionales, con todo nuestro potencial.

Sistema nervioso autónomo

En el sistema nervioso encontramos tres grandes áreas de interés:

1) *Sistema nervioso central* (SNC): encéfalo y médula espinal.
   El encéfalo consta de:
   - Cerebro.
   - Cerebelo.
   - Diencéfalo.
   - Bulbo raquídeo, que se transforma en la médula espinal en la columna vertebral.
2) *Sistema nervioso periférico* (SNP): ganglios y nervios que salen y entran de la médula y que llegan a todos los órganos, músculos y piel, que, a su vez, se divide en:
   - *SNP motor:* controla los movimientos.
   - *SNP sensitivo*: recoge la información de los sentidos, tanto consciente –como es el caso de los datos recogidos por la piel– como inconsciente –a través de las vísceras, órganos, músculos y articulaciones.
3) *Sistema nervioso autónomo o vegetativo* (SNA): encargado de controlar las funciones vitales automáticas del cuerpo: el ritmo cardiaco, el respiratorio, la digestión, las glándulas, parte de las secreciones hormonales y de neuropeptidos... Es predominantemente un sistema que transmite impulsos desde el SNC hacia los órganos periféricos.
   Dentro de este, pueden definirse dos ramas:
   - *Sistema nervioso simpático*: actividad y alerta.
   - *Sistema nervioso parasimpático*: descanso y recuperación.

> El sistema simpático, distribuido por todo el cuerpo, se ramifica ampliamente, mientras que el parasimpático lo hace en forma más limitada y su influencia es más circunscrita.

Vamos a centrarnos en el último: el *sistema nervioso autónomo*. Dentro del sistema nervioso autónomo, un sistema no voluntario, no consciente y automático, encontramos la distinción entre la división simpática –responsable de la activación– y parasimpática –responsable del reposo.[35]

Podemos comparar el sistema nervioso simpático con el acelerador: se activa de modo inmediato ante situaciones de emergencia y estrés, moviliza y usa mucha energía, y con rapidez. El sistema nervioso parasimpático constituye el freno: reduce la velocidad, conserva y almacena la energía, nos permite hacer una buena digestión, recuperar la energía consumida por la activación de la rama simpática, repara a largo plazo. El estrés lo desactiva.[23]

A grandes rasgos, podemos ver el funcionamiento de ambas ramas en el siguiente esquema.

SISTEMA NERVIOSO SIMPÁTICO	SISTEMA NERVIOSO PARASIMPÁTICO
Procesos de activación	Procesos de relajación
Respuesta: «lucha-huida» Se moviliza ante la emergencia	Crecimiento
Su estimulación sostenida a largo término es perjudicial	Respuesta inmune, almacenamiento de energía: procesos a largo término beneficiosos
Acelera el ritmo cardiaco	Disminuye el ritmo cardiaco

SISTEMA NERVIOSO SIMPÁTICO	SISTEMA NERVIOSO PARASIMPÁTICO
La respiración es rápida y superficial	La respiración es relajada y profunda
Actúa sobre los vasos sanguíneos de la piel y las glándulas sudoríparas	Actúa sobre las glándulas lacrimales
Inhibe la salivación	Estimula la salivación
Inhibe le digestión	Facilita la digestión

Cómo afecta Yoga-Nidra a estos aspectos del sistema nervioso

Grosso modo, en Yoga-Nidra se activa la rama parasimpática del sistema nervioso autónomo y se inhibe la rama simpática.

Yoga-Nidra parece funcionar cambiando la reactividad neurohumoral al estrés, creando condiciones somáticas contrarias a las provocadas por la sobreactividad simpática, afirma Swami Satyananda.[79] Durante Yoga-Nidra, los órganos y sistemas del cuerpo alcanzan un profundo descanso fisiológico y los mecanismos de regeneración inherentes al cuerpo se ponen en marcha. Como resultado, se refuerzan fisiológicamente los tejidos corporales contra el estrés llegando a ser menos susceptibles a influencias lesivas.

La profunda experiencia de relajación muscular, visceral, nerviosa, mental y emocional conseguida en Yoga-Nidra permite el equilibrio de las energías psíquicas y vitales. Además, la retirada de la actividad de la vigilia hacia el descanso, de la simpaticotonía a la vagotonía, abre una capa más profunda de la consciencia en la que la ventana que se asoma al subconsciente es susceptible de ir abriéndose.

El cerebro emocional, sistema límbico[27]

Hemos visto que las estructuras correspondientes a este aspecto, el emocional, se desarrollaron en lo que hemos denominado cerebro «mamífero»; si bien en la Declaración de Cambridge sobre la Consciencia, firmada por un grupo de eminentes neurocientíficos con el apoyo de Stephen Hawking en julio de 2012, se declara, entre otras cosas, que las redes emocionales de las aves y de los mamíferos parecen ser mucho más homólogos de lo que antes se pensaba, según menciona Jordi Pigem en *Inteligencia vital*.[63] Dejamos este apunte como mera curiosidad: quizás el llamado cerebro mamífero también es compartido por las aves.

Este cerebro límbico, llamado también «emocional» o «químico», se ocupa de las funciones no conscientes como el orden químico y la homeostasis. Funciona al margen de la mente consciente: en cuanto se siente una emoción, se activa de inmediato el sistema nervioso autónomo, prescindiendo del neocórtex.[24] Los sistemas hormonal, nervioso e inmune están estrechamente vinculados al aspecto emocional.

La función del cerebro emocional ha sido la de proteger nuestra supervivencia. E-moción, *e-motion*, e-movimiento: la emoción es la que provoca el movimiento, la acción que puede poner a salvo al individuo. Energía en movimiento. Por ejemplo, el asco, puede evitar que ingiramos una sustancia perjudicial, o la rabia provoca que entremos en modo lucha o huida ante un peligro, y el miedo casi puede hacernos invisibles por inmovilidad ante una amenaza. Inicialmente, la emoción es la que dirige nuestra atención hacia un suceso externo.

Una vez que esto ocurre, a través de la corteza prefrontal, también podemos redirigir conscientemente nuestra atención.[35] Este movimiento consciente y deliberado de la atención es el que puede permitirnos la gestión saludable de la emoción. Es elección exclusivamente personal el quedarse enganchado a la emoción y permitir que «engorde» sin límite, o llevar la atención a la respiración y las sensaciones, permitiendo que la emoción se exprese sin que se desborde hasta niveles en que deja de ser necesaria y se convierte en dañina. Aquí radica el libre albedrío: ¿Qué actitud adopto ante cada circunstancia? Tal vez esto parezca una meta descabellada a algunos, faltos de autoconocimiento y herramientas para la gestión emocional; sin embargo, es un gesto que únicamente requiere entrenamiento y disciplina.

Esta área cerebral de la que hablamos es de respuesta rápida y automática. El cerebro límbico es capaz de tratar 40.000 millones de bits de información por segundo. En comparación, el córtex cerebral es más lento; el circuito consciente solo puede tratar 2.000 bits de información por segundo.[42]

En Yoga-Nidra, descubriremos que, permitiendo una pausa entre el estímulo y la respuesta, igual que se produce una pausa entre una ola y la siguiente, nos regalamos el tiempo necesario para actuar de modo consciente desde el córtex, en lugar de saltar como un animal al acecho o acechado actuando desde el cerebro límbico.

¿Cómo funciona el sistema límbico?

La amígdala forma parte del llamado sistema límbico. Ante una situación determinada, se responsabiliza de imprimir emoción a la vivencia; es decir, de aplicar mecanismos de supervivencia y adaptación. Es especialista en la expresión de emociones como la agresividad y el miedo. Detectora fundamental de peligros.[35]

Cuando el hipotálamo cerebral percibe una amenaza en el entorno, activa la rama simpática del sistema nervioso autónomo (SNA), inhibiendo la rama parasimpática relacionada con el modo relax; y activa, también, el eje hipotálamo-hipófisis-adrenal (HHA).

El eje HHA sigue una secuencia sencilla: el hipotálamo segrega un factor liberador de corticotropina (CRF) –o sea, da el aviso de que la CRF es necesaria– en respuesta a la señal de alerta registrada por el cerebro. Este factor viaja por el torrente sanguíneo hasta la glándula hipofisaria o pituitaria, donde activa unas células especiales que liberan corticotropina o la hormona adrenocorticotropa (ACTH) en sangre. La ACTH viaja hasta las glándulas suprarrenales, donde sirve como señal para la secreción de las hormonas de «lucha o huida».

A su vez, estas hormonas del estrés coordinan la función de los órganos corporales, inhibiendo las funciones que no son estrictamente necesarias en el movimiento de «huida» (por ejemplo, la digestión o la excreción), y proporcionan una gran fuerza física para, o bien huir, o bien enfrentarnos al peligro.[40] Al activarse la respuesta de lucha-huida, las glándulas suprarrenales (corteza suprarrenal) producen secreción de cortisol, adrenalina, noradrenalina.

El exceso de cortisol parece estar implicado en la disminución de la actividad de antioxidantes, en el bloqueo de las proteínas neuroprotectoras, y también en la alteración de mecanismos celulares y moleculares que modulan la «plasticidad neuronal» y la supervivencia neuronal. La excesiva secreción de cortisol es neurotóxica; es decir, produce la muerte de neuronas del hipocampo, relacionado con el aprendizaje y la memoria y con la regulación del sistema inmunitario.[35]

Dentro del sistema límbico, la amígdala estimula este eje HHA; el hipocampo (implicado en el aprendizaje, la memoria y la neurogénesis) lo frena.

Dicho de otro modo, el hipotálamo segrega el péptido (aminoácido) que corresponde al estado emocional y este viaja a través del torrente sanguíneo. Cada célula tiene en su superficie receptores abiertos a estos neuropéptidos; así que todo el organismo se ve afectado por el estado emocional, incluso a nivel celular. Cada célula «se emociona».

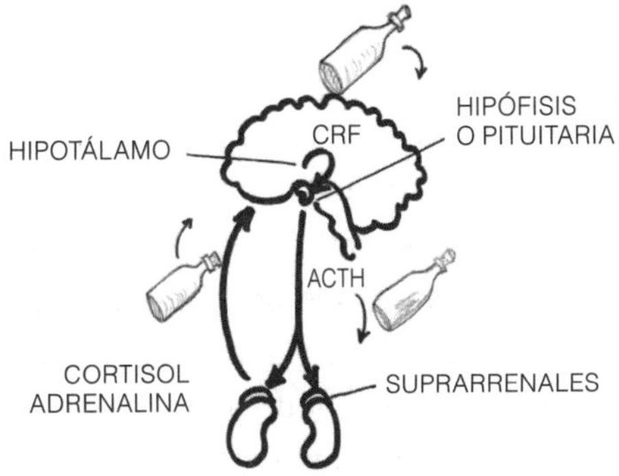

Hablamos, pues, de una especie de sistema de comunicación en el que varios órganos lanzan al torrente circulatorio «botellas de náufrago» con mensajes o paquetes de información química que activan o inhiben funciones, de forma que todo el cuerpo responde a una emoción concreta.

Las emociones rigen todos los sistemas del organismo. Si reprimimos la expresión de las emociones, también reprimimos nuestras funciones orgánicas, lo que a la larga produce enfermedades o malestar, ya que se trata de una parte intrínseca del funcionamiento de nuestro cuerpo.[62]

Por otro lado, los estados emocionales repetidos dan lugar al mismo tipo de respuesta química. Esto nos vuelve adictos a cierto tipo de experiencias o, más precisamente, a las sustancias químicas asociadas a ciertas experiencias. Por lo cual, de modo completamente inconsciente, en el mayor número de casos, iremos a buscar situaciones determinadas, no necesariamente placenteras, que produzcan esa «ducha química» endógena. Esto podría parecer una condena irremediable; sin embargo, algunos científicos, como el doctor Herbert Benson,* confirman que incluso los hábitos más perjudiciales pueden cambiarse utilizando la relajación.

Hay estudios que revelan que las emociones positivas y expansivas liberan un neuropéptido –oxitocina– que desactiva los receptores de la amígdala liberándonos del miedo y aumentando la confianza.[3] Es decir, cuanto «mejor nos emocionemos», más fácil nos será desbancar el miedo y ganar seguridad en la vida.

Así que, aunque inicialmente todo parezca una condena, no lo es si nos hacemos con las herramientas adecuadas y mostrar-

* Herbet Benson, médico cardiólogo, profesor en la Universidad de Harvard, pionero en el estudio de la respuesta de relajación.

nos la voluntad y la regularidad de utilizarlas hasta integrarlas en nuestro modo de vida.

Emociones: qué son y cómo actúan

> *La emoción es la reacción del cuerpo a la mente. Una respuesta instintiva es la respuesta directa del cuerpo a alguna situación exterior. En cambio, una emoción es la respuesta del cuerpo a un pensamiento.*
>
> ECKHART TOLLE[84]

Siguiendo en la línea de las emociones y dado que, en algunos momentos de la práctica del Yoga-Nidra, trabajamos con este universo evocando emociones y observándolas, es necesario conocer varios aspectos de esta manifestación de la mente humana.

Como acabamos de ver, la evolución del sistema límbico tuvo como resultado la aparición de un mecanismo único que convertía la comunicación mediante señales químicas en sensaciones que nuestra mente consciente «interpreta» como emociones.[40] El ser humano es fundamentalmente emocional y la actual neurociencia nos enseña que el ser humano ve, siente u oye, a través de los filtros emocionales de su cerebro. Las emociones son las improntas químicas de las experiencias[24] que se traducen en sensaciones físicas.

La palabra *emoción*, como hemos explicado anteriormente, significa movimiento o expresión motora realizada a través de la conducta, bien en lenguaje verbal o corporal. En su origen, las emociones nacieron como mecanismos que los seres vivos ponían en marcha para su supervivencia. También hemos explicado que los procesos que producen las emociones se generan en un conjunto de regiones subcorticales que funcionan de manera involuntaria sin que intervenga la mente consciente. Sin embargo, el aprendizaje y la cultura cambian la expresión de las emociones; por ejemplo, el modo de exteriorizar la rabia puede ser más o menos controlado, o más o menos desinhibido, en función de cierto tipo de factores, como dónde he nacido, a qué cultura o tradición pertenezco, cuál es mi patrón familiar...

Las emociones son reacciones viscerales ante estímulos que pueden ser externos o internos. Importante: también internos, los que yo mismo *me* provoco.[61] «Viscerales»: no se trata, en este caso, de una expresión coloquial, sino literal. Los órganos del cuerpo realmente producen las emociones que experimentamos. El cuerpo entero es inteligente, no solo la mente, como explicábamos anteriormente. Los órganos son diferentes inteligencias dentro del cuerpo que desempeñan determinadas funciones y producen emociones específicas.[51] Es por esto que podemos relacionar diferentes emociones con distintos órganos, por ejemplo, la ira, en medicina china, se relaciona con el hígado.

Acerca de las áreas corporales en que emergen las sensaciones físicas que se corresponden a las diversas emociones, se publicó en noviembre de 2013 en la web del PNAS[53] (Proceedings of the National Academy of Sciences de Estados Unidos) un trabajo de investigación llevado a cabo por un equipo multidisciplinar* de la Universidad de Aalto, en Finlandia, liderado por

* Lauri Nummenmaa, Enrico Glereana, Riitta Harib y Jari K. Hietanend, investigadores, respectivamente, del Departamento de Ingeniería Biomédica y Ciencias Informáticas y la Unidad de Investigación Cerebral, el Laboratorio O. V. Lounasmaa, Escuela de Ciencias de la Universidad de Aalto, Finlandia; Turku PET Centre, de la Universidad de Turku,

el profesor en neurociencia Lauri Nummenmaa. Partiendo de cinco experimentos realizados sobre 701 personas de diferentes continentes, estos expertos plasmaron la topografía de dichas sensaciones emergentes dando lugar a lo que se llamó el «mapa corporal de las sensaciones». Los participantes de los experimentos fueron expuestos a estímulos emocionales –hasta un abanico de un total de 14 emociones específicas: amor, envidia, vergüenza, miedo, depresión, felicidad…– y debían colorear en una silueta humana las áreas en las que sentían cambios ante los estímulos; en función de las zonas que se activaban o desactivaban y su intensidad, el color variaba.

El resultado fue como plasma la imagen del pliego de color.

Los investigadores observaron coincidencias en el colorido del 70% de estos participantes que pertenecían a grupos culturales diferentes. Los patrones discernibles de sensaciones asociadas con cada emoción se correspondían con los cambios mayores producidos en las funciones fisiológicas asociadas a las diferentes emociones.

Esta topografía es una de las cosas que podemos descubrir, experiencial y conscientemente, durante una sesión de Yoga-Nidra en la que indagamos en el plano emocional.

Hoy en día, son varias las teorías que tratan de explicar el estrecho vínculo que hay entre las emociones, fenómenos psicológicos subjetivos, y la actividad de los órganos viscerales controlados por el SNA. Especialmente interesante es la que postula que, a través de las expresiones faciales, el ser humano

Finlandia; y el Laboratorio de Proceso de Información Humana, Escuela de Ciencias Sociales y Humanidades de la Universidad de Tampere.

expresa todas las emociones básicas: dichas expresiones están controladas por el SNA.

La gestualidad facial de la emoción parece ser un lenguaje universal que todos los humanos compartimos, independientemente de nuestro origen.

Catálogo de emociones

> *Cada latido de nuestro corazón tiene encriptada una información emocional.*
>
> DOCTOR ANTONIO ALCALÁ MALAVÉ*[1]

Aristóteles intentó definir un número de emociones básicas que se pudieran considerar universales; llegó a concretarlo en catorce. Algunos estudiosos hablan de cuatro; otros, de seis.

Robert Plutchik** sugiere que hay unos pares de emociones básicas, que son similares en todas las sociedades humanas, y de los que por combinación se derivan todas las demás.

* Doctor Alcalá Malavé (1964, Málaga). Neurocientífico experto en bioquímica cerebral, biología neuronal y ADN. Especialista en oftalmología y neurología de la visión. Galardonado con cuatro Premios Nacionales de la Real Academia Nacional de Medicina y Cirugía de Cádiz de la que es académico. Profesor de Terapia Regresiva e Hipnosis Clínica y Neurociencias de la Academia Internacional de Hipnosis Clínica y Experimental.
** Robert Plutchik. (1927-2006). Psicólogo, profesor emérito del Albert Einstein College de Medicina y profesor adjunto de la Universidad de Florida Sur.

Emociones básicas

EMOCIÓN BÁSICA	EMOCIÓN OPUESTA BÁSICA
alegría	tristeza
confianza	aversión
miedo	ira
sorpresa	anticipación
tristeza	alegría
aversión	confianza
ira	miedo
anticipación	sorpresa

Emociones avanzadas

EMOCIÓN AVANZADA	EMOCIONES BÁSICAS	EMOCIÓN AVANZADA OPUESTA
optimismo	alegría + anticipación	decepción
amor	confianza + alegría	remordimiento
sumisión	miedo + confianza	desprecio
susto	sorpresa + miedo	alevosía
decepción	tristeza + sorpresa	optimismo
alevosía	anticipación + ira	susto

Nuestro abanico emocional es tremendamente amplio; sin embargo, no solemos prestar atención suficiente a nuestras emociones; las desconocemos, no tenemos consciencia de sus matices y de las sensaciones físicas que las diferencian, incluso nos cuesta darles nombre. En psicología, existe un concepto acuñado por Lisa Feldman Barret* para hacer referencia a la capacidad de «sintonizar» con las emociones: «granularidad emocional». Cuando esta capacidad está desarrollada, uno, ante una circunstancia determinada, no solo siente ira o miedo, sino que experimenta contrariedad, indignación, angustia, irritación o desolación, pánico, terror, temor...; es decir, una gama amplia de emociones sutilmente diferentes. La granularidad emocional no significa tan solo tener un vocabulario suficientemente rico para expresar lo que se siente, que también, sino, sobre todo, ser conscientes de esas emociones y de todos los matices de sensación física que tienen asociados. Ciertamente, poder atender y distinguir las sensaciones es vital; aunque, como decíamos, conocer el vocabulario que designa las diferentes emociones que podemos experimentar nos ayuda a ampliar la consciencia sobre el extensísimo abanico emocional, y esto, a su vez, nos permite ser más eficaces a la hora de regular nuestros estados emocionales de forma saludable, evitando que desarrollemos estrategias destructivas para lidiar con situaciones que nos desbordan.

La granularidad emocional es un concepto que proviene de la década de 1990, cuando la psicóloga Lisa Feldman Barrett hizo un experimento en el que dio seguimiento a la experiencia emocional de cientos de personas durante meses. Feldman se percató de que la mayoría de los participantes usaba vocablos muy generales y amplios para describir sus estados emociona-

* Lisa Feldman Barrett, psicóloga canadiense, reconocida profesora de psicología de la Universidad de Northeastern, miembro de la Sociedad Experimental de Psicología, miembro de la Real Sociedad de Canadá, distinguida por la Asociación Americana de Psicología, por el National Institutes of Health Director's Pioneer... Directora del Interdisciplinary Affective Science Laboratory. Conocida por la *Theory of constructed emotion*.

les: «triste», «alegre», «enfadado», «tengo miedo». Lo remarcable fue que algunas personas usaban palabras diferentes o frases que les permitían profundizar más en lo que estaban sintiendo; por ejemplo: «me siento frágil como un cristal», «me siento vulnerable». En un primer momento, se pensó que estas personas sencillamente eran capaces de reconocer con mayor precisión sus emociones; lo cierto es que se trataba de algo más complejo: se vio que las personas capaces de manejar diferentes conceptos emocionales también son capaces de experimentar emociones «a medida» para cada situación. Esto significa que no caen, irremediable e innecesariamente, fulminadas por la expresión más intensa de una emoción cuando la situación requiere un nivel más «débil» de esta, con todo lo que esto significa en cuanto a secreción bioquímica. En definitiva, la granularidad emocional representa la capacidad de calibrar la emoción y su nivel de expresión más ajustado a la ocasión; permite al organismo construir la emoción más específica y dosificada. De este modo, también se dosifica la secreción de adrenalina y cortisol, por ejemplo, que tan perjudiciales pueden llegar a ser en exceso.

Esta interesante capacidad puede desarrollarse ampliando el vocabulario emocional, por un lado, y aumentando la consciencia emocional, por otro. El esquema de la rueda de las emociones de Robert Plutchik –que incluimos a continuación– puede ser de ayuda a la hora de visualizar un espectro bastante amplio de posibles emociones; es decir, de desarrollar la primera condición: vocabulario emocional. También Yoga-Nidra puede jugar un papel absolutamente relevante a la hora de ir reconociendo las sensaciones físicas asociadas a cada una de ellas. En el estado de profunda calma al que nos lleva esta práctica, podemos guiar o ser guiados para reconocer, como simples testigos observantes, en qué lugar del cuerpo se produce una sensación al evocar la indignación, la rabia, la duda, el tedio, la plenitud... qué forma tienen (de nudo, redonda, punzante, opresiva...), cuál es su intensidad, en qué se diferencian, etcétera. Y, con la práctica regular, vamos aprendiendo a transferir esta capacidad de observación a lo cotidiano ante cualquier circunstancia con todos los beneficios que esto puede reportarnos.

Rueda de las emociones

Por otro lado, Joe Dispenza* las clasifica en dos grupos: creativas y de supervivencia.

- Emociones creativas:
  - Agradecimiento
  - Amor
  - Alegría
  - Inspiración
  - Paz
  - Plenitud
  - Confianza
  - Conocimiento
  - Presencia
  - Empoderamiento

* Joe Dispenza, bioquímico y doctor en Quiropraxia. Tiene una licenciatura en Neurociencias por el Evergreen State College en Olympia. Recibió su doctorado en Quiropráctica y postgrado en Life University en Atlanta, Georgia, donde se graduó *magna cum laude*.

- Emociones de supervivencia:
  - — Dudas
  - — Miedo
  - — Ira
  - — Inseguridad
  - — Preocupación
  - — Ansiedad
  - — Enjuiciamiento
  - — Competitividad
  - — Hostilidad
  - — Tristeza
  - — Culpabilidad
  - — Vergüenza
  - — Depresión
  - — Lujuria

Podríamos clasificarlas también como expansivas y contractivas, a tenor de la sensación más destacada que producen: las emociones de supervivencia contraen, mientras que las creativas expanden.

Función de las emociones

> *Sin la emoción, la oscuridad no puede ser transformada en luz, ni la apatía en movimiento.*
>
> CARL JUNG

Aunque anteriormente hemos mencionado la función básica de las emociones, enunciaremos a continuación varias de ellas para profundizar en su conocimiento.

- Hacen huir de estímulos nocivos o aproximarnos a estímulos placenteros.
- Las emociones mantienen y potencian la curiosidad y el descubrimiento de lo nuevo.
- Provocan que las respuestas del individuo ante ciertos acontecimientos sean polivalentes y flexibles.
- Hacen reaccionar al individuo de forma global ante los estímulos: sistema nervioso, endocrino, cardiovascular, esquelético...; todos entran en acción.
- Las emociones sirven para evocar memorias de una manera más efectiva, lo cual resulta muy útil en algunas fases de Yoga-Nidra.
- Ayudan en el proceso de razonamiento y en la toma de decisiones, aunque, en ocasiones, también ofuscan.
- Son un medio de comunicación entre individuos de una misma especie, o incluso entre especies diferentes.

> *Las relaciones humanas se ordenan desde la emoción y no desde la razón.*
>
> HUMBERTO MATURANA[44]

Aspectos fisiológicos: pensamiento-emoción

A nivel emocional, como explicábamos, cuando vivimos un estado determinado, instantáneamente el hipotálamo libera proteínas en la sangre y estas van recorriendo todo el cuerpo. Cada célula del cuerpo posee una membrana con receptores que se abren a la espera de estas proteínas. Una vez que se produce el encuentro, ambos –proteína y receptor– se acoplan, enviando una señal a la célula y provocando la «emoción». ¡Cada célula se emociona!

Ya hemos explicado que la función de la emoción es adaptativa. El problema aparece cuando, por repetición, la adicción a las emociones se hace presente dando lugar a sustancias que logran calmar el apetito bioquímico de nuestras células, creando situaciones que cubran nuestras necesidades químicas.

> «Si todos los días bombardeamos las células con la misma actitud, con el mismo pensamiento y la misma química, cuando esa célula se divida, creará una célula hija con mayor cantidad de receptores de membrana para ese estado emocional. El "hambre química" de las células será cada vez mayor. Si no logramos controlar nuestro estado emocional, es probable que se produzca una adicción a este».
>
> CARLOS FIEL[27]

Otra cuestión al respecto que puede generar problemas, físicos y psíquicos, es lo que Nelson Bratley* en su libro *El código de*

* Dr. Nelson Bratley, licenciado en el Life Chiropractic College West, en San Lorenzo, California. Estudioso de las antiguas prácticas médicas, psicología y física cuántica.

la emoción llama «emociones atrapadas». Se trata de emociones negativas experimentadas incluso en un tiempo muy lejano que continúan creando problemas en modos muy sutiles, pero perjudiciales.

> «Las emociones atrapadas pueden hacer que hagas suposiciones incorrectas, que reacciones de manera exagerada frente a comentarios inocentes, malinterpretes una conducta y causes un cortocircuito en tus relaciones. Aún peor, las emociones pueden crear depresión, ansiedad y otros sentimientos indeseables que tú parecieras no poder resolver. Pueden interferir en el funcionamiento correcto de los órganos y tejidos de tu cuerpo, causando estragos en tu salud física, generando dolor, fatiga y enfermedad. Las emociones atrapadas debilitan el funcionamiento inmune y dejan el cuerpo vulnerable a la enfermedad. Pueden deformar tejidos, bloquear el flujo de energía e impedir el funcionamiento normal de los órganos».[51]

Emociones y curación

Para acabar de comprender la importancia de la gestión saludable de las emociones, transcribimos lo que Joe Dispenza explica acerca de la afección de las emociones negativas en la salud y su recuperación:[24]

> «En estudios sobre la curación de heridas en que los participantes se encuentran en un estado emocional sumamente negativo como el de ira, las células madre no reciben el mensaje con claridad. Cuando hay interferencias en la señal, como ocurre con las interferencias estáticas de una radio, la célula en potencia no re-

> cibe la clase adecuada de estimulación de forma coherente para transformarse en una célula útil. [...] La curación tarda más en realizarse porque la mayor parte de la energía vital del cuerpo está ocupada bregando con la emoción de la ira y sus efectos químicos. No es el momento para la creación, el crecimiento ni la regeneración, sino para una emergencia».

Por el contrario, la risa tiene la facultad de activar el sistema inmunitario. Además, investigadores de la Universidad de Carolina del Norte demostraron que el aumento de emociones positivas produce un incremento del *tono vagal,* un indicador de la salud del nervio vago, que interviene en la regulación del sistema nervioso autónomo y la homeostasis, el equilibrio armónico del organismo.[22]

Consciencia cognitiva vs. consciencia afectiva, ¿cuál predomina?

> «La consciencia emocional suele alcanzar preponderancia sobre la cognitiva o racional. En términos estrictamente neuroquímicos, parece que el flujo ascendente de información (desde la mente instintiva a la racional) es predominante, lo que explica que los afectos y las emociones influyan sobre nuestras decisiones de forma masiva y permanente; sin embargo, el grado de evolución del córtex cerebral alcanzado en nuestra especie permite ejercer un cierto control sobre nuestras emociones».
>
> Joe Dispenza[24]

El cerebro más antiguo actúa con más rapidez e intensidad.

En otras palabras, generalmente, son nuestras emociones

las que «toman decisiones» por nosotros sin que seamos conscientes de ello; sin embargo, con un entrenamiento adecuado de atención plena, podemos trascender este nivel de funcionamiento inconsciente. De ahí la importancia y el beneficio de la meditación.

Neocórtex: un cerebro, dos hemisferios

Al comienzo de este capítulo, hemos hablado acerca de la triple estructura del cerebro: el más antiguo o *reptiliano*, el emocional, límbico o *mamífero*, y el neocórtex o *humano*. Vamos a ver algo más acerca de esta última estructura.

El neocórtex se divide en dos hemisferios: el izquierdo y el derecho. Aunque la mayoría de las funciones están representadas en los dos, se han descrito características diferenciales entre ellos.

Podemos hacernos una idea general observando la siguiente tabla.[48]

HEMISFERIO IZQUIERDO	HEMISFERIO DERECHO
Inteligencia analítica	Inteligencia intuitiva
Razón	Imágenes
Pensamiento vertical	Pensamiento lateral
Lógica	Creatividad

HEMISFERIO IZQUIERDO	HEMISFERIO DERECHO
Lenguaje	Ritmo, sensualidad
Escritura	Emociones
Alfabeto romano	Alfabeto chino
Lectura	Sueños
Matemáticas	Símbolos, fenómenos sensibles
Análisis	Síntesis
Es analítico, explica e interpreta	Es provocativo
Clasifica y etiqueta	No clasifica, no etiqueta
Aprendizaje mecánico	Expresión artística
Concentración	Ensoñación
Disciplina	Imaginación
Organización	Contemplación
Tiempo lineal	Presente
Sentido del detalle	Visión global
Ego, el «yo»	Ello, el «nosotros»
Relacionado con el coeficiente intelectual (QI)	Relacionado con la inteligencia emocional
Relacionado con la mente consciente	Relacionado con el inconsciente
Principio masculino	Principio femenino
Voluntad, acción	Receptividad
Fuerza	Flexibilidad

HEMISFERIO IZQUIERDO	HEMISFERIO DERECHO
Cálculo	Espontaneidad
Extroversión	Introversión
Sol	Luna
Hacer, tener	Ser

El hemisferio izquierdo se encarga de la comunicación verbal y procesa lo que está escrito. La mente analítica es una función de este hemisferio: piensa, observa, recuerda cosas y resuelve problemas; es la que nos hace humanos. Cuando mejor funciona es al estar relajados y centrados. Podríamos considerarla una prolongación del ego, una de cuyas funciones es protegernos. Cuando el ego, la máscara de la individualidad, pierde el equilibrio, la mente analítica se acelera y se analizan las cosas en exceso intentando controlarlo todo y evitar lo desconocido. Una cuestión que hay que tener en cuenta es que cuanto más poderosa se vuelve la mente analítica, más difícil es la sugestión,[24] lo cual supondrá un obstáculo a la hora de trabajar el *sankalpa* en Yoga-Nidra.

El hemisferio derecho se encarga de la comunicación no verbal y procesa imágenes, melodías, caras, informaciones espaciales y la posición del cuerpo. Soñar es una actividad propia del hemisferio derecho. El cerebro izquierdo, habitualmente dominante durante el día, es inhibido durante el sueño; el cerebro derecho entonces puede convertirse en prodigiosamente intuitivo y creativo.[52] Así sucede también durante la práctica de Yoga-Nidra.

Ante un texto literario, el hemisferio izquierdo analiza la secuencia de letras y estructura de las frases para deducir un sentido y captar el contenido, mientras que el hemisferio derecho analiza el texto integrando las informaciones en ideas que nos permiten formar imágenes y darles un significado metafórico.

Se han descrito diferencias de respuesta hemisférica en función del sexo del individuo.[35]

Según la doctora Candace Pert,* «para poder cambiar los circuitos neuronales –llamémosles, nuestras tendencias–, es necesaria la *coherencia o sincronicidad* en la actividad eléctrica entre ambos hemisferios.

En nuestra vida diaria actual predominan las ondas beta, hemisferio izquierdo (lógica, análisis, cálculo, etc.). Estos circuitos son los que nos dicen que «no podemos cambiar». Sin embargo, mediante la relajación y la meditación, podemos influir en la disminución de la frecuencia cerebral a un estado alfa, donde se favorece la comunicación entre ambos hemisferios cerebrales y la mente se vuelve más susceptible de ser cambiada, pudiendo aumentar la plasticidad del cerebro, instalar nuevas conexiones, aumentar la creatividad, fortalecer la voluntad, reforzar los efectos de la psicoterapia, abandonar pautas de pensamiento destructivas...[62]

* Candace Pert, neurocientífica y doctora en Farmacología. Descubridora del receptor opiáceo en 1973, que fue punto de partida de los hallazgos de otros receptores y neurotransmisores. Catedrática de investigación en el Departamento de Fisiología y Biofísica en la Escuela de Medicina de la Universidad de Georgetown. Trabajó en el National Institute of Mental Health durante doce años; dirigió la Sección de Bioquímica Cerebral de la Clínica de Neurociencia Branch. En 2008, recibió el premio en Medicina Holística de la Fundación Teofrasto Paracelso (St Gallen, Suiza).

Neocórtex: áreas motoras y áreas sensitivas

En el neocórtex, desde el punto de vista funcional, se distinguen las áreas motoras, áreas sensitivas y áreas de asociación. El córtex recibe la información sensorial que llega a través de los sentidos y dirige nuestra actividad motora voluntaria.

Nuestro cuerpo está representado en nuestro cerebro

Desde la década de 1930, el neurocirujano canadiense Wilder Penfield realizó diversas cirugías en cerebros de pacientes con epilepsia. En una época en la que utilizar anestesia general era bastante arriesgado, Penfield hacía sus operaciones con anestesia local y utilizando un sistema que hoy nos parecería un tanto rudimentario. Como sus pacientes estaban conscientes durante las operaciones, Penfield estimulaba con una pequeña corriente eléctrica algunos puntos de la superficie del cerebro y a continuación preguntaba al paciente qué sentía, para determinar así en qué región exacta tenía que operar. Con los datos que fue recopilando a lo largo de todas sus operaciones, Penfield pudo hacer un mapa de la corteza cerebral en el que se relacionaba cada región de la corteza con una parte del cuerpo.

Podemos hacernos una idea con las imágenes de la página siguiente.

A la izquierda de la imagen inferior, la representación «cartográfica» de la ubicación sensorial de cada uno de los miembros mencionados en relación con su función sensitiva o sensorial; a la derecha, según la función motora.

A partir de ese mapa, se realizó una representación pictórica

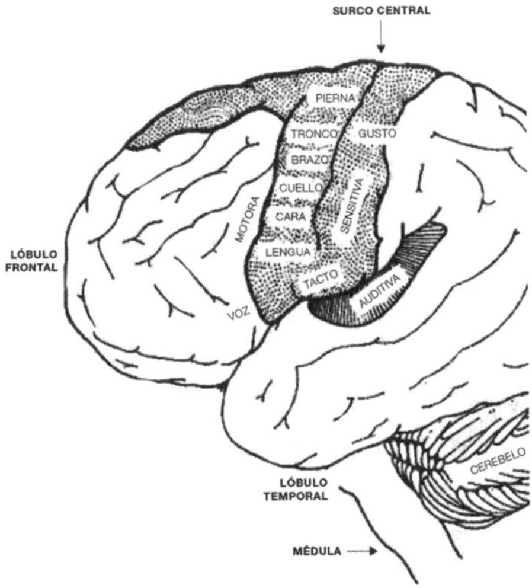

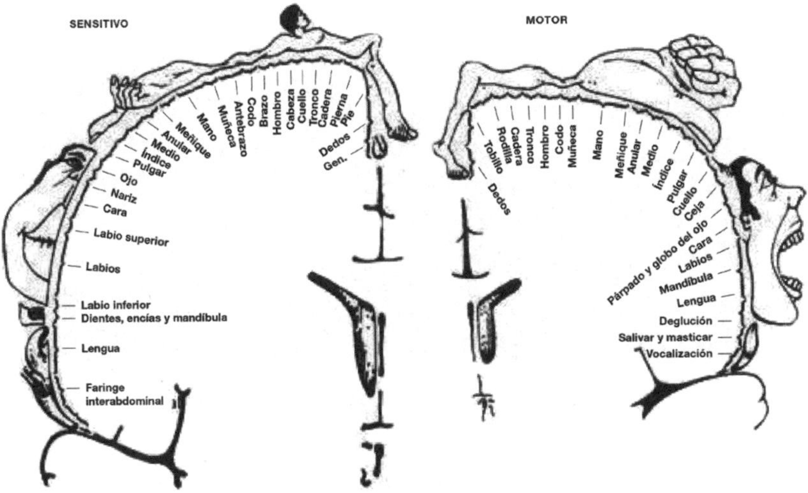

Mapa sensitivo y motor

que se denomina *humúnculo cortical* –en realidad son dos, el sensorial y el motor–: una figura humana distorsionada, dibujada en proporción para reflejar el espacio sensorial y motor que nuestras partes corporales representan en la corteza cerebral. Los labios, manos, pies y órganos sexuales son considerablemente más sensibles que otras partes del cuerpo, por lo que el homúnculo tiene labios, manos y genitales extremadamente grandes en el homúnculo sensorial; mientras que, en el motor, alcanzan mayores proporciones los órganos de mayor movilidad. El cerebro se ha encargado de dedicar mayor porcentaje de tejido cerebral a aquellos miembros que son más relevantes para el ser humano; por ejemplo, la boca y la mano.[11] Es decir, el tamaño del área cortical no depende del tamaño de la parte del cuerpo que rige, sino de su importancia funcional y sensorial.

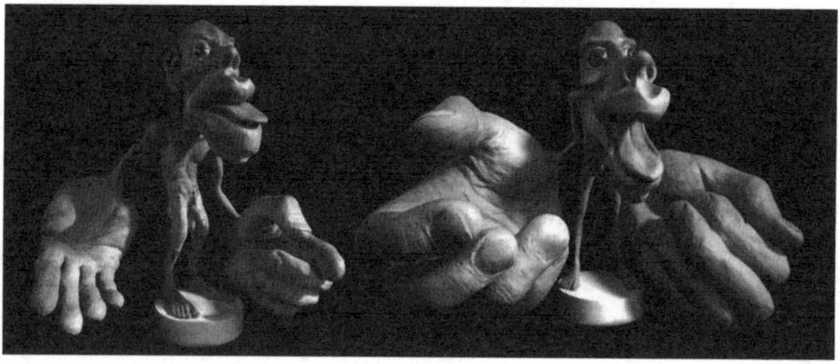

Al profundizar en la fase de Yoga-Nidra llamada «rotación de consciencia», vemos cómo la atención viaja siguiendo un orden concreto que puede coincidir con el orden en que están dispuestos los miembros y órganos en este mapa: dedos de la mano derecha, muñeca, codo, brazo, hombro…, así que activamos y modificamos, sistemáticamente, áreas cerebrales.

Aumentando la consciencia de cada parte del cuerpo físico, seremos capaces de conseguir, simultáneamente, una profunda relajación no solo muscular, sino también de la actividad cerebral.[49]

¿El cerebro del corazón?

> *En la evolución primaria, se utiliza el cerebro límbico; en la evolución más avanzada, se utilizan el córtex y el neocórtex. ¿Corresponderá la utilización del cerebro del corazón a un nivel de evolución más avanzado todavía?*
>
> ANNIE MARQUIER[42]

Hemos hecho mención de aspectos relacionados con los «cerebros de la cabeza»; también la médula espinal, el cordón de tejido nervioso que recorre el interior de la columna vertebral, además de conectar receptores corporales con el encéfalo y a este con los órganos efectores, elabora respuestas reflejas ante estímulos sin que participe el cerebro. Además, alrededor de 1970, ciertos descubrimientos en neurobiología abrieron un campo de investigación hasta entonces inexplorado: las respuestas independientes propias del corazón. A tenor de estas, se concluyó que el corazón tiene un sistema nervioso *independiente, específico y bien desarrollado, formado por más de 40.000 neuronas y una compleja red de neurotransmisores, proteínas y células de apoyo*.

Según estas investigaciones, el corazón parecía poder actuar por sí mismo, tomar decisiones y pasar a la acción independientemente del cerebro. Y con todo aquello de lo que dispone, parece que puede aprender, recordar e incluso percibir, explica Annie Marquier.*

Ella misma, muy acertadamente, expone:

> «Durante mucho tiempo se ha asociado el corazón con las emociones; en cambio, rara vez se asocia el corazón con la inteligencia. Parece como si la inteligencia estuviera reservada a la cabeza; y respecto a lo que ocurre en el corazón, en el vientre, en el cuerpo, en una palabra, en el campo confuso y complejo de los sentimientos, nos las arreglamos como podemos. Cuando hablamos de nuestras emociones, ponemos la mano en el corazón o en el vientre (¡vaya, qué curioso!... observemos de paso que hay dos lugares...), pero desde luego no en la cabeza. En cambio, cuando nos concentramos para pensar, nos tomamos la cabeza entre las manos. Mediante esos gestos, habituales e intuitivos, mostramos que las emociones parecen tener origen en un lugar distinto al del pensamiento; al menos eso es lo que creemos de forma instintiva».[42]

Tomaremos también de ella la referencia a dos investigadores de Quebec, Cantin y Genest, que demostraron que es el corazón el que produce la ANP, péptido natriurético atrial, una hormona fundamental que asegura el equilibrio general u «homeostasis». Uno de sus efectos es inhibir la producción de la hormona del

* Annie Marquier, licenciada en Ciencias Exactas, investigadora de Economía, profesora en la Sorbona de París, además de licenciada en Música. A principios de los años 70 se trasladó a la India y participó en la creación de la comunidad internacional de Auroville. Es también escritora, conferenciante, y directora del Institut du Développement de la Personne (Instituto para el Desarrollo de la Persona) en Quebec.

estrés, en especial el cortisol, muy relacionado con mecanismos como el miedo.

Además, el corazón segrega su propia adrenalina cuando lo necesita. Y sintetiza por sí mismo otras hormonas que hasta hace poco se creía que solo las producía el cerebro y que tienen una influencia directa sobre el comportamiento emocional; entre otras, produce oxitocina, la «hormona del amor».

«Las reacciones emocionales podrían, pues, no utilizar únicamente los circuitos del cerebro de la cabeza, que hemos descrito con anterioridad, sino seguir otro camino pasando directamente por el cerebro del corazón. [...]

»El campo electromagnético del corazón es 5.000 veces más intenso que el del cerebro; en realidad, es más potente que el de cualquier otro órgano del cuerpo. El corazón produce de 40 a 60 veces más bioelectricidad que el cerebro, que en ese aspecto ocupa solo la segunda posición. La energía eléctrica producida se transfiere a todas las células del cuerpo físico, uniéndolas así unas a otras mediante un vínculo muy particular.

»La interacción magnética ha permitido a los investigadores explicar con mayor precisión el impacto que tiene la actividad cardiaca sobre las ondas cerebrales, impacto que no había podido ser explicado con los modos de comunicación anteriores.

»Se ha observado un hecho interesante, y es que el aspecto del campo magnético del corazón cambia en función del estado emocional. Cuando nos sentimos perturbados por emociones como estrés, miedo, frustración, etcétera, se vuelve caótico y desordenado. En términos científicos se habla de "espectro incoherente". En cambio, cuando se experimentan emociones positivas, como

> gratitud, compasión, perdón, etcétera, el campo tiene un aspecto mucho más ordenado. Se obtiene lo que se llama un "espectro coherente".
>
> »Señalemos, de paso, que el campo electromagnético del corazón se extiende alrededor del cuerpo hasta una distancia de entre 2 y 4 metros, y que todos los que nos rodean reciben la información energética contenida en nuestro corazón».[42]

No perdamos todo esto de vista. En Yoga-Nidra, en la repetición de la resolución personal o *sankalpa*, juega un papel importante la introducción de la mayor intensidad posible de sentimiento; es decir, el hecho de no solo repetir una fórmula lógica, sino involucrar el corazón en ello. Si hago pasar a mi intención por el corazón, le imprimo intensidad. ¡Esto es utilizar el circuito neuronal del corazón!

Yoga-Nidra y neuroplasticidad

Neuroplasticidad cerebral se refiere a la capacidad del cerebro para modificar sus estructuras y mecanismos neuronales. Las células del cerebro crean conexiones cada vez que integramos algo nuevo. Cuanto más estimulemos el cerebro de diferentes modos, mayor número de conexiones, sinapsis, se generaran.

En Yoga-Nidra, de un modo sutil, hacemos un profundo trabajo de neuroplasticidad. Con la práctica, se vislumbran nuevos caminos neuronales. Si nos atrevemos a aventurarnos por ellos con regularidad, comenzamos a abrirlos como quien se adentra en una selva, a transitarlos, a despejar sus límites con nuestros viajes por ellos, los consolidamos, dándoles forma; mientras, los viejos caminos neuronales, obsoletos y quizás tortuosos, de pura soledad se diluyen, se difuminan en la penumbra que la luz de los nuevos senderos proyecta sobre ellos.

Nuevos caminos van conformando nuevas formas de *viajar*, de vivir; todos en pro de un mismo destino: un espacio vacío, silencioso y, paradójicamente, pleno.

Koncha Pinos-Pey lo explica así:

> «Una parte significativa del procesamiento neuronal es la codificación de estímulos sensoriales. La información entra en el cerebro en forma de sensaciones, audiciones o visiones. Todos los estímulos entrantes –excepto aquellos que se envían al sistema olfativo– se mandan al tálamo, donde se procesa la información sensorial antes de ir a la corteza cerebral; allí se desagregan sus componentes.
>
> »Cada elemento de color, movimiento, líneas, ángulos, texturas se divide y va a una región especializada de nuestra corteza cerebral para ser procesada. El cerebro compara la información nueva con la antigua que tiene guardada –experiencias anteriores almacenadas en la memoria–. Si encuentra una coincidencia, se da un "ok" o respuesta apropiada. Nuestro tiempo de respuesta a estímulos conocidos es rápido, está en automático; así que estas reacciones, como se han validado, se "recablean" automáticamente.
>
> »Si bien la genética y las influencias prenatales pueden calibrar el cerebro en su nacimiento, todo depende en gran medida de las experiencias posteriores a la hora de determinar sus capacidades y deficiencias. "Somos lo que experimentamos".
>
> »Miles de circuitos neuronales están constantemente reorganizando y desviando cantidad, calidad y volumen de experiencias.

»Las células del cerebro crean conexiones cada vez que integramos algo nuevo. Estemos gateando, leyendo, bebiendo o danzando, estas experiencias crean canales y vías cerebrales y sinapsis que capturan lo que sabemos para llegar a crearnos tal y como somos: identidades».[64]

Una nueva generación de investigadores ha acuñado el término *neuroplasticidad autodirigida,* que significa que es uno mismo quien dirige la creación de nuevas rutas neuronales y la destrucción de otras antiguas por medio de las experiencias que cultivamos. [24] Podemos perfectamente aplicar este término: neuroplasticidad autodirigida, al proceso trabajado a través de esta práctica de yoga.

Durante una sesión, cada vez que regulamos nuestra atención trabajamos el córtex cingulado anterior; al realizar la rotación de consciencia por el cuerpo, la corteza insular y la intersección temporoparietal, o, al permitimos experienciar emociones de manera no reactiva desde la aceptación, el córtex prefrontal dorsal y ventromedial.[30]

Además, haciendo todo esto desde la plena atención, desconectamos la automaticidad de las respuestas.

A la larga, según los resultados de los estudios de la neurocientífica Sara Lazar* acerca de los cambios estructurales en el cerebro a consecuencia de la meditación, se podrían producir modificaciones en:

* Sara Lazar, neurocientífica del Hospital General de Massachusetts y la Escuela de Medicina de Harvard.

- el cingulado posterior, el cual está involucrado en la divagación mental y la relevancia del yo;
- el hipocampo izquierdo, que asiste en el aprendizaje, la cognición, la memoria y la regulación emocional;
- la intersección temporo-parietal, asociada a la toma de perspectiva, la empatía y la compasión;
- un área del tronco cerebral llamada Pons, en la cual se producen varios neurotransmisores regulatorios,
- y, finalmente en la amígdala, el área asociada a la respuesta de lucha-huida, que en sus estudios observó que redujo su tamaño.

Todo parece concluir que la práctica regular y prolongada de la meditación, y por ende en Yoga-Nidra, produce cambios neurológicos duraderos y acaba modificando gran cantidad de comportamientos y formas de reacción del individuo.[70]

Yoga-Nidra y epigenética

Los científicos creen actualmente que es posible que nuestra *expresión genética* fluctúe en cada momento (epigenética)* como consecuencia de nuestros pensamientos, emociones, actividades, decisiones, conductas, experiencias.[24] Un pensamiento nuevo afecta no solo al cerebro y la neuroplasticidad, influye también en los procesos bioquímicos –neuropéptidos, neurotransmisores, hormonas– e incluso en el ADN y los genes. Un

* Epigenética significa «por encima del gen». Se refiere a la influencia de los mensajes procedentes del exterior de la célula sobre la expresión genética.

nuevo pensamiento nos cambia a nivel neurológico, químico y genético. Es el poder de la mente sobre la materia.[24] De ahí la importancia del trabajo consciente de escucha, descubrimiento, familiarización y cambio de los propios procesos mentales.

En resumen, Yoga-Nidra es un proceso de desaprendizaje-aprendizaje que contribuye a toda esta transformación que, según la mitología, Visnu ha soñado durante su descanso entre eras.

Con esta práctica, trabajamos ambos hemisferios cerebrales, desarrollando el aspecto intuitivo y creativo frente al lógico-analítico más presente en nuestro día a día. Equilibramos las funciones del sistema límbico. Trabajamos las regiones del neocórtex en las que están representadas las áreas motoras y sensitivas. Potenciamos los mecanismos de relax e inhibimos los del estrés. Desarrollamos la capacidad de la intención. Podemos potenciar la creación de nuevos modelos de pensamiento y conducta; y, más allá de eso, provocar cambios a nivel genético. Con Yoga-Nidra, conseguimos una metamorfosis no solo a niveles superficiales, sino en lo más profundo del organismo y del ser.

Psicología en el Yoga y Vedanta. Consciente y subconsciente

Mente freudiana versus mente en Yoga y Vedanta[56]

Vamos a procurar aclarar algunos conceptos y la diferencia entre lo básico de la psicología Vedanta y la occidental freudiana siguiendo las descripciones del doctor Nrusingh Charan Panda.*

Los niveles de consciencia (*awareness* en inglés), según Freud, son: consciente, preconsciente e inconsciente.

Somos conscientes o nos damos cuenta de ciertas cosas de nuestro entorno y de ciertos pensamientos. Este nivel es el que Freud denomina *consciente*. El nivel *preconsciente*, por otro lado, es el que se refiere a nuestras propias memorias o pensamientos a los que podemos acceder con facilidad por medio de la reflexión, aunque no los tengamos presentes continuamente porque no son necesarios. Por último, el *inconsciente* de Freud contiene memorias, pensamientos y motivos que no podemos hacer emerger con facilidad.

La psicología del yoga clasifica la mente en dos aspectos: el *consciente* y el *inconsciente*.

En la mente consciente (*cetana-manas*), por su parte, hay tres tipos de información presentes. La información de lo que

* Dr. Nrusingh Charan Panda, licenciado en Veterinaria por la Universidad de Agra, máster en Ciencias por la Universidad de Missouri. Especialista en Bioquímica con especialización en Nutrición.

normalmente nos damos cuenta durante el estado de vigilia, que pertenece a la superficie de la mente consciente. La información que escapa a nuestro «darnos cuenta» y, momentáneamente, emerge a la superficie con cierta dificultad, o con ciertas técnicas asociativas, o espontáneamente en algún momento concreto, pertenece a la sub-superficie de la mente consciente. Esta mente (*prakcetana-manas*) es equivalente a lo que Freud llama preconsciente. El subconsciente (*avacetana-manas*) es el nivel más profundo de la mente consciente, según la psicología Vedanta. Las informaciones del subconsciente no ascienden con facilidad a la superficie en estado de vigilia; sin embargo, juegan un papel importante en nuestros sueños, mientras dormimos.

En el sistema psicológico indio, subconsciente e inconsciente no son, de ninguna manera, sinónimos. El primero tiene su sede en el cuerpo sutil o astral; el segundo, en el causal.

La información del consciente, preconsciente y subconsciente descansa latente en *manomaya kosa*, la envoltura mental que forma parte del cuerpo sutil (*suksma sarira*). El inconsciente del Yoga-Vedanta tiene su sede en el cuerpo causal (*karana sarira*), en la envoltura de gozo (*anandamaya kosa*); para entendernos, en el cuerpo espiritual y no en el mental. Este lugar es conocido como *kamasaya* –almacén de *samskara* kármicos–. Los *samskara* o impresiones del pasado se acumulan en los múltiples nacimientos, los pasados y el presente.

Freud no acepta la doctrina de la reencarnación, con lo cual su inconsciente se limita a experiencias de la vida presente; y tampoco en la psicología occidental se contempla más cuerpo que el denso, a diferencia de la psicología del Yoga-Vedanta que describe la existencia de tres cuerpos diferentes y considera que los *samskara* se generan a lo largo de varias vidas y se almacenan, dependiendo del tipo que sean, en el cuerpo sutil y en el cuerpo causal. (Véase anexo 5)

Mente consciente vs. mente subconsciente

La mente consciente es la mente que controlamos con la razón. Nos comunicamos a través de ella por medio de conceptos y razonamientos. Por el contrario, la mente subconsciente es estrictamente maquinal. Como afirma Bruce Lipton:[40]

> «Repite las mismas respuestas a las señales vitales una y otra vez, para nuestra desgracia. ¿Cuántas veces has montado en cólera por algo tan nimio como encontrarte un tubo de pasta de dientes abierto? Aprendiste desde niño a poner el tapón con mucho cuidado. Cuando encuentras el tubo de pasta abierto, se te "cruzan los cables" y montas en cólera de forma automática. No es más que una sencilla reacción "estímulo-respuesta" del programa de comportamiento almacenado en el subconsciente».

La mente subconsciente es más eficaz y rápida, procesa alrededor de 20 millones de estímulos por segundo, frente a los 40 millones que interpreta la mente consciente en ese mismo tiempo.[40] Examina a la vez el entorno que nos rodea y las señales internas, reaccionando de manera inmediata según algún comportamiento previamente adquirido/aprendido. No requiere para esto la «presencia» de la mente consciente; es decir, actúa sin que nos demos cuenta.

Las dos, consciente-subconsciente, pueden actuar al mismo tiempo, como un tándem, de manera altamente eficiente. Puedes estar pensando en la planificación de una reunión que tienes la próxima semana mientras conduces tu vehículo sin perderte.

Bruce Lipton[40] lo explica claramente en relación a mecanismos complejos:

> «¿Recuerdas el primer día que te sentaste emocionado en el asiento del conductor, preparado para aprender a conducir? La cantidad de cosas que tenía que procesar la mente consciente resultaba abrumadora. Mientras mantenías la vista clavada en la carretera, tenías también que mirar el espejo retrovisor y el lateral, prestar atención al cuentakilómetros y a los demás indicadores, utilizar los dos pies para los tres pedales del vehículo y tratar de permanecer en calma, sereno y sosegado mientras conducías bajo la atenta mirada de los demás. Pasó bastante tiempo antes de que todas esas pautas pudieran almacenarse en tu mente. Hoy en día, te metes en el coche, lo pones en marcha y revisas sin darte cuenta la lista de la compra mientras el subconsciente se encarga de activar todas las complejas habilidades necesarias para conducir sin problemas por la ciudad, sin que tengas que pensar ni una vez en cómo se conduce. Puedes conducir mientras mantienes una deliciosa conversación con la persona que se sienta a tu lado y estás tan absorto en la charla que en algún punto de la carretera te das cuenta de que llevas cinco minutos sin prestarle atención a la conducción. Después de un momento de sorpresa, comprendes que todavía estás en el carril debido y que sigues avanzando con el resto de vehículos. Un rápido vistazo al espejo retrovisor revela que no has dejado una hilera de señales

> de detención obligatoria aplastadas y buzones destrozados. Si tú no estabas conduciendo el coche durante ese lapso de tiempo, ¿quién lo hacía? ¡La mente subconsciente! Aunque tú no estuvieras pendiente, el subconsciente ha conducido tal y como le enseñaron a hacerlo durante las clases de conducción y quedó grabado hace tiempo en esa parte de nuestra mente».

Algo similar, aunque a la inversa, parece ocurrirnos con la respiración. Al tratar de observar conscientemente este mecanismo automático y no consciente, las primeras veces se bloquea. Es decir, pretender hacer de forma consciente una función mecánica, requiere su aprendizaje. Si prestamos atención, podemos examinar nuestros propios comportamientos y, cuando detectamos que entra en marcha un «programa mecánico del subconsciente», la mente consciente puede intervenir y crear una nueva respuesta. Según esto, *la mente consciente nos confiere libre albedrío*.

La importancia de la atención plena radica en que nos permite detener viejas conductas y crear otras nuevas de forma consciente y deliberada, *lo que significa que podemos no ser víctimas de nuestras programaciones*. Es una tarea compleja que requiere un profundo y continuado entrenamiento; ya que, de no ser así, la mente subconsciente se hace fácilmente con las riendas en el mismo momento en que la mente consciente baja la guardia. Es en esos momentos, en los que la mente consciente no está plenamente presente, cuando el subconsciente nos captura y se hace con el control absoluto de nuestras acciones, comportamientos, emociones y respuestas. El subconsciente rapta nuestra libertad.

Los comportamientos subconscientes que se llevan a cabo

cuando no prestamos atención, en muchas ocasiones, no serán creaciones nuestras, sino conductas aprendidas por observación. Así, a veces, nos sorprendemos actuando de forma similar a los padres o a personas próximas.

Las limitaciones programadas en el subconsciente no solo influyen en nuestro comportamiento, también pueden jugar un papel fundamental en nuestra salud.

Los recuerdos se almacenan de dos modos. En la mente consciente se archivan los recuerdos que podemos manifestar, accesibles, llamados explícitos; en la mente subconsciente, quedan registrados los recuerdos llamados implícitos, que son los generados por dos tipos de experiencias: un solo episodio con una gran carga emocional, o una experiencia o conducta repetida que se llega a convertir en un hábito.

Los recuerdos que el subconsciente utiliza haciéndonos actuar, pensar y sentir de un modo determinado están almacenados en diferentes zonas concretas del cerebro. El doctor Wilder Penfield –al que hemos mencionado con anterioridad al hablar del diseño del homúnculo– descubrió que las personas que son sometidas a neurocirugía recuperan recuerdos almacenados en el subconsciente cuando una determinada área del cerebro es estimulada.

> «El cirujano podría tocar un área del cerebro con su electrodo y el paciente en alerta, de repente, recordaría una escena, un aroma o un sonido de algún momento en particular de su vida. [...] Si la misma área del cerebro es tocada nuevamente por un electrodo en el mismo punto preciso, el mismo recuerdo será re-experimentado».[51]

Tal como almacena recuerdos, el subconsciente también está al tanto de cualquiera de las emociones que el cuerpo pueda estar albergando.[51] Es decir, los recuerdos están almacenados en el cerebro con su emoción asociada, y la emoción permanece también habitando el cuerpo. Cada recuerdo vive de la mano de su emoción. Separarlos, en muchos casos, significa desdramatizar vivencias pasadas que nos hacen sufrir inútilmente. Permanecerá el recuerdo, pero podremos evocarlo sin que su emoción asociada nos invada.

Esto tiene mucho que ver con lo que la antropovisión india llama *samskara*; hemos visto qué son al hablar de *cidakasa*, la pantalla mental: impresiones profundas del pasado.

Mente consciente - mente lógico-analítica - mente subconsciente

En estado de relajación profunda, el funcionamiento cerebral es diferente al patrón ordinario o de vigilia; suele denominarse «estado alterado de la consciencia»; algo que, quizás suena inquietante y, sin embargo, no hace más que referencia a un modo diferente de «estar».

Veámoslo con una metáfora. Imaginemos nuestra mente consciente como un barquero en su barca que quiere contemplar qué hay en el fondo del lago en el que se encuentra. El barquero representa la consciencia, la superficie del lago es la mente lógico-analítica; por debajo de esta superficie, se encuentran los niveles no directamente accesibles de la mente. Es decir, en este paisaje, el intelecto hace las veces de barrera divisoria.

Cuanto más activo se encuentre, cuantas más olas genere,

cuanto más «opaco» o «grueso» sea, menos clara será la imagen de lo que subyace por debajo de él. Cuanto más gruesa sea esta capa, más interferencias generará y mayor dificultad se nos presentará para contactar con esos aspectos profundos de nuestro ser, como se simula en las imágenes siguientes.

La mente analítica, según esto, funciona como barrera entre el consciente y el subconsciente. El intelecto se convierte en el mayor rival en el camino hacia la profundidad de los niveles no conscientes.[28] Cuando se relaja, desde su posición sobre la superficie del agua, el barquero puede contemplar retazos de lo que habita en el subconsciente; la mente subconsciente adquiere el control, el hemisferio derecho de la corteza cerebral adquiere predominio sobre el izquierdo que se ha calmado.

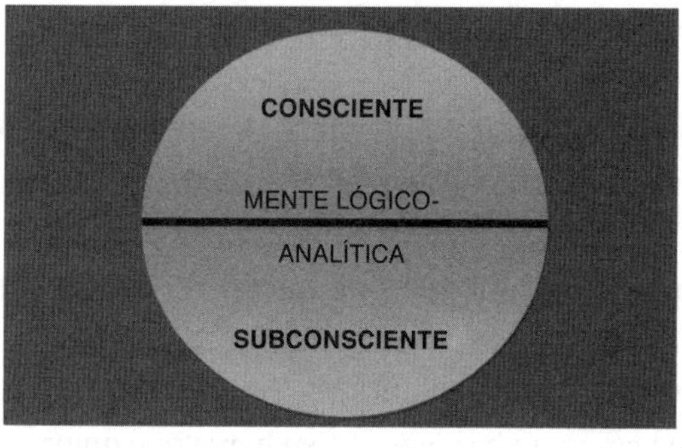

La meditación es una forma de cruzar la mente analítica, de trascenderla. Permaneciendo en estado de Yoga-Nidra, la mente consciente está completamente observante de lo que hace el subconsciente. La barrera analítica se ha desdibujado, se ha hecho permeable, traslúcida, de forma que permite la observación de lo profundo: el subconsciente. La superficie del lago se ha calmado y, desde la orilla, podemos observar el fondo de donde quizás surjan monstruos o tesoros en este profundo trabajo de purificación. De este modo, lo consciente –el barquero– le «pone luz y taquígrafos», lo va reconociendo y restándoles poder, aunque sin entrar en un conflicto abierto con él.

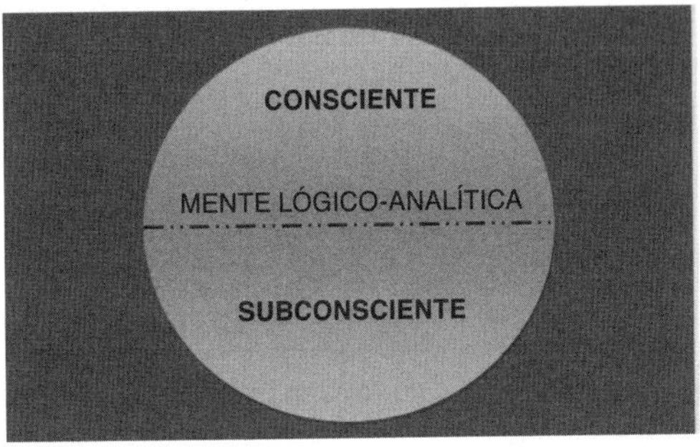

> *El subconsciente, oscuro caldero de pulsiones biológicas, matriz de todo deseo, memoria de traumas y complejos acaecidos en las primeras etapas del desarrollo, baúl de fuerzas, imágenes e impulsos reprimidos, sofocados y aprisionados...*
>
> VICENTE MERLO[46]

Si el neocórtex es sede de la mente pensante, para meditar deberemos de ir más allá del neocórtex; profundizar en el cerebro límbico hacia las regiones no conscientes.

El neocórtex utiliza los cinco sentidos –*jñana-indriya*, en sánscrito: los órganos de los sentidos– para recibir y determinar la realidad. Por eso es necesario un proceso de retirada de los sentidos hacia el interior (*pratyahara*) para procurarle calma.

Una vez recogidos los cinco sentidos, cerramos la puerta a los estímulos externos que activan la mente, facilitando el proceso de introversión.

Ya hemos dado unas pinceladas sobre el funcionamiento de la mente subconsciente, hemos visto lo que alberga y la importancia de tomar consciencia de todo ello; es decir, de la importancia de que el barquero consiga vislumbrar las profundidades del lago sobre el que rema.

Yoga-Nidra y subconsciente

> *Hay diferentes niveles de mente. Algunos son como una tierra muy dura; otros como tierra blanda. La mente consciente es como un suelo duro, porque tiene operando el intelecto y la lógica. El intelecto analiza y no acepta todas las cosas, pero la consciencia profunda no es así. Cualquier impresión que se siembre en la mente subconsciente no puede ser rechazada. Crecerá y los frutos enriquecerán todos los aspectos de la vida.*
>
> Swami Satyananda Saraswati[79]

Erhard F. Freitag* afirma: «La fuerza de las ideas empuja a las personas a la situación vital que se han creado. El subconsciente es un fiel ejecutor de los pensamientos».[28] Esta frase resume en pocas palabras el gran poder creativo del subconsciente. Desgraciadamente, este potencial es tal tanto en positivo como en negativo. Y así lo asegura Bruce Lipton: «El mayor obstáculo

* Erhard F. Freitag, considerado uno de los más famosos hipnoterapeutas de Alemania y destacado especialista en el tratamiento de trastornos físicos y psíquicos a través de la sugestión y la hipnosis.

para conseguir el éxito en aquello que soñamos son las limitaciones programadas en el subconsciente».[40]

Los aspectos oscuros del subconsciente e inconsciente afectan profundamente a nuestra racionalidad, nuestros impulsos, pensamientos y pautas de comportamiento.

Con la práctica regular de Yoga-Nidra, realizamos una «limpieza mental» de patrones repetitivos y de impresiones pasadas que nos condicionan desde esos niveles profundos y de difícil acceso. Nos deshacemos de viejas rutas sinápticas, las creadas por los hábitos, y creamos rutas nuevas que nos benefician. Eliminamos las malas hierbas y sembramos un nuevo jardín. La «poda del cerebro»* ayuda a protegerse, a dedicar los recursos valiosos y desechar los inútiles. Limpiamos nuestra mente de condicionamientos en un proceso de «alquimia mental que transmuta lo negativo en positivo».[21] Reeducamos de manera positiva nuestro subconsciente.

Dos hombres miran por la ventana;
Uno ve el barro, el otro, las estrellas.

En este proceso alquímico, vamos transformando el barro en estrellas en cualquier circunstancia.

* En lenguaje científico, se denomina «podado» a la eliminación de ciertas estructuras y circuitos neuronales y «brotadura», a la creación de otros nuevos.[24]

Niveles de la consciencia

La tradición del Yoga y del Vedanta diferencia cuatro estados o dimensiones de la mente:

Primera dimensión

La dimensión consciente de la mente. *Jagrat*. El estado despierto en que se permanece alerta y consciente. Es solo un área reducida de la mente que puede ser expandida con la meditación.

Segunda dimensión

Sueños y subconsciente. *Swapna*. El dormir con sueños, soñar. Swami Rama[77] define como «deseos incumplidos» que se manifiestan mientras se duerme.

Tercera dimensión

Según la clasificación védica y yóguica, la consciencia se retira. Es el dormir, sin sueños. *Shushpti*. Este es un estado de la mente sin ningún tipo de contenidos. En el momento en que surge algún contenido, o se está despierto, o soñando. En el dormir profundo,* el cuerpo se relaja y la mente descansa. Sin embargo, uno puede dormir sin sueño durante solo tres horas consecutivas.[77]

* En español, la expresión «sueño» puede dar lugar a malos entendidos, ya que en ocasiones se utiliza la palabra sueño como sinónimo de dormir. No ocurre así en inglés: *dream*, *sleep*. No confundir ambos términos.

> *Quien está dormido en el sueño profundo está en un profundo estado de ignorancia.*
>
> SWAMI RAMA[77]

Cuarta dimensión

Los sabios encontraron un modo de dormir sin dormir. Este estado corresponde a la dimensión trascendental y es el que se alcanza, según la tradición yóguica, con la práctica del yoga y diferentes técnicas de meditación. *Turiya,* el estado de *ananda, samadhi, supraconsciencia,* el estado de Yoga-Nidra. El estado en que se duerme y, sin embargo, se permanece despierto. El cuarto estado es un estado de iluminación. La definición del Vedanta de este «dormir» afirma: «El dormir es nuestro esfuerzo para experimentar el *ananda** que somos».[80]

> *Se puede decir que para iniciarse en* samadhi, *uno tiene que dominar el estado del dormir, y dominar el estado de dormir significa dominar Yoga-Nidra.*
>
> SWAMI VEDA BHARATI[80]

Actividad mental y ondas cerebrales

La actividad mental se produce a partir de impulsos nerviosos (eléctricos) que dan lugar a ondas cerebrales (la actividad

* Ananda: estado trascendental de gozo.

eléctrica producida por el cerebro). Estas ondas (oscilaciones electromagnéticas) pueden ser detectadas mediante el electroencefalógrafo y corresponden a diferentes estados de consciencia por los que pasamos de manera rítmica.

Se clasifican según su frecuencia (ciclos por segundo, hercios) en:

- Ondas gamma (25 a 100 Hz)
- Ondas beta (12 a 30 Hz)
- Ondas alpha (8 a 13 Hz)
- Ondas theta (3,5 a 7,5 Hz)
- Ondas delta (1 a 3 Hz)

Cuanto más lentas sean estas ondas, con más profundidad nos sumergiremos en el ámbito del subconsciente.

ONDAS CEREBRALES

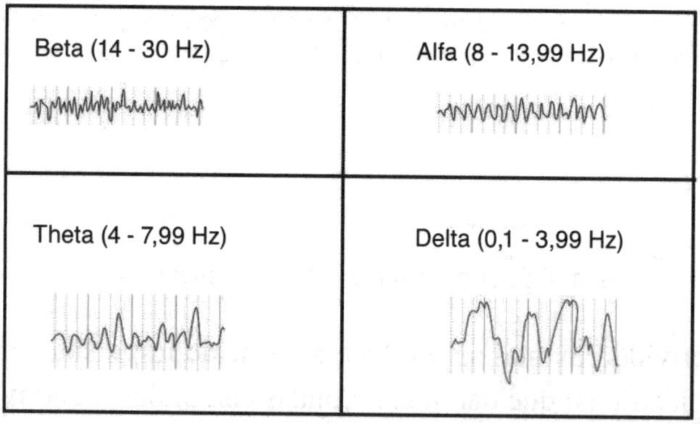

Ondas beta

Funcionamiento propio del estado de vigilia atenta. Se producen ondas en este rango de frecuencias cuando el cerebro está despierto e implicado en actividades mentales: cuando una persona está dando un discurso, estudiando, realizando un problema de matemáticas, etcétera.

Dentro de este estado, se describen otros tres: beta alta, media y baja.

Ondas alpha

Alpha representa un estado de vigilia relajada, de escasa actividad cerebral. Estas ondas son más lentas. Normalmente, determinan un estado de concentración relajada: el estado ideal para introducir mayor conocimiento y más eficientemente (superaprendizaje), para concentrarse en uno y autoobservarse (introspección y retrospección), para activar la mente abstracta y así aclarar y generar ideas (creatividad), para eliminar tensiones físicas y psíquicas, para activar dotes artísticas, para atender y concentrarse más profundamente.

Es el estado de gran receptividad que tiene un niño de 4 a 6 años: «esponjas de conocimiento».

El estado alpha es una situación en que se conjugan relajación psíquica, emocional y física; alegría interior y actitud mental positiva.

Ondas theta

Se alcanzan en un estado de calma profunda consciente. Es el estado en que la persona está «soñando despierta» (durmiendo despierta). Todos hemos vivido la experiencia en la que uno va conduciendo y, de repente, se da cuenta de que no recuerda cómo ha hecho los últimos kilómetros. La mente está en otro sitio.

Estado de relajación profunda, meditación, de creatividad, inspiración, asociación de ideas, memoria. Estado expansivo. Aparece cuando nos deslizamos hacia la inconsciencia o hacia el sueño en un estado superficial. El sueño consciente. La mente analítica no está activa.

La vibración de las ondas cerebrales se produce a una frecuencia de 4-8 Hz, la Tierra vibra a 7,8 Hz (ondas Schumann). Hay quienes relacionan ambas. El cerebro entra a funcionar en la misma vibración de la Tierra –o próxima.

Ondas delta

Son las ondas de menor frecuencia (entre 0,1 y 3,99 Hz). No llegan a cero, eso sería sinónimo de muerte cerebral.

Se generan ante un estado de «sueño profundo», «dormir profundo». Patañjali define el dormir profundo sin sueños en el *Yoga-Sutra* 1.10:

abhāva-pratyayālambanā vṛttir nidrā

Nidra, dormir, es un *vrtti,* movimiento de la mente, que se fundamenta en la idea de ausencia de los otros *vrtti*. Dormir sin sueños es el patrón mental sutil que tiene como objeto la ausencia, el vacío, la negación de otros patrones mentales. Un estado de total vacuidad mental.[76]

Es el estado en que, según la hermosa imagen de la tradición hindú de los *Rig Veda*, la consciencia va al regazo de la diosa

Rajeswari, madre de todas las criaturas, donde se repone para los periplos del siguiente día.

Cuando nos vamos a dormir, las ondas cerebrales van pasando sucesivamente de beta a alpha, theta y, finalmente, delta. Cuando una persona despierta del sueño profundo, la frecuencia de sus ondas cerebrales se va incrementando progresivamente, pasando de delta a theta, luego alpha y, finalmente, beta.

El cerebro de los bebés pasa la mayor parte del tiempo en ondas delta. Durante los doce primeros años, los niños van pasando al estado theta y luego alpha, antes de alcanzar beta. Las vivencias de la niñez temprana se convierten en estados del ser subconscientes.[24]

Según afirma Bruce H. Lipton:

> «Los investigadores han descubierto que la actividad electroencefalográfica de los niños revela que en cada etapa de desarrollo predomina una onda cerebral específica. Entre el nacimiento y los dos años de edad, el cerebro humano opera predominantemente con las frecuencias electroencefalográficas más bajas (de 0,5 a 4 ciclos por segundo o hercios), conocidas como ondas delta. [...] Un niño comienza a pasar más tiempo en un nivel electroencefalográfico superior caracterizado por las ondas theta entre los dos y los seis años, [...] un estado más sugestionable. Entre los dos y los seis años de edad, pueden almacenar la increíble cantidad de información que necesitan para prosperar en su entorno.
>
> »Los niños pequeños observan con detenimiento su entorno y almacenan los conocimientos que les ofrecen sus padres en la memoria subconsciente. Como resultado, el comportamiento y las creencias de sus padres se convierten en las suyas. [...] Los

comportamientos, las creencias y las actitudes que los humanos observamos en nuestros padres se graban en nuestro cerebro con tanta firmeza como las rutas sinápticas de la mente subconsciente. Una vez que la información se almacena en el subconsciente, controla nuestra biología durante el resto de nuestra vida... a menos que descubramos una forma de volver a programarla.

»Al hacernos mayores, nos volvemos menos susceptibles a la programación externa debido a la creciente aparición de las ondas de alta frecuencia, las ondas alfa. La actividad alfa se corresponde con estados de relajación.

»Alrededor de los doce años, el espectro encefalográfico del niño comienza a mostrar periodos mantenidos de una frecuencia aún mayor denominada ondas beta. Los estados cerebrales beta se caracterizan por una conciencia "activa o concentrada", el tipo de actividad cerebral que se produce cuando se lee un libro. Hace poco se ha descrito un quinto estado de actividad electroencefalográfica de mayor frecuencia denominado ondas gamma. Esta frecuencia en el EEG se relaciona con estados de "rendimiento máximo", como cuando los pilotos se disponen a aterrizar el avión».[40]

Niveles de Yoga-Nidra relacionados con la actividad cerebral[58]

> *La relajación profunda es un estado alterado de conciencia.*
>
> Rosemary A. Payne[45]

En el caso del Yoga-Nidra, el cerebro llega a funcionar en ondas delta, manteniendo la consciencia despierta. Puede ocurrir que, al practicar Yoga-Nidra, primero se produzca una relajación profunda (ondas cerebrales del tipo beta que bajan de frecuencia hacia ondas alpha o theta), pero no llega al estado de Yoga-Nidra (ondas delta con consciencia). Puede ocurrir también que una persona se duerma, perdiendo la consciencia de la práctica.[41]

Ha habido cierta confusión relativa al Yoga-Nidra y las ondas cerebrales. Debido posiblemente a que, al principio, es frecuente experimentar solo el nivel de ondas alpha, muchos manuales enseñan que estas últimas son la meta de Yoga-Nidra. Si bien los niveles alpha o theta pueden ser de mucha ayuda en el camino de la relajación, la meta final de Yoga-Nidra es experimentar el dormir profundo consciente (*prajña*) que se correlaciona con las ondas cerebrales delta. Es decir, el cerebro funciona en «modo dormir» y, sin embargo, estamos conscientes, paradójicamente, despiertos.

A modo de apunte, debemos comentar que, en algunos casos de meditadores avanzados, se ha observado que tras alcanzar el nivel de ondas delta, su cerebro saltaba a un funcionamiento en ondas gamma, menos conocidas: a un nivel de supraconsciencia.[41]

La práctica del verdadero Yoga-Nidra conduce finalmente hacia una consciencia que trasciende todos los niveles del funcionamiento físico cerebral.[76]

Hay estudiosos del tema que concluyen que el término Yoga-Nidra es comúnmente usado para referirse a procesos y prácticas que son preparatorias para el propio YOGA-NIDRA con mayúsculas. A través de experiencias prácticas con equipos de electroencefalografía (EEG) y sistemas de tomografía por emisión positrónica (PET), han elaborado una definición que incluye cuatro niveles distintos de la práctica dependiendo de la relajación de la actividad mental conseguida (actividad neurológica).[58]

- Nivel 1: representa un estado de profunda relajación. Durante esta fase, el cerebro primero produce ondas alpha, que pueden llevar a ondas theta durante una práctica más profunda. Estos ejercicios más profundos pueden ser usados en sesiones de autosanación: reducir la presión sanguínea, cefaleas y migraña, entre otras. Son protocolos similares a los utilizados en hipnosis clínicas (Hammond, 1990).
- Nivel 2: representa un estado caracterizado por la creatividad, invención, toma profunda de decisiones y solución de problemas y procesos similares. Este estado se demuestra por las ondas theta que convergen en ondas delta a medida que la práctica se profundiza.
- Nivel 3: la evolución de la práctica desde el nivel 1 nos lleva a la transición al Yoga-Nidra o al estado de *abhava-pratyaya*. Durante este estado, el cerebro puede inicialmente producir ondas theta, seguidas de ondas delta. El participante experimenta un sueño profundo No REM, pero permanece consciente del entorno.
- Nivel 4: se alcanza después de conseguir la maestría en los tres primeros niveles. Durante el nivel 4, la mente permanece, simultáneamente, en dos estados: de dormir y de darse cuenta consciente Un practicante puede alternar entre ondas theta y delta durante este proceso.

Distinto del nivel 3, que es de tiempo limitado, este proceso puede durar tres horas y media.

Cuando la maestría del nivel 3 y 4 ha sido alcanzada, se puede, gradualmente, llegar a *turiya,* durante el cual el estado de Yoga-Nidra y de *turiya* son indistinguibles. *Turiya* es un estado durante el que la más alta forma de meditación en *samadhi* (véase anexo 6) se convierte en el estado normal de darse cuenta y se mantiene durante todo el tiempo. Se ha sugerido que en este punto las lecturas del EEG pueden registrar una actividad eléctrica no discernible, según se recoge en el estudio realizado por Stephen Parker, Swami Veda Bharati, Manuel Fernández.[58]

Esta hipótesis tiene aún que ser demostrada bajo condiciones controladas.

¿Y el inconsciente?

> *La extensión de la mente es tan vasta como el universo entero.*
>
> *Abarca cada experiencia adquirida desde el átomo primordial, desde el tiempo del* big bang, *cuando fuimos propulsados hacia delante como un átomo minúsculo. Todas las experiencias adquiridas desde ese estado a través de los reinos mineral, vegetal, animal y, finalmente, humano están en la mente. Todas esas experiencias permanecen en ella y son indestructibles.*
>
> GURURAJ ANANDA YOGUI

Más allá del nivel consciente y subconsciente, descansa el inconsciente que, como afirma Vicente Merlo,* con Jung, fue revelando su complejidad:

> «Un conjunto de imágenes primordiales, arquetípicas, herencia psíquica de la humanidad en su conjunto, más allá de superficiales diferencias culturales y epocales».[46]

Carl Jung describe la inmensidad del inconsciente del modo siguiente:

> «Solo hay una diferencia esencial entre el funcionamiento consciente y el funcionamiento inconsciente de la psique: el consciente, a pesar de su intensidad y su concentración, es puramente efímero, se acomoda solo al presente inmediato y a su propia circunstancia; no dispone, por naturaleza, sino de materiales de la experiencia individual, que se extienden apenas a unos pocos decenios. Para el resto de las cosas, su memoria es artificial y se apoya esencialmente en el papel impreso. ¡Qué distinto es el inconsciente! Ni concentrado ni intenso, sino crepuscular hasta la oscuridad, abarca una extensión inmensa y guarda juntos, de

* Vicente Merlo es doctor en Filosofía. Ha vivido varios años en la India, especialmente en el *ashram* de Sri Aurobindo (Pondicherry, India). Fue socio-fundador de la «Sociedad de Estudios Índicos y Orientales», así como de la «Asociación Transpersonal Española». Ha sido miembro del Consejo Asesor del Parlamento de las Religiones del Mundo (Barcelona 2004), miembro de la «Sociedad Española de Ciencias de las Religiones» y profesor en la asignatura de «Teoría y práctica de la Meditación» de la Universidad Autónoma de Barcelona (UAB). También ha sido profesor de hinduismo y budismo en el «Máster de Historia de las Religiones» en la Universidad de Barcelona (UB). Autor de libros sobre estas materias.

modo paradójico, los elementos más heterogéneos, disponiendo, además, de una masa inconmensurable de percepciones subliminales, del tesoro prodigioso de las estratificaciones depositadas en el trascurso de la vida de los antepasados, quienes, por su sola existencia, contribuyeron a la diferenciación de la especie.

»Si el inconsciente pudiera ser personificado, tomaría los rasgos de un ser humano colectivo que viviera al margen de la especificación de los sexos, de la juventud y de la vejez, del nacimiento y de la muerte, dueño de la experiencia humana, casi inmortal de uno o dos millones de años. Este ser se haría indiscutiblemente por encima de las vicisitudes de los tiempos. El presente no tendría más significación para él que un año cualquiera del centésimo milenio antes de Jesucristo; sería un soñador de sueños seculares y, gracias a su experiencia desmesurada, un oráculo de pronósticos incomparables. Pues habría vivido un número incalculable de veces la vida del individuo, la de la familia, la de las tribus, y la de los pueblos, y conocería—como una sensación viva— el ritmo del devenir, del desarrollo y de la decadencia».[38]

El inconsciente, según el Yoga Vedanta, tiene su sede en el cuerpo causal (*karana-sarira*), el cuerpo álmico, y no en el sutil; para entendernos, en el cuerpo espiritual, y no en el mental.

Epílogo
El viaje termina... hasta la próxima etapa de esta fascinante travesía

Como hemos visto a lo largo de estas páginas, Yoga-Nidra es un viaje, de ida y retorno, siempre diferente y enriquecedor. Un viaje a lo más profundo de uno mismo del que se regresa renovado. Uno se aventura a bucear hacia lo más profundo a medida que va deshaciéndose por el camino de todos los ropajes.

En este viaje, vamos transitando por espacios quizás no vistos antes; vamos alumbrando áreas de penumbra en nuestro cuerpo y nuestra mente con la luz de la consciencia. Yoga-Nidra es una invitación a dejarse llevar, a explorar, indagar en la propia psique, relativizar.

Según la metáfora india, en Yoga-Nidra vamos descubriendo, desde la mirada amable de la consciencia, nuestro carruaje –el cuerpo físico–, descubrimos el rostro del cochero –la mente–, la potencia de nuestros caballos –las emociones– y, trascendiéndolos, nos instalamos en la paz silenciosa del señor que habita este coche –la consciencia misma–. Yoga-Nidra es un método efectivo para llegar al silencio interior, a la calma mental, para habitarse desde lo esencialmente interno.

Mientras caminamos por estos lugares, la voz del facilitador nos acompaña y da seguridad; siempre presta a soltarnos o recogernos, como hace la mano de un adulto con un niño que comienza a dar sus primeros pasos.

Será únicamente el practicante el que buceará por su propia profundidad; guiado, aunque en acogedora soledad. El facilitador sabe que solo hará de timonel sin llegar a participar nunca de la experiencia íntima; sin embargo, el cambio de expresión en los rostros y en los ojos de los practicantes, al regresar a lo externo desde su propio viaje interior, suele ser indicativo de que los paisajes transitados, bellos o no –pues no siempre la meditación es un camino placentero–, lo fueron desde una profunda paz. En este sentido, el viaje requiere, además de paciencia, curiosidad y constancia, valentía. Hay que atreverse a mirar hacia dentro, conscientes de que podemos descubrir nuestras propias sombras y fantasmas, y eso exige valentía y, sobre todo, grandes dosis de amabilidad con uno mismo.

En esta travesía, también uno aprende a quererse, a reconciliarse consigo mismo y con los otros, a abrazar la Vida que nos atraviesa.

¿Te animas?

Anexos

Anexo 1. Mantra

En el comienzo...

En el principio, era el Verbo...

San Juan

En el principio, era el Big Bang...

Para el Físico

En el principio, era el Damaru, el tambor de Siva...

Para el tántrico

Así, siendo todo en el Universo, energía en continua vibración, de la Nada que todo lo contiene, surgieron una miríada de seres y formas en continuo y perpetuo estado vibratorio...[11]

En el Principio era el Verbo y el Verbo era Dios y... Dios en su vacuidad vibró, y de Su vibración nació toda Creación, la Luz se hizo y posó su vibración en el corazón de cada ser para que cada ser pudiera llegar a conocer a su Creador.

JUAN 1.1

La palabra *mantra* proviene del término sánscrito *man*, que significa mente, y *tra*, que significa protección, instrumento. Mantra es una herramienta que protege la mente, un gran «antiparásitos mentales».

Los mantra son recursos para proteger nuestra mente de sus propias fluctuaciones y movimientos. Aparte de sus aspectos vibracionales beneficiosos, física, psíquica y energéticamente, los mantra sirven para enfocar y sosegar la mente. Al concentrarse en la repetición del sonido, todos los demás pensamientos se desvanecen poco a poco hasta que la mente queda clara y tranquila.

Mantra denota sacralidad, afirma Raimon Pannikar,[57] «no es ni mero sonido ni simple magia. Son palabras vivas y, como tales, tienen un poder que transciende el plano puramente mental».

> *Cada palabra se une a la fuente de todas las palabras.*
>
> RAIMON PANIKKAR

Mantra es sonido, vibración. Todo en el universo vibra. Nuestro cuerpo también tiene una dimensión vibratoria y todas las células y átomos están vibrando en armonía unos con otros. Cualquier mantra crea una vibración específica en el cuerpo.

Por la boca pasan todos los meridianos del cuerpo; es el punto de conexión entre el cerebro y el resto del organismo. Zona de tránsito que influye en el resto. Al cantar un mantra, se estimulan estos puntos conectados con el hipotálamo y con ambos hemisferios cerebrales, estimulando también las glándulas pituitaria y pineal, lo cual contribuye a equilibrar el sistema endocrino.

> «Según el Instituto Kundalini de Investigación, el hipotálamo dirige la función de la pituitaria que, a su vez, gobierna la función del sistema endocrino, que se encarga de producir las hormonas y los neuropéptidos que controlan el estado de ánimo, la energía, la sexualidad y la inmunidad.
>
> Algunos mantra tienen el poder de estimular y otros de sedar, otros se diseñaron especialmente para potenciar la inmunidad, mientras que otros se dirigen a optimizar las funciones cognitivas».[11]

Por otro lado, el canto de un mantra incide, además, en el ritmo respiratorio alargando la espiración; lo cual hace que se conviertan también en una herramienta de relajación a este nivel.

Según un estudio del doctor Dharma Singh, dependiendo de los minutos que se recita un mantra, los efectos son los siguientes:

TIEMPO	EFECTOS
3 minutos	Comienza el aumento de circulación sanguínea y se potencia la distribución de las secreciones neuroendocrinas por todo el cuerpo
7 minutos	Los patrones cerebrales empezan a cambiar de las ondas beta, estáticas, hacia las ondas delta de relajación profunda. Simultáneamente, la fuerza magnética que envuelve el cuerpo adquiere más fuerza
11 minutos	Los sistemas nervioso simpático y parasimpático empiezan a alojar más energía
22 minutos	Los pensamientos que producen ansiedad en el subconsciente empiezan a devanecerse
31 minutos	Se alcanza el equilibrio endocrino, así como el equilibrio de los chakras del cuerpo etéreo. Este equilibrio persiste a lo largo del día y se refleja en los cambios del estado de ánimo y del comportamiento

Doctor Dharma Singh. Efectos de la meditación terapéutica

Nyasa mantra

Probablemente, a algunos de los lectores de este manual, la transcripción rigurosa del mantra del *Nyasa* que viene a continuación les parezca poco útil. Sin embargo, hemos tenido en cuenta la enorme dificultad a la hora de encontrar accesibles estos mantra y hemos decidido ofrecerlos como parte de este trabajo.

Como afirma el doctor Nrusingh Charan Panda en su libro *Yoga-Nidra, Yogic Trance*,[56] el Tantra tiene muchos tipos de *Nyasa*: una rotación de consciencia en la que se coloca un mantra en cada miembro «tocado».

Los tipos de *Nyasa* más encontrados en los rituales tántricos son: *Ṛṣyādinyāsaḥ* –*Nyasa* de los sabios–, *Karanyāsaḥ* –en las manos–, *Mātṛkānyāsa* –de las 50 letras del alfabeto sánscrito colocadas en el cuerpo– y *Hṛdayādiṣadaṅga nyāsa* –en los seis miembros.

El doctor Panda menciona dos líneas del *Nyāsa*: la externa (*bahiḥ*) y la interna (*antaḥ*), a las que corresponden los siguientes *mantra:*

Bahirmātrkā nyāsa

Ṛṣyādinyāsaḥ
(*Nyāsa* para los sabios y otros)

O'Ṁ AṀ brahmaṇe ṛṣaye (prajāpatiṛṣsaye) namaḥ ĀṀ śirasi
(*O'Ṁ AṀ* saludo al sabio *Brahma AṀ* – en la cabeza)

O'Ṁ IṀ gāyatrīchandase namaḥ ĪṀ mukhe
(*O'Ṁ IṀ* saludo al maestro *Gāyatrī ĪṀ* – en la cara)

O'Ṁ UṀ sarasvatīdevatāyai namaḥ ŪṀ hṛidaye
(*O'Ṁ UṀ saludo a la diosa Sarasvatī ŪṀ* – en el corazón)

O'Ṁ EṀ haḷbhyo bījebhyo namaḥ AIṀ guhye
(*O'Ṁ EṀ* saludo a las semillas consonantes *AIṀ* – en los genitales)

O'Ṁ OṀ svaraśaktibhyo namaḥ AUṀ pādayoḥ
(*O'Ṁ OṀ* saludo a los poderes vocales *AUṀ* – en los pies)

O'Ṁ AṀ* (*anusvāra*) *KṢAṀ kīlakāya namaḥ AḤ sarvāṅgeṣu
(*O'Ṁ AṀ* (*anusvāra*) *KṢAṀ saludo al poder protector del mantra AḤ* – con todas las partes del cuerpo)

Karanyāsasaḥ
(*Nyāsa* en las manos)

O'Ṁ AṀ KAṀ KHAṀ GAṀ GHAṀ ṄAṀ ĀṀ aṅguṣṭābhyāṁ namaḥ
(saludo a la divina madre en los pulgares)

O'Ṁ IṀ CAṀ CHAṀ JAṀ JHAṀ ÑAṀ ĪṀ tarjanībhyāṁ namaḥ
(saludo a la divina madre en los dedos índices)

O'Ṁ UṀ ṬAṀ THAṀ ḌAṀ ḌHAṀ ṆAṀ ŪṀ madhyamābhyāṁ namaḥ
(saludo a la divina madre en los dedos medios)

O'Ṁ EṀ TAṀ ṬHAṀ DAṀ DHAṀ NAṀ AIṀ anāmikābhyāṁ namaḥ
(saludo a la divina madre en los dedos anulares)

O'Ṁ OṀ PAṀ PHAṀ BAṀ BHAṀ MAṀ AUṀ kaniṣṭhikābhyāṁ namaḥ
(saludo a la divina madre en los meñiques)

O'Ṁ AṀ (anusvāra) YAṀ RAṀ LAṀ VAṀ ŚAṀ ṢAṀ SAṀ HAṀ ḶAṀ KṢAṀ AḤ karatalakarapṛṣṭhābhyāṁ namaḥ
(saludo a la divina madre en las palmas y los dorsos de las manos)

Hṛdayādiṣaḍaṅganyāsaḥ
(*Nyāsa* en los seis miembros)

O'Ṁ AṀ KAṀ KHAṀ GAṀ GHAṀ ṄAṀ ĀṀ hṛdayāya namaḥ
(saludo a la divina madre en el corazón)

O'Ṁ IṀ CAṀ CHAṀ JAṀ JHAṀ ÑAṀ ĪṀ śirase svāhā
(saludo a la divina madre en la cabeza)

O'Ṁ UṀ ṬAṀ THAṀ ḌAṀ ḌHAṀ ṆAṀ ŪṀ śikhāyai vaṣaṭ
(saludo a la divina madre en la cima de la cabeza)

O'Ṁ EṀ TAṀ ṬHAṀ DAṀ DHAṀ NAṀ AIṀ kavacāya hum
(saludo a la envoltura de defensa mística)

O'Ṁ OṀ PAṀ PHAṀ BAṀ BHAṀ MAṀ AUṀ netratayāya vauṣaṭ
(saludo a la divina madre en los tres ojos)

O'Ṁ AṀ (anusvāra) YAṀ RAṀ LAṀ VAṀ ŚAṀ ṢAṀ SAṀ HAṀ ḶAṀ KṢAṀ AḤ astrāya phaṭ
(saludo al arma mística que destruye a todos los demonios)

Mātṛkānyāsa
(*Nyāsa* de los mātṛka)

O'Ṁ AṀ namaḥ śirasi
(saludo al *mātṛka AṀ* en la cabeza)

O'Ṁ ĀṀ namaḥ mukhe
(saludo al *mātṛka ĀṀ* en el rostro)

O'Ṁ IṀ namaḥ dakṣinanetre
(saludo al *mātṛka IṀ* en el ojo derecho)

O'Ṁ ĪṀ namaḥ vāmanetre
(saludo al *mātṛka ĪṀ* en el ojo izquierdo)

O'Ṁ UṀ namaḥ dakṣiṇakarṇe
(saludo al *mātṛka UṀ* en el oído derecho)

O'Ṁ ŪṀ namaḥ vāmakarṇe
(saludo al *mātṛka ŪṀ* en el oído izquierdo)

O'ṀṚṀ namaḥ dakṣiṇanāsāpuṭe
(saludo al *mātṛka ṚṀ* en la fosa nasal derecha)

O'Ṁ ṜṀ namaḥ vāmanāsāpuṭe
(saludo al *mātṛka ṜṀ en la fosa nasal izquierda)*

O'Ṁ LṚṀ namaḥ dakṣiṇagaṇḍe
(saludo al *mātṛka LṚṀ* en la mejilla derecha)

O'Ṁ LṜṀ namaḥ vāmagaṇḍe
(saludo al *mātṛka LṜṀ* en la mejilla izquierda)

O'Ṁ EṀ namaḥ ūrdhvoṣṭhe
(saludo al *mātṛka EṀ* en el labio superior)

O'Ṁ AIṀ namaḥ adharoṣṭhe
(saludo al *mātṛka AIṀ* en el labio inferior)

O'Ṁ OṀ namaḥ ūrdhavadantapaṅktau
(saludo al *mātṛka OṀ* en los dientes superiores)

O'Ṁ AUṀ namaḥ adhodantapaṅktau
(saludo al *mātṛka AUṀ* en los dientes inferiores)

O'Ṁ AṀ (anusvāra) namaḥ mūrdhni
(saludo al *mātṛka AṀ* en el techo del paladar)

O'Ṁ AḤ namaḥ jihvāgre
(saludo al *mātṛka AḤ* en la punta de la lengua)

O'Ṁ KAṀ namaḥ dakṣiṇabāhumūle
(saludo al *mātṛka KAṀ* en la articulación del hombro derecho)

O'Ṁ KHAṀ namaḥ dakṣiṇakūrpare
(saludo al *mātṛka KHAṀ* en el codo derecho)

O'Ṁ GAṀ namaḥ dakṣiṇamaṇibandhe
(saludo al *mātṛka GAṀ* en el pecho derecho)

O'Ṁ GHAṀ namaḥ dakṣiṇāṅgulimūle
(saludo al *mātṛka GHAṀ* en la base de los dedos de la mano derecha)

O'Ṁ ṄAṀ namaḥ dakṣiṇāṅgulyagre
(saludo al *mātṛka ṄAṀ* en la punta de los dedos de la mano derecha)

O'Ṁ CAṀ namaḥ vāmabāhumūle
(saludo al *mātṛka CAṀ* en la articulación del hombro izquierdo)

O'Ṁ CHAṀ namaḥ vāmakūrpare
(saludo al *mātṛka CHAṀ* en el codo izquierdo)

O'Ṁ JAṀ namaḥ vāmamaṇibandhe
(saludo al *mātṛka JAṀ* en el pecho izquierdo)

O'Ṁ JHAṀ namaḥ vāmāṅgulimūle
(saludo al *mātṛka JHAṀ* en la base de los dedos de la mano izquierda)

O'Ṁ ÑAṀ namaḥ vāmāṅgulyagre
(saludo al *mātṛka ÑAṀ* en la punta de los dedos de la mano izquierda)

O'Ṁ ṬAṀ namaḥ dakṣiṇapādamūle
(saludo al *mātṛka ṬAṀ* en la articulación de la cadera derecha)

O'Ṁ ṬHAṀ namaḥ dakṣiṇajānuni
(saludo al *mātṛka ṬHAṀ* en la rodilla derecha)

O'Ṁ ḌAṀ namaḥ dakṣiṇagulphe
(saludo al *mātṛka ḌAṀ* en el tobillo derecho)

O'Ṁ ḌHAṀ namaḥ dakṣapādāṅgulimūle
(saludo al *mātṛka ḌHAṀ* en la raíz de los dedos del pie derecho)

O'Ṁ ṆAṀ namaḥ dakṣapādāṅgulyagre
(saludo al *mātṛka ṆAṀ* en la punta de los dedos del pie derecho)

O'Ṁ TAṀ namaḥ vāmapādāmūle
(saludo al *mātṛka TAṀ* en la articulación de la cadera izquierda)

O'Ṁ THAṀ namaḥ vāmajānuni
(saludo al *mātṛka THAṀ* en la rodilla izquierda)

O'Ṁ DAṀ namaḥ vāmagulphe
(saludo al *mātṛka DAṀ* en el tobillo izquierdo)

O'Ṁ DHAṀ namaḥ vāmapādāṅgulimūle
(saludo al *mātṛka DHAṀ* en la raíz de los dedos del pie izquierdo)

O'Ṁ NAṀ namaḥ vāmapādāṅgulyagre
(saludo al *mātṛka NAṀ* en la punta de los dedos del pie izquierdo)

O'Ṁ PAṀ namaḥ dakṣapārśve
(saludo al *mātṛka PAṀ* en el lado derecho del torso)

O'Ṁ PHAṀ namaḥ vāmapārśve
(saludo al *mātṛka PHAṀ* en el lado izquierdo del torso)

O'Ṁ BAṀ namaḥ pṛṣṭhe
(saludo al *mātṛka BAṀ* en la parte posterior del torso)

O'Ṁ BHAṀ namaḥ nābhau
(saludo al *mātṛka BHAṀ* en el ombligo)

O'Ṁ MAṀ namaḥ udare
(saludo al *mātṛka MAṀ* en el abdomen)

O'Ṁ YAṀ tvagātmane namaḥ hṛdaye
(saludo al *mātṛka YAṀ* que preside la piel, en el corazón)

O'Ṁ RAṀ asṛgātmane namaḥ dakṣāṁse
(saludo al *mātṛka RAṀ* que preside la sangre, en el hombro derecho)

O'Ṁ LAṀ māṁsātmane namaḥ kakudi
(saludo al *mātṛka LAṀ* que preside los músculos, en la nuca, la parte posterior de la base del cuello)

O'Ṁ VAṀ medātmane namaḥ vāmāṁse
(saludo al *mātṛka VAṀ* que preside la grasa del cuerpo, en el hombro izquierdo)

O'Ṁ ŚAṀ asthyātmane namaḥ hṛdayādidakṣahastāntam
(saludo al *mātṛka ŚAṀ* que preside los huesos de la parte del cuerpo que comienza en la cabeza y termina en la mano derecha)

O'Ṁ ṢAṀ majjasthyātmane namaḥ hṛdayādivāmahastāntam
(saludo al *mātṛka ŚAṀ* que preside la médula de la parte del cuerpo que comienza en la cabeza y termina en la mano izquierda)

O'Ṁ SAṀ sukrātmane namaḥ hṛdayādidakṣapādāntam
(saludo al *mātṛka SAṀ* que preside la semilla, esperma u óvulo, en la parte del cuerpo que comienza en el corazón hasta el pie derecho)

O'Ṁ HAṀ prāṇātmane namaḥ hṛdayādivāmapādāntam
(saludo al *mātṛka HAṀ* que preside el *Prāṇa*, el principio

vital, en la parte del cuerpo que empieza en el corazón y termina en el pie izquierdo.

O'Ṁ ḶAṀ jīvātmane namaḥ jaṭhare
(saludo al *mātṛka ḶAṀ* que permanece con el ser individual en el abdomen)

O'Ṁ KṢAṀ Paramātmane namaḥ mukhe
(saludo al *mātṛka KṢAṀ* que permanece con el Gran Ser en el rostro)

Antarmātṛkā Nyāsa

Ṛṣyādinyāsaḥ
(los mismos que en el *bahirmātṛkā nyāsa*)

Karanyāsaḥ
(los mismos que en el *bahirmātṛkānyāsa*)

Hṛdayādiṣaḍaṅganyāsaḥ
(los mismos que en el *bahirmātṛkānyāsa*)

Mātṛkānyāsa:

Para el *Nyasa* de las *divinas madres interiores*, el yogui debe estar familiarizado con la anatomía tántrica de los *cakra*, su localización, el número de pétalos y sus colores. (Véase anexo 2)

Los *cakra* son centros energéticos o vórtices que se encuentran en *susumna-nadi,* el canal pránico central que atraviesa el centro de la columna vertebral y funciona como eje de todos los *cakra*. Estos centros se representan simbólicamente como flores de loto; cada una de ellas con un número determinado de pétalos que simbolizan el número de *nadi* que allí convergen.

El *Nyasa* comienza en *viśuddha cakra* con 16 pétalos, localizado en la garganta. Entonces se va dirigiendo secuencialmente a *anāhata*, *maṇipūra*, *svādhiṣṭāna* y *mūlādhāra*, con 12, 10, 6 y 4 pétalos, respectivamente. Finalmente, el proceso termina con el *Nyasa* en los dos pétalos de *ājñā,* el punto entre las dos cejas.

El orden de los *mātṛka* en los pétalos es en sentido horario (*dakṣināvarta*), comenzando por la una y terminando en las doce del reloj.[56]

Los detalles de *mātṛkānyāsa* son:

- En *viśuddha cakra:*
    1. ***O'Ṁ AṀ namaḥ*** (saludo al *mātṛka AṀ*)
    2. ***O'Ṁ ĀṀ namaḥ*** (saludo al *mātṛka ĀṀ*)
    3. ***O'Ṁ IṀ namaḥ*** (saludo al *mātṛka IṀ*)
    4. ***O'Ṁ ĪṀ namaḥ*** (saludo al *mātṛka ĪṀ*)
    5. ***O'Ṁ UṀ namaḥ*** (saludo al *mātṛka UṀ*)
    6. ***O'Ṁ ŪṀ namaḥ*** (saludo al *mātṛka ŪṀ*)
    7. ***O'Ṁ ṚṀ namaḥ*** (saludo al *mātṛka ṚṀ*)
    8. ***O'Ṁ ṜṀ namaḥ*** (saludo al *mātṛka ṜṀ*)
    9. ***O'Ṁ LṚṀ namaḥ*** (saludo al *mātṛka LṚṀ*)
    10. ***O'Ṁ LṜṀ namaḥ*** (saludo al *mātṛka LṜṀ*)
    11. ***O'Ṁ EṀ namaḥ*** (saludo al *mātṛka EṀ*)

12. ***O'Ṁ AIṀ namaḥ*** (saludo al *mātṛka AIṀ*)
13. ***O'Ṁ OṀ namaḥ*** (saludo al *mātṛka OṀ*)
14. ***O'Ṁ AUṀ namaḥ*** (saludo al *mātṛka AUṀ*)
15. ***O'Ṁ Ṁ namaḥ*** (saludo al *mātṛka Ṁ*)
16. ***O'Ṁ Ḥ namaḥ*** (saludo al *mātṛka Ḥ*)

- En *anāhata cakra:*
  1. ***O'Ṁ KAṀ namaḥ*** (saludo al *mātṛka KAṀ*)
  2. ***O'Ṁ KHAṀ namaḥ*** (saludo al *mātṛka KHAṀ*)
  3. ***O'Ṁ GAṀ namaḥ*** (saludo al *mātṛka GAṀ*)
  4. ***O'Ṁ GHAṀ namaḥ*** (saludo al *mātṛka GHAṀ*)
  5. ***O'Ṁ ṄAṀ namaḥ*** (saludo al *mātṛka ṄAṀ*)
  6. ***O'Ṁ CAṀ namaḥ*** (saludo al *mātṛka CAṀ*)
  7. ***O'Ṁ CHAṀ namaḥ*** (saludo al *mātṛka CHAṀ*)
  8. ***O'Ṁ JAṀ namaḥ*** (saludo al *mātṛka JAṀ*)
  9. ***O'Ṁ JHAṀ namaḥ*** (saludo al *mātṛka JHAṀ*)
  10. ***O'Ṁ ÑAṀ namaḥ*** (saludo al *mātṛka ÑAṀ*)
  11. ***O'Ṁ ṬAṀ namaḥ*** (saludo al *mātṛka ṬAṀ*)
  12. ***O'Ṁ ṬHAṀ namaḥ*** (saludo al *mātṛka ṬHAṀ*)

- En *maṇipūra cakra*:
  1. ***O'Ṁ ḌAṀ namaḥ*** (saludo al *mātṛka ḌAṀ*)
  2. ***O'Ṁ ḌHAṀ namaḥ*** (saludo al *mātṛka ḌHAṀ*)
  3. ***O'Ṁ ṆAṀ namaḥ*** (saludo al *mātṛka ṆAṀ*)
  4. ***O'Ṁ TAṀ namaḥ*** (saludo al *mātṛka TAṀ*)
  5. ***O'Ṁ THAṀ namaḥ*** (saludo al *mātṛka THAṀ*)
  6. ***O'Ṁ DAṀ namaḥ*** (saludo al *mātṛka DAṀ*)
  7. ***O'Ṁ DHAṀ namaḥ*** (saludo al *mātṛka DHAṀ*)
  8. ***O'Ṁ NAṀ namaḥ*** (saludo al *mātṛka NAṀ*)

9. ***O'Ṁ PAṀ namaḥ*** (saludo al *mātṛka PAṀ*)
10. ***O'Ṁ PHAṀ namaḥ*** (saludo al *mātṛka PHAṀ*)

- En *svādhiṣṭhāna*:
  1. ***O'Ṁ BAṀ namaḥ*** (saludo al *mātṛka BAṀ*)
  2. ***O'Ṁ BHAṀ namaḥ*** (saludo al *mātṛka BHAṀ*)
  3. ***O'Ṁ MAṀ namaḥ*** (saludo al *mātṛka MAṀ*)
  4. ***O'Ṁ YAṀ namaḥ*** (saludo al *mātṛka YAṀ*)
  5. ***O'Ṁ RAṀ namaḥ*** (saludo al *mātṛka RAṀ*)
  6. ***O'Ṁ LAṀ namaḥ*** (saludo al *mātṛka LAṀ*)

- En *mūlādhāra cakra*:
  1. ***O'Ṁ VAṀ namaḥ*** (saludo al *mātṛka VAṀ*)
  2. ***O'Ṁ ŚAṀ namaḥ*** (saludo al *mātṛka ŚAṀ*)
  3. ***O'Ṁ ṢAṀ namaḥ*** (saludo al *mātṛka ṢAṀ*)
  4. ***O'Ṁ SAṀ namaḥ*** (saludo al *mātṛka SAṀ*)

- En *ājñā cakra*:
  1. ***O'Ṁ HAṀ namaḥ*** (saludo al *mātṛka HAṀ*)
  2. ***O'Ṁ KṢAṀ namaḥ*** (saludo al *mātṛka KṢAṀ*)

Añadiremos también en este manual *Mahamrityunjaya mantra* y *Gayatri mantra,* los dos grandes *mantra* mencionados en los *Veda* –los cuatro textos más antiguos de la tradición de la India.

El *Gayatri* es considerado para la purificación y guía espiritual, representa el nacimiento, la muerte y la inmortalidad; mientras el *Mahamrityunjaya* se utiliza para la sanación, salud, protección.

Mahamrityunjaya mantra

(*Trayambakam mantra o Rudra mantra*)

Om Trayambakam Yajamahe
Sugandhim Pushtivardhanam
Urvarukamiva Bandhanan
Mrityor Mukshiya Maamritat

«Oh Divinidad que todo lo ves, te saludamos.
Oh, lleno de fragancia, excelente señor,
eres quien nos alimenta, el sustento de toda la vida.
Igual que el fruto es liberado cuando está maduro,
libéranos de la muerte y concédenos
el néctar de la inmortalidad».

Swami Satyananda, precisamente quien configuró la estructura de Yoga-Nidra, decía que aquellos que deseen salud y sanación deben cantar el *Mahamrityunjaya mantra* (en sánscrito, el «Gran mantra que vence a la muerte») por lo menos 24 veces al día. Satyananda dijo: «Les garantizo que, si hacen esto con concentración intensa, voluntad y pureza de corazón y sentimiento, entonces no hay duda de que la salud y la sanación van a llegar, ya sea para ustedes mismos o para otros».

Dicen que *Mahamrityunjaya mantra* es el gran mantra para alcanzar la «inmortalidad», entendida como fin del *samsara*, la rueda de las reencarnaciones, porque protege contra todas las amenazas y, en el momento de la muerte, facilita el proceso de liberación. Es uno de los más potentes de los antiguos mantra. Beneficioso para la salud mental, emocional y física.

Está dedicado a Rudra, deidad asociada a los vientos y tormentas en los himnos *Rig Veda,* y posteriormente asociado a Siva, dios de la transformación.

Sobre sus beneficios, dice Swami Satyananda:

> «Es una combinación potente de sonidos que, si se pronuncian con fe, dedicación y perseverancia durante un tiempo, nos lleva no solo a la victoria sobre el miedo a la muerte, sino a la victoria sobre la muerte misma. Por este motivo, se le conoce como "Moksa mantra".* Otorga longevidad y fue diseñado para curar las enfermedades. Resguarda de fuerzas negativas o dañinas creando un escudo psíquico protector alrededor del practicante. Se dice que destruye el sufrimiento y la pobreza, y que cumple todos nuestros deseos. Cualquiera que desee eliminar los obstáculos de la vida y superar situaciones difíciles o enfermedades, debería repetir este mantra con regularidad. Genera un campo de energía protectora. Si se recita un mínimo de once veces antes de dormir asegura mejor descanso y sueños positivos».

* *Moksa* = liberación.

Gayatri mantra

Om bhur bhuvah svaha
tat savitur varenyam
bargho devasya dhimahi
dhiyo yo nah pracodayat

«¡Oh, Señor, fundamento de la tierra, el firmamento
y los espacios intermedios,
el más adorado!
Meditamos en ti, Señor de la luz
que todo conoce.
Ilumina nuestras mentes».

Rig Veda III, 62.10

El *Gayatri mantra* es una canción o himno en adoración al Sol, es símbolo de la luz, del esplendor que lo ilumina todo. Se recita cada día a la salida y la puesta del sol. El *Gayatri* es una plegaria universal tenida como reliquia en los *Veda*. Se le llama el *Veda-Mata*, la Madre del Veda. El *Gayatri mantra* representa la misma divinidad vibrando.

Fue recibido hace milenios y transmitido hasta nuestros días. La combinación apropiada de las 24 sílabas del *Gayatri mantra* contiene y expresa la base de todo lo creado y nos desvela los secretos divinos y el secreto significado de las leyes materiales y de la existencia humana.

Este mantra es una fórmula llena de vitalidad y vibración.

Puede ser recitado con devoción para el beneficio material o espiritual propio, en cualquier era y en cualquier parte del mundo. Las escrituras lo definen como «Aquello que nos salva...».

Las 24 sílabas del *Gayatri* se orientan en orden a expresar la divinidad en el cuerpo humano; se puede establecer un esquema energético de los puntos del cuerpo donde afecta su canto.[11]

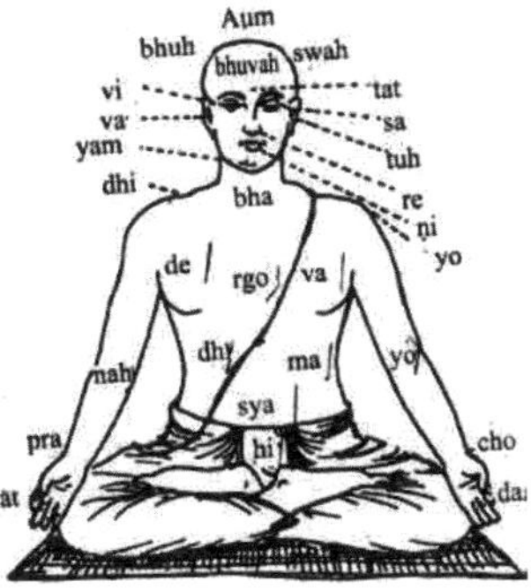

Beneficios que se le atribuyen:

- Agudiza la facultad de adquirir conocimiento
- Alivia las enfermedades
- Evita las miserias
- Calma los deseos
- Nos protege de todo peligro
- Proporciona el estado de plenitud
- Asegura un futuro brillante y auspicioso
- Provee de inagotable fuerza para superar los obstáculos
- Libera de la rueda de nacimiento y muerte
- Limpia la mente
- Es la llave que abre la puerta de la consciencia cósmica

- Confiere sabiduría, prosperidad, pureza y liberación
- Elimina todo temor
- Destruye el karma
- Su mayor importancia se centra en que impide que nuestro inconsciente se siga cargando de nuevas impresiones psíquicas destructivas.

Al respecto, afirma Swami Sivananda –maestro de Swami Satyananda:

> «De todos los mantra, el supremo y más potente es el *Gayatri mantra*. Es el soporte de todo buscador de la Verdad que cree en su eficiencia, poder y gloria; sea él de cualquier casta, credo, clima o secta. Es solamente la fe y la pureza de corazón de uno lo que realmente cuenta. Deben hacer, al menos, un *mala** diariamente sin interrupción. Ello les guardará de todo peligro, les dará fuerza infinita, les permitirá sobreponerse a todos los obstáculos y les llevará al verdadero pináculo del esplendor, poder, paz y bendición».

* Un *mala* es un «rosario», una guirnalda de 108 cuentas que se utiliza para concentrar la atención recitando un mantra.

Anexo 2. *Cakra*

CENTRO DE ENERGÍA	*Mūlādhāra*	*Svādhiṣṭhāna*	*Maṇipura*	*Ānahāta*	*Viṣuddha*	*Ājñā*	*Sahasrāra*
Significado del nombre	raíz soporte	el propio lugar	ciudad de la joya	sonido no emitido	purificación	no conocimiento	mil pétalos
Localización física	perineo	pelvis	ombligo	corazón	garganta	entrecejo	coronilla
Glándula	suprarrenales	gónadas (testículos-ovarios)	páncreas e hígado	timo	tiroides	pituitaria	pineal
Plexo nervioso	sacrococcígeo	hipogástrico	solar o epigástrico	cardiaco	laríngeo o faríngeo	cavernoso	cerebral
N° de pétalos (*nāḍī*)	4	6	10	12	16	2	1.000
Tattva	*Pṛthivī* – tierra	*apas* – agua	*agni* – fuego	*vayu* – aire	*ākāśa* – éter	*manas*	entendimiento
Color del tattva	rojo	naranja	amarillo	verde	azul	índigo	blanco

Anexo 3.
Yama y *niyama*

La base del edificio del Yoga clásico expuesto por Patañjali en los *Yoga-sutra* es la abstención y la observancia de los aspectos que mencionamos a continuación. Son los cimientos éticos sobre los que se debería de construir este imponente edificio para que sea realmente sólido. Nos limitamos a enumerarlos, pues, aunque el trabajo personal profundo de estos preceptos es básico para un profesor de yoga día a día, no es este el lugar para disertar sobre ellos. Recomendamos la lectura de los *Yoga-sutra* para mayor información.

Yama y *Niyama*

YAMA = abstenciones

- *Ahimsa* = no violencia (*a* = no y *himsa* = violencia)
- *Satya* = no mentir
- *Asteya* = no robar
- *Aparigraha* = no acumular
- *Brahmacarya* = no excederse, moderación

NIYAMA = observancias

- *Tapas* = autodisciplina, austeridad (*tas* = quemar significando purificación)
- *Sauca* = pureza

- *Samtosa* = satisfacción, contento, agradecimiento, serenidad
- *Svadhyaya* = estudio de uno mismo
- *Isvara-pranidhana* = entrega al Absoluto

Anexo 4. Envolturas del ser: *kosa*

CUERPO	*GUNA*	*KOŚA*	ENVOLTURA	COMPUESTA DE...	FUNCIÓN	VÍAS del YOGA
Śthūla-śarīra						
Cuerpo físico o denso CUERPO	*TĀMAS*	***Ānnamaya-kośa***	envoltura material (sólido, líquido, gas) *ānna* = alimento	5 *tattvas* (tierra, agua, fuego, aire, éter) y 4 dimensiones (espacio y tiempo)	Crear y desarrollarse	*Haṭha-yoga*
Sūkṣma-śarīra						
Cuerpo astral o sutil MENTE	*RĀJAS*					
		Prāṇamaya-kośa	envoltura etérica («plasma», energía vital)	*vayus*, 5 órganos de acción (*karma-īndriya*: movimiento, manipulación, excreción, procreación, habla) y 4 dimensiones (tiempo, espacio). No afectado por la gravedad	enlace entre cuerpo físico-astral; y astral-causal. («doble etérico»). Absorber y distribuir *prāṇa*	*prāṇāyāma, mudrā, bandha,* meditación
		Manomaya-kośa	envoltura mental inferior o de razonamiento (actúan mente y emociones)	*manas* (mente consciente activa) y *citta* (subconsciente), tiempo, *jñana-īndriya* (olfato, gusto, vista, tacto, oído)	Razonar, percibir impresiones	*Karma-yoga, rāja-yoga*
		Vijñānamaya-kośa	envoltura mental superior, de conocimiento o psíquica. »Cuerpo intuitivo» (actúa la intuición)	*buddhi* (intelecto), *ahamkara* (ego), tiempo	Discernimiento. Unión *kośa* inferiores y superiores	*Jñana-yoga, yantra-yoga,* meditación

Kāraṇa-śarīra *«origen, fuente»*						
Cuerpo causal ESPÍRITU	*SATTVA*		(actúa la consciencia testigo)	consciencia *ātmica*, consciencia de *jivātman*. Eternidad. (NO: cuerpo físico, mente, sentidos, emociones, intelecto, intuición, tiempo, espacio)	causa y origen de *s'thūla* y *Sūkṣma-śarīra*. Experimentar felicidad absoluta (*sat-cit-ananda*), experimentar la dimensión trascendental	
		Ānandamaya-kośa *ānanda = amor*	envoltura de bienaventuranza, consciencia del ser	*gunas* aún presentes en *Prakṛiti*. Necesario el equilibrio con *Puruṣa*	Primer despertar	
		Citmaya-kośa *cit = inteligencia, lucidez*	envoltura *monádica*- consciencia colectiva (unión de las almas)	*Ātman = Parātman* (con atributos)	segundo despertar. Experiencia de ser parte del Todo: desaparece todo sentido de dualidad	
	NO GUNAS	***Sattmaya-kośa*** *sat = estado de energía, vitalidad*	envoltura *ātmica* - el Ser (unión del Yo con el Absoluto)	«Yo soy *Brahman*», «Yo soy todo el Universo» (sin atributos)	experiencia más allá de la percepción	
sat-cit-ananda = ser-consciencia-felicidad. Es una experiencia total y profundamente espiritual						
Todos los *kośa* forman una unidad indivisible e inseparable, influyéndose mutuamente e interactuando como un todo						
CONOCER LAS ENVOLTURAS NOS PERMITE EXPANDIR LA CONSCIENCIA						

Anexo 5. Psicología Vedanta

De modo muy esquemático, haremos un resumen de la relación entre las envolturas del ser y los diferentes niveles de consciencia, de los *samskara* y las envolturas del ser, y del origen de los diferentes *samskara* según la psicología Vedanta. Para una mayor profundización en estos aspectos, recomendamos la lectura de Yoga-Nidra*: Yogic Trance. Theory, practice and applications* del doctor Nrusingh Charan Panda.[56]

Niveles de consciencia y envolturas del ser

KOŚA / ENVOLTURAS	NIVELES DE CONSCIENCIA
***Śthūla-śarīra* / CUERPO FÍSICO**	
***Sūkṣma-śarīra* / CUERPO SUTIL**	
Prāṇamaya-kośa / envoltura de energía	
Manomaya-kośa / envoltura mental inferior	Consciente
	Preconsciente
	Subconsciente
Vijñānamaya-kośa / envoltura mental superior	
Kāraṇa-śarīra	
Ānandamaya-kośa / envoltura de dicha	Inconsciente
Citmaya-kośa / envoltura de consciencia	
Sattmaya-kośa / envoltura de ser	

Relación entre las envolturas y los tipos de *samskara*[56]

KOŚA / ENVOLTURAS	SAMSKARA
***Śthūla-śarīra* / CUERPO FÍSICO**	
***Sūkṣma-śarīra* / CUERPO SUTIL**	
Prāṇamaya-kośa / envoltura de energía	
Manomaya-kośa / envoltura mental inferior	Cognitivos (*jñanaja-samskara*)
	Conativos (*kriyaja-samskara*) No aflictivos
Vijñānamaya-kośa / envoltura mental superior	
Kāraṇa-śarīra	
Ānandamaya-kośa	Conativos (*kriyaja-samskara*) aflictivos
	Afectivos (*klesaja-samskara*)
Citmaya-kośa	
Sattmaya-kośa	

Para ampliar esta información, recomendamos la lectura del capítulo: «Indian versus Freudian depth Psychology», en *Yoga-Nidra: Yogic Trance. Theory, practice and applications* de Nrusingh Charan Panda.[56]

Anexo 6.
Samadhi: estado de supraconsciencia

Añadimos unos breves apuntes sobre los diferentes estados de supraconsciencia, *samadhi,* que se describen en los *Yoga-sutra* de Patañjali por si son de interés o ayudan a la comprensión de estados a los que uno, con la práctica, puede llegar a través de Yoga-Nidra o cualquier otra técnica de meditación. No nos extenderemos con explicaciones, sino que plasmaremos en forma de esquema algo que resulta complejo de comprender desde el nivel racional, ya que es puramente experiencial. Para una mayor comprensión, recomendamos la lectura de: *La ciencia de la Yoga. Un comentario a los Yoga-Sutra de Patañjali a la luz del pensamiento moderno,* de I.K. Taimni[82] y *La salud como un estado de consciencia,* de Mirta Córdoba de Parodi,[16] ambos muy esclarecedores de un tema tan complejo.

SAMĀDHI: estado de supraconsciencia

TIPOS DE SAMADHI

- ***SABIJA-SAMADHI*** = «con semilla» ⟶ Etapas
  - ***Saṃprajñāta***
    - identificación con dualidad: con ego
    - concentración en el objeto
    - Fases
      - *savitarka / nirvitarka* > pensamiento discursivo
      - *savicara / nirvicara* > reflexión
      - *sananda* > gozo
      - *sasmita* > yoidad
  - ***Asaṃprajñāta***
    - identificación sin dualidad: sin ego
    - desaparece toda consciencia del objeto
    - mente vacía, en silencio. Sólo quedan los *saṃskāra*

  Se obtiene por medio de la meditación con soporte.
  La consciencia se llena con el objeto meditado.
  «Concentrativa».

- ***NIRBIJA-SAMADHI*** = «sin semilla»
  Se obtiene sin soporte.
  «Contemplativa».
  No hay ego. Sólo hay entrega.
  No hay actividad mental: no hay *saṃskāra.*
  Consciencia de *Brahman*

Anexo 7. Dos referentes occidentales: Wilber y Tolle

Hace ya años, con la pérdida de valores en el mundo occidental, surgieron movimientos que buscaron respuestas en las tradiciones místicas y filosóficas orientales.

Algunos filósofos y maestros de Estados Unidos y Europa estudiaron la tradición hindú y de ella extrajeron los principios fundamentales de su filosofía que, de una forma clara y con un lenguaje comprensible para Occidente, han expuesto en sus obras.

Hemos visto en capítulos anteriores de este manual, como en «Yoga y Vedanta», que el objetivo último es el descubrimiento de la realidad interior, ese Yo inmanente y eterno, que constituye la esencia del ser humano. Esta realidad, Ser interior, *atman*, está escondida al abrigo de tres cuerpos y sus respectivas envolturas (*kosa*) que hay que trascender para llegar a ella.

Los tres cuerpos a los que hacemos alusión (véase anexo 4) son: el cuerpo físico, aquello que podemos palpar y está hecho de materia densa; el cuerpo sutil, no visible a través de los ojos, aunque sí plausible de ser percibido por sus diferentes manifestaciones y que en el ser humano abarca los aspectos energético, emocional y mental, y el tercer cuerpo, que es el causal, origen de los dos anteriores. Este último es el cuerpo esencial del ser humano: *atman*, a partir del cual, se manifiestan los otros dos.

La visión de Ken Wilber

Wilber, en su obra, desarrolla el mismo esquema que la filosofía hindú; aunque busca imágenes y conceptos más próximos a nuestra mente occidental.

A esta realidad última, que en la tradición yóguica llamamos *atman*, Wilber la denomina *consciencia* o *consciencia de unidad,* y afirma que se halla escondida detrás de una serie de *fronteras* que los seres humanos nos hemos trazado en el campo de la consciencia y que deberemos ir trascendiendo para que se manifieste nuestra verdadera identidad.

La primera frontera que el ser humano traza es la que le separa de la totalidad del Universo. *Yo frente al mundo que me rodea*. Surge la consciencia individual frente a la consciencia de unidad. El que conoce y lo conocido.

Nos identificamos con la línea de nuestra piel que nos separa del medio. A este estadio, lo denomina «nivel de centauro»: organismo psicofísico formado por la mente y el cuerpo.

La segunda frontera que trazamos aparece cuando el «centauro» se desprende de su cuerpo rechazándolo y considerándolo, simplemente, como algo de su propiedad. Este es el «nivel de ego» que sentimos instalado en nuestra mente. El ego es la idea o imagen que creamos de nosotros mismos a base de recuerdos, vivencias, deseos, imágenes y experiencias pasadas. Una construcción mental sobre nosotros mismos.

Cuando encontramos aspectos de nuestro ego que pueden resultar dolorosos o proscritos y los rechazamos, creamos una nueva frontera y dejamos fuera esta parte oscura de nuestro ego, formando lo que Wilber llama la «máscara». Nace así la demarcación de la *persona* como una imagen fraudulenta e incompleta de nosotros mismos.

Igual que en la tradición Vedanta, Wilber sugiere que para que el ser humano vuelva a alcanzar la consciencia de unidad o «consciencia sin fronteras» y pueda volver a identificarse con el Universo, debe trascender estas fronteras que artificialmente se ha trazado, e ir integrando las facetas del ser que ha ido dejando atrás.

Se trataría básicamente de que, desde el *nivel de persona*, reconozcamos como nuestro todo el material que hemos desplazado y almacenado en la *sombra*, y construyamos un *ego sano* que integre todas las facetas de nuestra psique. A partir de este punto, deberemos tomar consciencia de nuestro *cuerpo* y lo integraremos con el *ego* para alcanzar el nivel de *centauro* (cuerpo más mente). Desde este nivel psicofísico, podremos trascender lo que nos separa de todo lo que nos rodea, integrándonos en el Universo en lo que Wilber llama alcanzar la consciencia de unidad.

Wilber introduce un concepto, que también proviene del mundo del yoga, al que llama *ser* o *testigo transpersonal*. El individuo, como centauro, percibe que dentro de él hay un ser más profundo al que no afectan las fluctuaciones periféricas del medio. Es el *testigo central* (*testigo interior* en la tradición del yoga, saksi). Es lo que se definiría con la afirmación: «Tengo mente, cuerpo y emociones, pero no soy mente, cuerpo y emociones».

En este estado de *ser transpersonal*, nos damos cuenta de que la mente, el cuerpo, las emociones… todo cambia con el tiempo; todas esas dimensiones son impermanentes. Y, sin embargo, hay algo que no ha cambiado y sabemos que es así. Algo permanece inalterado. Es ese *yo interior* que permanece inalterado con el tiempo al que en la tradición del yoga llamamos a*tman*. Este yo transpersonal y trascendente, que va más allá del organismo individual, lleva aparejada la noción de inmortalidad; es la última frontera, el paso previo a la experiencia de la *consciencia sin fronteras*.

La visión de Eckhart Tolle

Tolle, en su obra, sigue un esquema parecido, aunque simplificado. A esta realidad última del ser humano, la llama *identidad esencial*, y sugiere que está escondida bajo lo que él llama el *mundo de la forma,* equivalente a los *kosa* de la tradición Vedanta o a las *fronteras* de Wilber.

Para Tolle, hay que trascender el mundo de la forma para llegar al *nivel del ser,* y el principal obstáculo de los seres humanos en este camino es nuestra identificación con esa imagen mental («constructo mental hecho de *prakriti*», como la llama Vicente Merlo) que tenemos de nosotros mismos y que llamamos *ego*. Es esa identificación con el *yo* que nos separa de los *otros*.

El ego está instalado en el mundo de las formas y se alimenta del pasado. Se ha ido formando con recuerdos, emociones, sentimientos, objetos y personas con los que nos hemos ido identificando, impidiéndonos ver nuestra *identidad esencial*. Es la principal fuente de sufrimiento para el ser humano, porque nos distancia de *los otros;* esta frontera acaba generando resentimiento y la acumulación de resentimiento acaba transformándose en rencor.

Por otro lado, el ego está anclado al mundo de la forma: mi cuerpo, mi casa, mi profesión, mis posesiones, mi salud, mis pensamientos. Sabemos que una característica de la forma es su *impermanencia*; así que el miedo a la pérdida, a la muerte en última instancia, genera la emoción básica asociada al ego y fuente de sufrimiento que es *el miedo*.

Si observas por un momento tus pensamientos, verás que la mayor parte de lo que pensamos es involuntario, automático y repetitivo. Tú no piensas, pensar es una cosa que te ocurre. Estamos poseídos por nuestros pensamientos que continuamente alimentan nuestro ego. Como dice Tolle, en sintonía con otros maestros: «La causa primaria de nuestra infelicidad no es nunca la situación en que estamos, si no lo que pensamos de ella».

Hay emociones negativas que no hemos afrontado plenamente para, después, aceptarlas y expulsarlas. Son emociones que se han ido acumulando en un campo de energía dañino que vive en las células de nuestro cuerpo, lo que denomina *cuerpo dolor*, constituido por emociones dolorosas de la infancia, adolescencia y vida adulta que, de forma inconsciente, nos influyen y condicionan produciendo infelicidad.

El *cuerpo dolor* se activa cuando sintoniza con los recuerdos de los *dolores emocionales* sufridos en el pasado. El problema es que, desde el cuerpo dolor, somos incapaces de percibir nuestra *identidad esencial*. Nos cuesta alcanzar ese sentimiento de unidad y plenitud por dos razones:

- El limitado alcance de nuestros sentidos reduce la realidad percibida a lo que nos es accesible, lo que nos rodea, al mundo de la forma.

- Por otro lado, nuestro pensamiento incesante y fragmentado nos impide encontrar este espacio interior de consciencia.

Varias son las propuestas para trascender el ego y el cuerpo dolor, y pasar del mundo de la *forma* al mundo del *ser*.

Tolle afirma que el peor enemigo del ego es la *presencia*. Pasar de ser nuestros pensamientos, emociones y reacciones a ser la *consciencia*, esa presencia consciente que contempla esos estados y emociones.

Debemos buscar, a través de técnicas de relajación y meditación, esa calma que nos conecta con la dimensión sin forma que hay dentro de nosotros. Este es uno de los grandes tesoros que contiene Yoga-Nidra.

Anexo 8. Ejemplo de práctica completa

Terminamos este libro ofreciendo un ejemplo de práctica completa de Yoga-Nidra. Sirva como ayuda para quienes comienzan.

Antes del comienzo de la práctica propiamente dicha, se habrá explicado y dado el tiempo suficiente, con la calidad de atención propia de un estado de introversión, para que los participantes descubran y formulen el *sankalpa* que quieran trabajar.

* * *

Prepárate para la sesión de Yoga-Nidra: túmbate en la postura de *savasana,* abrígate bien, acomodándote todo lo que puedas, estirando bien el cuerpo y aflojándolo. Si tienes tendencia a la hipotensión, coloca una manta doblada bajo la cabeza. Sentado en una silla si se está en situación contraindicada.

Ve elaborando tu *sankalpa*. Una resolución breve, clara, positiva, en primera persona, en presente –como si lo que deseas que se cumpla ya lo tuvieses.

Permite que los pies caigan hacia los lados y que las palmas de las manos miren al cielo. Permite que tus párpados se cierren suavemente y mantenlos cerrados durante toda la práctica.

Haz todos los ajustes necesarios para estar muy cómodo; recuerda que se trata de buscar inmovilidad durante toda la sesión de Yoga-Nidra. En cualquier caso, si en algún momento notas molestia por la postura, con plena atención, decide si necesitas algún reajuste y permítetelo con suavidad.

Repasa tu postura y reajústala si lo necesitas, que nada te moleste.

Siéntete libre de abandonar la práctica, en cualquier momento, si sientes gran incomodidad física, mental o emocional.

Antes de comenzar toma la firme determinación de permanecer despierto, atento y consciente.

Escucha y siente... Sabiendo que estás en un lugar seguro, observa todo lo que surja sin juzgar-sin juzgarte, sin analizar, sin esperar nada; simplemente, observa con amabilidad qué sucede dentro de ti. Conviértete en espectador de ti mismo.

Si aparecen pensamientos, déjalos pasar como si fuesen nubes en el cielo.

El cuerpo se relaja, la mente queda tranquila y la consciencia permanece despierta. Relaja todo el cuerpo por completo...

1. Relajación física

Observa ahora, con la respiración libre, cómo va naciendo la sensación de armonía.

Lleva la atención a la cabeza. Inspira sintiendo su volumen, el espacio que ocupa, su contacto con la colchoneta. Al espirar, siente todo su peso fundiéndose en el suelo. Al espirar, se aflojan todo el cuero cabelludo, la frente, sienes, ceja y ojos, mandíbulas, lengua, cuello... se aflojan. Toda tu cabeza se abandona.

Abandona las actitudes, abandona las máscaras.

Olvida tu cabeza.

Lleva la atención a tus brazos: desde los hombros, hasta las puntas de los dedos. Inspira con toda tu atención puesta en ellos... y, al espirar, siéntelos MUY pesados. Tus brazos se abandonan.

Olvida los brazos.

Lleva la atención a tus piernas: desde las ingles hasta las plantas de los pies y los dedos. Inspira tomando consciencia de ellas... y, al espirar, siéntelas MUY pesadas. Su peso se abandona al espirar hacia la tierra.

Olvida tus piernas.

Lleva la atención a tu abdomen y tórax. Inspira llenándolos...y, al espirar siente que todo su peso se abandona desde el ombligo hacia la tierra.

Observa el ritmo de tu respiración: profundo, lento, fluido, suave. No necesitas hacer nada. Tu respiración se hace sola. Observa esta ola que va y viene. Obsérvala en el abdomen. El ombligo que sube y baja suavemente.

La atención centrada en tu propio cuerpo, en las sensaciones, te permite eliminar todos los pensamientos parásitos. Te pones a la escucha de tu propio cuerpo.

Solo importa lo que percibes a través de él.

Instala una sonrisa cálida en tus ojos.

Todo tu cuerpo está relajado. Todo tu cuerpo se abandona al abrazo de la tierra. En calma, en perfecta inmovilidad.

2. *Sankalpa*

Repítete ahora, mentalmente, tres veces tu *sankalpa* o resolución. Lentamente, con plena consciencia. Siéntelo desde el corazón. Siente todas tus células vibrando al repetir tu resolución.

3. Rotación de la consciencia

A continuación, vamos hacer un recorrido rápido por todo el cuerpo para tomar consciencia de cada una de sus partes.

Intenta seguir el ritmo de mis instrucciones; si en algún momento te pierdes, mi voz será tu ancla.

Visualiza cada parte del cuerpo o imagina que se ilumina por un instante para tomar consciencia de ella. Si puedes, siéntela. Sigue mi voz y déjate guiar.

Toma consciencia de la mano derecha, dedo pulgar, índice, corazón, anular, meñique, palma de la mano, dorso, muñeca, antebrazo, codo, brazo, hombro, axila, costado derecho, cadera, muslo, rodilla, pantorrilla, tobillo derecho, talón, planta, empeine, dedo gordo del pie derecho, segundo dedo, tercero, cuarto, dedo pequeño... Todo el lado derecho de tu cuerpo.

Lleva la consciencia a la mano izquierda, dedo pulgar, índice, corazón, anular, meñique, palma de la mano, dorso, muñeca, antebrazo, codo, brazo, hombro, axila, costado izquierdo, cadera, muslo, rodilla, pantorrilla, tobillo izquierdo, talón, planta, empeine, dedo gordo del pie izquierdo, segundo dedo, tercero, cuarto, dedo pequeño... Todo el lado izquierdo de tu cuerpo.

Planta del pie derecho, planta del pie izquierdo, talón derecho, talón izquierdo, gemelo derecho, gemelo izquierdo, parte posterior del muslo derecho, parte posterior del muslo izquierdo, nalga derecha, nalga izquierda, cadera derecha, cadera izquierda, toda la columna vertebral, lado derecho de la espalda, lado izquierdo de la espalda, omóplato derecho, omóplato izquierdo, zona posterior del cuello, nuca, zona posterior de la cabeza, zona superior de la cabeza...

Zona superior de la cabeza, frente, cejas, entrecejo, sienes, párpados, ojos, orejas, aletas nasales, punta de la nariz, mejillas, boca por dentro y por fuera, barbilla, mandíbula, cuello, clavículas, pecho, esternón, abdomen, ombligo, vientre, ingles, suelo pélvico...

Toda la columna vertebral, cráneo.

Lleva la atención al cerebro, siéntelo dentro del cráneo. Oídos, fosas nasales, lengua, encías, dentadura, garganta, pulmones, corazón, estómago, hígado (derecha), bazo (izquierda), páncreas (centro), riñones, intestinos delgado y grueso, vejiga, útero, genitales...

Siente ahora las partes más grandes de tu cuerpo: ambas piernas al mismo tiempo... ambos brazos al mismo tiempo... Espalda, abdomen y tórax juntos... Todo el tronco al mismo tiempo. El cuello y la cabeza juntos... Todos los órganos internos... Toda la piel. Todo el cuerpo, todo el cuerpo, todo el cuerpo. Todo el cuerpo al mismo tiempo.

Siente todo el cuerpo relajado... Siente todo tu cuerpo relajado sobre el suelo, cómodo, respirando en calma.

4. Consciencia de la respiración: conteo

Contacta ahora con tu respiración...

Toma consciencia de cómo al inspirar el abdomen sube y cómo al espirar el abdomen baja. Observa tu respiración natural, espontánea. Observar su movimiento en el abdomen... Lleva la atención al pecho y observa que también se mueve ligeramente... El aire que entra y sale por la nariz y la garganta.

Cuando te avise, comenzarás a contar las respiraciones en

orden inverso desde el número 27, al ritmo de tu propia respiración.

Mantente consciente contando la respiración... Si te equivocas, vuelves a comenzar con amabilidad desde 27... Toda la atención observando la respiración y el conteo.

Inspiro-espiro, 27. Inspiro-espiro, 26. ... Espiro, 25... sigue al ritmo de tu respiración.

[Silencio].

Suavemente, ve dejando ir los números. Permite que la respiración continúe haciéndose sola. Comprueba que no te has dormido. Sigue la voz que te va guiando.

5. Sensaciones opuestas

Vuelve con tu atención al cuerpo. Te invitaré a evocar sensaciones: obsérvalas con desapego, sin intención más allá de la observación, sin etiquetarlas. Sé espectador curioso de todo lo que emerja.

Evoca la sensación de PESADEZ en todo el cuerpo.

Nota cómo todo el cuerpo se vuelve pesado, agradablemente pesado.

Cada zona de tu cuerpo pesa; todo el cuerpo muy pesado.

...

Abandona la sensación de pesadez.

Evoca ahora la sensación de LIGEREZA en todo el cuerpo

Nota como todo el cuerpo se vuelve liviano, cada vez más ligero. El cuerpo se vuelve ligero, sutil.

...

Abandona la sensación de ligereza.

Evoca ahora la sensación de FRÍO. Todo el cuerpo se vuelve helado. Toma consciencia del frío en tu cuerpo…

…

Abandona la sensación de frío.

Evoca ahora la sensación de CALOR en todo el cuerpo… Sientes calor. Toma consciencia del calor en tu cuerpo… Siente cómo aumenta su temperatura…

…

Abandona la sensación de calor y evoca ahora la sensación de TRISTEZA. Obsérvala como simple sensación física: cómo es, en qué lugar del cuerpo la encuentras, es constante o varía. Observa también si hay resistencias. Trata de observar desde tu testigo interior, con desapego, como algo externo a ti…

Abandona esta sensación y evoca ahora la sensación de ALEGRÍA. Observa la sensación de alegría en el cuerpo. Cómo es, en qué lugar del cuerpo se manifiesta. …

Abandona ahora todas estas sensaciones y sigue observando.

6. *Cidakasa*

Enfoca ahora la atención en el interior de tu frente.

Observa atentamente este espacio. Obsérvalo sin esperar nada, con desapego. Obsérvalo desde tu observador interno, sin buscar nada. Acogiendo todo lo que emerja.

Aprovecha para instalarte en este lugar en paz de tu interior que todo lo ve sin juzgar, sin juzgarte.

[Silencio].

7. Visualizaciones

Suavemente abandona la pantalla mental.

Comprueba que sigues despierto.

Intenta visualizar con claridad las imágenes que voy a proponerte desde la misma actitud de observador ecuánime.

Permite que las imágenes aparezcan por sí solas.

Visualiza el sol al amanecer... sol al amanecer... un desierto silencioso... pájaros volando... grandes nubes blancas... una tormenta... el arcoíris... un caracol... montañas verdes... un campanario... las olas del mar en una playa desierta... un bosque en otoño... el cielo azul... una manzana roja... una mariposa... un puente de piedra sobre un río... un camino polvoriento... una ventana... el cielo estrellado... árboles mecidos por el viento... un pequeño cementerio en la montaña... un sombrero... un cesto de mimbre... una carta... un laberinto... un campo de amapolas... lluvia torrencial... una casa en el campo... mujeres que ríen en una cocina... un plato de sopa humeante... una silla vacía... el fuego de una chimenea... dos gatos que juegan... una espiral... un cuadrado... dunas de arena dorada... la brisa fresca del mar... gaviotas que vuelan sobre el agua... un paisaje submarino... el mar en calma... un horizonte interminable...

8. *Cidakasa*

Deja ahora la visualización y vuelve a centrar tu atención en la pantalla mental. En silencio, observa atentamente tus propios procesos mentales.

¿Estás despierto y atento? Observa desde tu centro de serenidad, de armonía...

[Silencio].

9. *Sankalpa*

Recuerda ahora tu resolución, busca sus sensaciones en tu cuerpo, permite que se instalen en él y repite de nuevo mentalmente tres veces tu *sankalpa*. Repítelo tres veces desde tu corazón, desde lo más profundo de ti, con pleno sentimiento, con todo tu ser.

[Silencio].

10. Final

Lleva de nuevo la atención al cuerpo y a tu respiración. Observa tu respiración natural; fina como un hilo.

Siente todo el cuerpo tumbado sobre el suelo, profundamente relajado. Te sientes tranquilo y en paz. Permítete disfrutar de todas estas sensaciones. La calma, la armonía en el cuerpo, la mente, la respiración. Quédate con estas sensaciones en la memoria para poderlas evocar siempre que quieras.

Avísate de que vas a regresar.

Siente tu cuerpo. Toma consciencia de la sensación de peso. Observa el espacio que ocupas, el volumen que ocupa el cuerpo. Siente todos los puntos de contacto de tu cuerpo con el suelo, el contacto con las mantas, el contacto con la ropa, el contacto de la piel con el aire.

Observa si te llega algo de luz a través de los párpados cerrados, todavía sin abrir los ojos.

Toma consciencia de todos los sonidos que te llegan, desde los más cercanos hasta los más lejanos. Toma consciencia de la sala. Retorna así al mundo exterior.

Y ahora que has despertado tus sentidos, ve ampliando tu respiración, haciéndola intencionalmente más activa.

Ve movilizando los dedos de las manos y los pies, tobillos, muñecas, flexiona las rodillas y lleva una pierna y otra sobre el abdomen. Abraza las piernas, te balanceas. Te estiras, bostezas y te desperezas. Sin prisa, permitiéndote hacer este viaje de regreso de forma progresiva y calmada.

Te tumbas de medio lado. Parpadeas varias veces. Cuando estés preparado, muy lenta y suavemente, con ayuda de las manos en el suelo, te vas incorporando hasta quedar sentado.

Yoga-Nidra ha terminado.

Cuando amanece un nuevo día después de una larga noche de oscuridad y el ave fénix renace de sus propias cenizas, acabas de crear un nuevo yo. Y la expresión física y biológica de este yo nuevo significa literalmente convertirse en otra persona. Se trata de una auténtica metamorfosis.

Joe Dispenza[24]

Todas las cosas comienzan a cambiar su naturaleza y su apariencia. Nuestra experiencia del mundo pasa a ser totalmente diferente... Una nueva forma, vasta y profunda de experimentar, de ver, de saber, de tomar contacto con las cosas.

Sri Aurobindo[72]

Bienvenidos a indagar en esta nueva y, paradójicamente, eterna experiencia del Ser.

OM Shanti ॐ

Bibliografia

1. ALCALÁ MALAVÉ, Antonio. *Genética de la emoción*. Barcelona: S.A. Ediciones B, 2015.
2. ANGUEIRA, Gabriela. http://www.yoganidrareset.com
3. BAUMGARTNER, T., HEINRICHS, M., VONLANTHEN, A., FISCHBACHER, U., FEHR, E. *Oxytocin shapes the neural circuitry of trust and trust adaptation in humans*. US National Library of Medicine – National Institutes of Health, 2008. http://www.ncbi.nlm.nih.gov/pubmed/18498743
4. BLANC, Paco. *Introducción al Yoga-Nidra*. Revista *Conciencia sin Fronteras*. http://www.concienciasinfronteras.com/PAGINAS/CONCIENCIA/nidra.html
5. BLAY, Antonio. *Energía personal*. Barcelona: Ed. Índigo, 2008.
6. BLAY, Antonio. *Relajación y Energía*. Barcelona: Ed. Índigo, 2011.
7. BLAY, Antonio. *Tantra-Yoga*. Barcelona: Ed. Iberia, 2004.
8. BONILLA, Ernesto. *Evidencias sobre el poder de la intención*. Maracaibo, Venezuela: Instituto de Investigaciones Clínicas «Dr. Américo Negrette», Centro de Investigaciones Biomédicas IVIC-Zulia, 2008.
9. CALLE, Ramiro. *Tantra: la vía secreta del amor y la erótica mística*. Málaga: Ed. Sirio, 1986.
10. CAPRA, Fritjof. *El Tao de la física*. Madrid: Luis Cárcamo Editor, 1984.

11. CARBAJO BUSQUETS, Sherab y BRAU ADELL, Yogendra. *El Canto del Alma*. https://www.casaasia.es/pdf/61710110116AM1276765276776.pdf
12. CASAFONT, Rosa. *Viatge al teu cervell*. Barcelona: Ed. B.S.A., 2015.
13. CASTELLANOS, Luis. Entrevistas en: http://www.abc.es/familia/padres-hijos/abci-castigar-silencio-mas-peligroso-palabras-y-hereda-padres-hijos-201605302205_noticia.html?ns_campaign=rrss&ns_mchannel=abc-es&ns_source=fb&ns_linkname=cm-general&ns_fee=0 http://blogs.lavanguardia.com/metamorfosis/la-curiosidad-fomenta-la-longevidad
14. CHAMPETIER DE RIBES, Brigitte. *Empezar a constelar*. Madrid. Gaia Ediciones, 2016.
15. COLOMER, Jordi. *Meditaciones para occidentales*. Barcelona: Ed. Luciérnaga, 2010.
16. CÓRDOBA DE PARODI, Mirta A. *La salud como un estado de consciencia*. Buenos Aires: Ed. Kier, 1995.
17. COUÉ, Emile. *El dominio de sí mismo*. http://ebiblioteca.org/?/ver/4854
18. D'ORS, Pablo. *Biografía del silencio*. Madrid: Ed. Siruela, 2014.
19. DANIÉLOU, Alain. *The Hindu Temple: Deification or Eroticism*. Vermont: Inner Traditions, 2001.
20. DEMARTINI, John F. *La Experiencia Descubrimiento. Un nuevo y revolucionario método para la transformación persona*. Barcelona: Ed. Urano, 2003.
21. DESCAMPS, Marc-Alain. *Yoga-nidra et Rêve Éveillé*. París: éditions Accarias L'Originel, 2015.
22. DILLON, K.M., MINCHOFF, B., BAKER, K.H. *Positive emotional states and enhancement of the immune system*. US National Library of Medicine – National Institutes of Health, 1985-1986. http://www.ncbi.nlm.nih.gov/pubmed/4055243
23. DISPENZA, Joe. *El origen de la enfermedad*. Conferencia-taller en el Festival Inspira Consciencia adaptada por Francesc Prims. Disponible

en: http://www.concienciasinfronteras.com/PAGINAS/CONCIENCIA/Athanor_Enfermedad_dispenza.html

24. DISPENZA, Joe. *El placebo eres tú*. Barcelona: Ed. Urano, 2014.
25. DR. DAVROU, Y. *Sofrología práctica*. Bilbao: Ediciones Mensajero, 1980.
26. EPSTEIN, Gerald. *Visualización curativa*. Barcelona: Ed. Robin Book, 1991.
27. FIEL, Carlos. *Aspectos fisiológicos del Yoga-Nidra*. https://www.carlos-fiel.com/es/
28. FREITAG, Erhard F. *La energía eres tú*. Madrid: Ed. Temas de Hoy, 1995.
29. GALINDO, Pura. *La relajación desde el punto de vista de la psicología*. Barcelona: IYTA, 2015.
30. GARCÍA-CAMPAYO, J., DEMARZO, M. y MODREGO ALARCÓN, M. *Bienestar emocional y mindfulness en la educación*. Madrid: Alianza Ed., 2017.
31. GARRIGA BACARDÍ, Joan. *Vivir en el alma*. Barcelona: Rigden Institute Gestalt, 2011.
32. GAWAIN, Sakti. *Visualización creativa*. Málaga: Ed. Sirio, 2013.
33. GUILLEM, Vicent. En curso: «El origen emocional de la enfermedad: fundamentos científicos de las relaciones entre la mente y el cuerpo su influencia en la salud», Universidad de Almería: IFTRO-IFAF, 2016.
34. HAWKINS, David. *El Poder frente a la Fuerza*. Barcelona: Ed. El Grano de Mostaza, 2015.
35. HAY, Louise L. *Sanar tu cuerpo*. Barcelona: Ed. Urano, 1992.
36. HERNÁNDEZ, Danilo. *Claves del yoga. Teoría y práctica*. Barcelona: Ed. La Liebre de Marzo, 2008.
37. http://www.marioalonsopuig.com
38. JUNG, Carl. *Los complejos y el inconsciente*. Madrid: Alianza Editorial, 2008. Disponible en: www.pnas.org/cgi/doi/10.1073/pnas.1321664111
39. LAZAR, Sara. En: http://scholar.harvard.edu/sara_lazar

40. LIPTON, Bruce H. *Biología de la creencia*. Madrid: Ed. Palmyra, 2014.
41. LUTZ, Antoine, GREISCHAR, Lawrence L., RAWLINGS, Nancy B., RICARD, Matthieu y DAVIDSON, Richard J. *Long-term meditators self-induce high-amplitude gamma synchrony during mental practice*. En: http://www.pnas.org/cgi/reprint/101/46/16369.pdf
42. MARQUIER, Annie. *El cerebro del corazón*, Barcelona: Ed. Luciérnaga, 2010.
43. MASCARÓ, Joan. *Upanishad: Himàlaies de l'ànima*. (Traducción de Elisabet Abeyà). Palma de Mallorca: Ed. Moll, 2005.
44. MATURANA, Humberto. *El sentido de lo humano*. Santiago de Chile: J.C. Sáez Editor, 2003.
45. McCANCE, Heather y PAYNE, Rosemary A. *Técnicas de relajación. Guía práctica para el profesional de la salud*. Barcelona: Ed. Paidotribo, 2009.
46. MERLO, Vicente. *La autoluminosidad del Ātman*. Madrid: Ed. Biblioteca Nueva, 2001.
47. MERLO, Vicente. *Meditar en el Hinduismo y el Budismo*. Barcelona: Ed. Kairós, 2013.
48. MIELCZARECK, Vanessa. *Inteligencia intuitiva*. Barcelona: Ed. Kairós, 2008.
49. MILLER, Richard. *Yoga-Nidra. A Meditative practice for deep relaxation and healing*. Canada: Sounds True, 2010.
50. NARANJO, Claudio. «El mal de la civilización es la mente patriarcal» (entrevista en crecejoven.com/pedagogía—claudio_naranjo).
51. NELSON, Bradley. *El código de la emoción*. Mesquite–Nevada: Wellness Unmasked Publishing, 2007.
52. NORBU, Namkhai. *Le Yoga du Rêve*. París: Ed. Accarias L'Originel, 2012.
53. NUMMENMAA, Lauri, GLEREAN, Enrico, HARI, Ritta y HIETANEN, Jari K. *Bodily maps of emotions*. Proceedings of the National Academy of Sciences of the USA, 2013.
54. OFFROY, José Antonio. En: http://www.yoga-darshana.com/1-10.htm

55. OLALLA, Neelam. *Yoga-Nidra: Efectos en el cerebro y el sistema nervioso*. Zaragoza: Prames S.A., 2007.
56. PANDA, Nrusingh Charan. *Yoga-Nidra: Yogic Trance. Theory, practice and applications*. Nueva Delhi: D.K. Printworld Ltd., 2011.
57. PANIKKAR, Raimon. *Iniciació als Veda*. Barcelona: Fragmenta Editorial, 2007.
58. PARKER, Stephen, SWAMI VEDA BHARATI y FERNÁNDEZ, Manuel. *Definiendo el Yoga-Nidra: Recopilaciones tradicionales, Investigaciones fisiológicas y planes a futuro*. En: *International Journal of Yoga Therapy*. 2013:23(1).
59. PASCUAL-LEONE, A., NGUYET, D., COHEN, L.G., BRASIL-NETO, J.P., CAMMAROTA, A. y HALLETT, M. *Modulation of muscle responses evoked by transcranial magnetic stimulation during the acquisition of new fine motor skills*. US National Library of Medicine – National Institutes of Health, 1995. Disponible en: http://www.ncbi.nlm.nih.gov/pubmed/7500130
60. PAZHÍN, Santiago. *Conferencia sobre Yoga-Nidra*. https://www.yogaceysi.com/
61. PERAGÓN, Julián. *Meditación Síntesis*. Barcelona: Ed. Acanto, 2014.
62. PERT, Candace. *Molecules of emotion: the science behind mind-body medicine*. Nueva York: Scribner, 1997.
63. PIGEM, Jordi. *Inteligencia vital*. Barcelona: Ed. Kairós, 2015.
64. PINOS-PEY, Koncha. En: http://www.yogaenred.com/2014/03/25/somos-lo-que-experimentamos/
65. RIEHL, André. *Nidra-Yoga, Santé et Neuro-sciences*. En: http://nidra-yoga.wordpress.com
66. RIEHL, André. *De l'origine du Nidra Yoga*. https://nidrayogainternational.com/nidra-yoga/
67. RODRÍGUEZ HOCHSTRASSER, Carmen. *Yoga-Nidra. El sueño consciente*. En: http://www.escuelatranspersonal.com

68. RUIZ CALDERÓN, Javier. *¿Es el Hatha Yoga una preparación para el Raja Yoga?* En: http://www.yogaenred.com/2017/09/21/aclara-tus-dudas-es-el-hatha-yoga-una-preparacion-para-el-raja-yoga/
69. SCHLEBERGER, Eckard. *Los Dioses de la India*. Madrid: Abada Editores, 2004.
70. SIMÓN, Vicente M. *Mindfulness y neurobiología*. En: *Revista de Psicoterapia*, vol. XVII, n.º 66/67.
71. SOGYAL RIMPOCHÉ. *El libro tibetano de la vida y de la muerte*. Madrid: Ed. Urano, 2006.
72. SRI AUROBINDO. *On Yoga II* (Aurobindo Ashram, Pondicherry, India, 1958), tomo 1, pág., 327. (Citado por Fritjof Capra en *El Tao de la física*).
73. STANKOVIC, L. *Transforming Trauma: a qualitative feasibility study of Integrative Restoration (iRest) Yoga-Nidra on Combat related post-traumatic stress disorder*. En: *International Journal of Yoga Therapy*. 2011, n.º 21. Disponible en: https://www.ncbi.nlm.nih.gov/pubmed/22398342
74. SWAMI HRIDAYANANDA SARASWATI. *Yoga-Nidra: Psychic sleep for physical and mental rejuvenation*. En: http://www.yogamag.net
75. SWAMI JNANESHVARA BHARATI. *Prácticas de la Tradición de los Maestros de los Himalayas*. Rishikes: Sadhana Mandir (Ashram de Swami Rama). https://www.swamij.com/spanish.htm
76. SWAMI JNANESHVARA BHARATI. *Yoga-Nidra: dormir profundo consciente a la manera yóguica*. En: www.swamij.com/spanish/YogaNidra.pdf
77. SWAMI RAMA. *Path of fire and light* (vol. I-II). Himalayan Institute India, 1996.
78. SWAMI SATYANANDA SARASWATI. *Yoga and Kriya*. Munger, Bihar, India: Yoga Publications Trust, 1981.
79. SWAMI SATYANANDA SARASWATI. *Yoga-Nidra*. Munger, Bihar, India: Publications Trust, 2013 (primera edición, 1976).

80. SWAMI VEDA BHARATI. *Yoga-Nidra refined silence*. Rishikesh, India, 2004. Disponible en: http://ahymsin.org/main/swami-veda-bharati/yoga-nidra-refined-silence.html
81. SWAMI VISHNU DEVANANDA. *Meditación y Mantras*. Madrid: Alianza Ed., 2014.
82. TAIMNI, I.K. *La ciencia de la Yoga. Un comentario a los Yoga-Sutra de Patañjali a la luz del pensamiento moderno*. Río Negro (Argentina): Ed. Río Negro, 1983.
83. TILLER, William, DIBBLE Jr., Walter, E. y KOHANE, Michael J. *Conscious acts of creation: the emergence of a new physics*. Walnut Creek, CA: Pavior Publising, 2001.
84. TOLLE, Eckhart. *El poder del ahora*. Madrid: Ed. Gaia, 2007.
85. VAN LYSEBETH, André. *Pranayama. A la serenidad por el Yoga*. Barcelona: Ed. Pomaire, 1977.
86. VIGNAL, Pascale. *Yoga-Nidra*. En: http://pascale.vignal.free.fr/html/leyoganidra.htm
87. WERLEN, Elisabeth. *Yoga-Nidra: el arte de soñar despierto*. En: http://www.yogaenred.com/2015/01/19/yoga-nidra-el-arte-de-sonar-despierto/
88. WILBER, Ken. *La conciencia sin fronteras*. Barcelona: Ed. Kairós, 2007.

Invito a cualquier persona interesada en plantear dudas, explorar, compartir información, experiencias… sobre esta práctica a ponerse en contacto conmigo en anasesma.yoga@gmail.com